18
1,29

Michael Hartmann war Professor für Soziologie an der TU Darmstadt. Sein Schwerpunkt ist Elitenforschung. Von ihm sind zahlreiche Bücher erschienen, darunter »Der Mythos von den Leistungseliten«, »Eliten und Macht in Europa« und »Soziale Ungleichheit. Kein Thema für die Eliten?«.

Michael Hartmann

DIE GLOBALE WIRTSCHAFTS-ELITE

Eine Legende

Campus Verlag
Frankfurt/New York

ISBN 978-3-593-50610-4 Print
ISBN 978-3-593-43445-2 E-Book (PDF)
ISBN 978-3-593-43465-0 E-Book (EPUB)

Copyright © 2016 Campus Verlag GmbH, Frankfurt am Main
Umschlaggestaltung: Guido Klütsch, Köln
Satz: Campus Verlag GmbH, Frankfurt am Main
Gesetzt aus: Scala und Scala Sans
Druck und Bindung: Beltz Bad Langensalza GmbH
Printed in Germany

www.campus.de

INHALT

1. EINLEITUNG

Im Juni 2015 wurde der Brite John Cryan, als dritter Ausländer in Folge, zum Vorstandsvorsitzenden der Deutschen Bank berufen. Seine Vorgänger waren der Schweizer Josef Ackermann, der von 2002 bis 2012 amtierte, dann der indisch-stämmige Brite Anshu Jain. Zwar stand Cryan, wie zuvor Jain, der Deutsche Jürgen Fitschen bis Mai 2016 als zweiter Vorsitzender zur Seite, die eigentliche Entscheidungsmacht lag jedoch schon bei ihm. Dass dieser Konzern, der über lange Jahrzehnte wie kaum ein anderes deutsches Unternehmen als fest in deutschen Traditionen verankert galt, seit über einem Jahrzehnt von Ausländern geleitet wird – das ist für viele Beobachter ein klarer Beleg für die unaufhaltsame und schon weit fortgeschrittene Globalisierung der Wirtschaftselite. Untermauert wird dieser Eindruck durch die Tatsache, dass aktuell weitere fünf DAX-Konzerne, nämlich Adidas, Fresenius Medical Care, Henkel, RWE und SAP, von Ausländern geführt werden, zwei US-Amerikanern, einem Belgier, einem Dänen und einem Niederländer.

Die große Zahl an reichen Deutschen, die aus steuerlichen Gründen die Schweiz als ihren Wohnsitz gewählt haben, deutet in dieselbe Richtung. Von den 300 im Jahr 2015 in der Schweiz wohnenden reichsten Personen ist nach Angaben des Schweizer Wirtschaftsmagazins *Bilanz* immerhin fast jede fünfte Deutscher. Dem breiten Publikum bekannt sein dürften vor allem die Formel 1-Rennfahrer Michael Schumacher und Sebastian Vettel. Sie rangieren mit einem Vermögen von 750 Millionen (Schumacher) bzw. 125 Millionen Schweizer Franken (Vettel) unter den 300 reichsten Deutschen in der Schweiz allerdings nur auf einem mittleren Platz bzw. sogar in der Schlussgruppe. Allein 26 dieser Deutschen verfügen dagegen über mehr als eine Milliarde Euro Vermögen. An der Spitze liegen laut *Bilanz* die Familie Liebherr und Klaus Michael Kühne mit acht bis neun Milliarden Franken. Unter den weiteren in der Schweiz residierenden Milliardären finden sich ebenfalls viele bekannte Namen, von den Familien Jacobs, Engelhorn und von Finck über Theo Müller und Bettina Würth bis hin zu Georg von Opel und Rolf Gerling. Der Soziologe Ulrich Beck hat es so formuliert: Die reichen Eliten praktizieren eine »Polygamie des Ortes«, weil sie über das erforderliche ökonomische und kulturelle Kapital verfügen, »um den optimalen Kontext für deren Verwertung selbst zu wählen«. Damit scheint er den Nagel auf den Kopf getroffen zu haben (Beck 2008: 316).

Die bekannte Wirtschaftsjournalistin und frühere stellvertretende Chefredakteurin der *Financial Times*, Chrystia Freeland, spricht in ihrem 2012 in den USA erschienenen, 2013 auf Deutsch veröffentlichten und hier wie jenseits des Atlantik medial viel beachteten Buch *Die Superreichen* denn auch durchgehend von einer globalen oder internationalen Superelite. Diese Menschen teilen laut Freeland die gleichen oder zumindest ähnliche Interessen, Konsumgewohnheiten und Lebensstile, sie gehen auf die gleichen Ausbildungsinstitutionen und sie betrachten sich in erster Linie als Weltbürger. Freeland illustriert diese These mit zahlreichen Beispielen wie etwa dem von Lakshmi Mittal. Mittal ist einer der reichsten Inder, errang seine ersten beruflichen Erfolge in Indonesien, lebt seit Jahren in London und ist Haupteigner und CEO des juristisch in Luxemburg angesiedelten Stahlkonzerns ArcelorMittal.[1] Solche sehr plastischen und auf den ersten Blick auch überzeugenden Einzelbeispiele und -eindrücke prägen große Teile ihres Buchs.

An die Stelle von einzelnen Beispielen und Eindrücken eine systematische Analyse der weltweit einflussreichsten Topmanager und Milliardäre zu setzen, ist das Ziel des vorliegenden Buchs. Anhand von mehreren tausend Spitzenmanagern und über tausend Milliardären soll geklärt werden, wie global, international oder transnational diese Menschen wirklich sind. Transnationalität stellt dabei die niedrigste Stufe dar. Sie gibt an, in welchem Umfang die Personen über Auslandserfahrungen in Studium oder Beruf verfügen, in fremde Kulturen zumindest in einem gewissen Maße haben eintauchen müssen. Internationalität steht demgegenüber für den Prozentsatz ausländischer Topmanager an der Spitze der führenden Unternehmen und die im Ausland gelegenen Wohnorte der Milliardäre, sagt aber noch nichts über die jeweilige regionale Reichweite aus. Diese kann auch auf einen beschränkten Raum wie etwa Deutschland, Österreich und die Schweiz begrenzt sein. Globalität schließlich repräsentiert die maximale Variante. Sie bezieht sich immer auf die ganze Welt oder zumindest alle wesentlichen Teile derselben. Spitzenmanager müssen in diesem Fall auch über die Grenzen sprachlich, kulturell und/oder räumlich benachbarter Länder hinaus dauerhaft Toppositionen besetzen und Milliardäre ihre Wohnsitze ohne Rücksicht auf Sprache, Kultur und/oder räumliche Nähe weltweit wählen.

In den folgenden Kapiteln werden nach einem knappen Überblick über den Stand der Diskussion und das eigene methodische Vorgehen alle entscheidenden Teilgruppen der Wirtschaftselite analysiert. Zunächst werden die CEO der tausend größten Unternehmen der Welt unter die Lupe genommen sowie in einem zeitlichen Vergleich über zwei Jahrzehnte die CEO der hundert größten Unternehmen der sechs führenden Wirtschaftsmächte, von Deutschland über die USA bis China. Die Analyse erstreckt sich sowohl auf die Inter- als auch auf die Transnationalität dieser Personen. Anschließend wird ein Blick auf die Boards bzw. Aufsichtsräte dieser Unternehmen geworfen, speziell auf ihre Vorsitzenden, auch hier wieder mit einem Zeitvergleich über die letzten zwanzig Jahre. Danach geht es um die tausend reichsten Menschen der Welt, ihre Wohnsitze, ihre Steuervermeidungsstrategien und ihre geschäftlichen Aktivitäten. Das fünfte Kapitel befasst sich mit den exklusiven Ausbildungseinrichtungen dieser Welt, den berühmten Business Schools und den Elitehochschulen wie Harvard oder Oxford, und geht der Frage nach, ob sie wirklich, wie vielfach behauptet, die Brutstätten einer globalen Wirtschaftselite darstellen.

Im abschließenden Fazit geht es nach einer knappen Zusammenfassung der wesentlichen Forschungsergebnisse dann noch um zwei Punkte. Zum einen wird die Bedeutung von zwei anderen Formen der Internationalisierung untersucht: der zeitweiligen Tätigkeit bei den weltweit führenden Beratungsunternehmen wie McKinsey oder Boston Consulting und den familiären Verbindungen durch grenzüberschreitende Heiraten. Zum anderen wird auf die politischen Konsequenzen hingewiesen, die die Analyseresultate beinhalten. Das betrifft in erster Linie den Einfluss der größeren Nationalstaaten in der Steuerpolitik. Da das Buch wie auch seine Vorgänger wieder eine Gratwanderung darstellt zwischen dem Anspruch auf Verständlichkeit für ein möglichst breites Publikum und dem Anspruch auf wissenschaftliche Exaktheit, sei dem nicht so stark am Detail interessierten Leser empfohlen, zunächst die Kapitel 1.1, 6 und 4 zu lesen.

1.1. Die globale oder transnationale Elite, sozialwissenschaftlich gesehen

Die zahlreichsten und zugleich entschiedensten Verfechter der These von der globalen Wirtschaftselite kommen erstaunlicherweise, sieht man von den besonders kruden Verschwörungstheoretikern in ihren Blogs und auf ihren Websites ab, von zwei entgegengesetzten Polen des gesellschaftspolitischen Spektrums. Auf der einen Seite sind das die Spitzenmanager selbst. Sie führen als Begründung für ihre extrem hohen und in den letzten zwei Jahrzehnten sehr schnell gestiegenen Einkommen immer wieder das Argument der weltweiten Konkurrenz auf dem globalen Markt für Topführungskräfte an. Typisch für diese Position ist eine Äußerung des langjährigen

Vorstandsvorsitzenden der Deutschen Bank und späteren Verwaltungsratspräsidenten der Zurich Insurance Group und der Bank of Cyprus, Josef Ackermann. Bei einer Podiumsdiskussion an der European School of Management and Technology (ESMT) sagte er vor einigen Jahren zur Frage der hohen Boni: »Wenn wir keine Boni zahlen, werden die guten Leute abgeworben. Ich weiß nicht, wie viele Leute ein internationales Unternehmen leiten können. Lassen Sie es zehn bis zwanzig Leute weltweit sein – dann zahlst du lieber den Preis« (Financial Times Deutschland, 2.7.2009). Solche sehr prägnanten Äußerungen sind in letzter Zeit allerdings nur noch selten zu hören. Das hat einen wesentlichen Grund. Die mediale Öffentlichkeit hat sich mittlerweile an die enormen Einkommen der Topmanager gewöhnt. Sie geraten allenfalls noch dann ins Kreuzfeuer, wenn neue Höchststände markiert werden, wie etwa beim VW-Chef Martin Winterkorn mit seinen über 17 Millionen Euro im Jahr 2012. Der früher als Rechtfertigung regelmäßig vorgebrachte Hinweis auf die internationale Konkurrenz um diese Personen hat damit an Relevanz verloren.

Auf der anderen Seite des Spektrums stehen Vertreter der Occupy-Bewegung, denen die einfache statistische Gegenüberstellung des reichsten einen und der restlichen 99 Prozent nicht mehr ausreicht. In ihren Stellungnahmen und Analysen gehen sie wie selbstverständlich von einer »globalen Elite« oder »Capital Class« aus. So benutzt Adam Marshall für den Titel seines Ende Oktober 2015 auf Occupy.com veröffentlichten Artikels über das Treffen des Internationalen Währungsfonds in Peru beispielsweise den Begriff »globale Plutokratie«. Im Artikel selbst spricht er außerdem von der »globalen Finanzelite«, um die aus seiner Sicht entscheidenden Kräfte, die »Auftraggeber« der in Peru tagenden Zentralbankchefs und Finanzminister, zu charakterisieren. Das sind für ihn die »bankers«, die »top investors« und die »money managers« (Marshall 2015). Mit ihnen träfen sich die Zentralbankchefs und Finanzminister der wichtigsten Staaten in informellen Zusammenkünften und sie seien es auch, die die »officials« nach deren Ausscheiden aus dem Amt mit lukrativen Posten in der Finanzwirtschaft versorgten: Das sei der Kern der »global economic governance«.

So wie für Marshall das Treffen des Internationalen Währungsfonds der Anlass ist, über die globale Finanzelite zu schreiben, so sind es für andere die jährlichen Treffen der geheimnisumwitterten Bilderberger oder das Weltwirtschaftsforum in Davos. Gerade die Bilderberg-Konferenzen mit ihren vielen prominenten Teilnehmern liefern für eine Reihe von kritischen Beobachtern immer wieder den Beleg für die Existenz einer globalen Wirtschaftselite oder generell einer globalen Elite.[2] Der aktuelle Vorsitzende ist immerhin Henri de Castries, der Chef der größten französischen Versicherung AXA, und unter den regelmäßigen Teilnehmern finden sich neben Veteranen wie Henry Kissinger oder Robert Zoellick, dem früheren Präsidenten der Weltbank, auch aktive Topmanager wie Eric Schmidt, der Chairman von Alphabet und zuvor Google, Klaus Kleinfeld, der CEO von Alcoa und frühere Vorstandsvorsitzende von Siemens, Thomas Enders, der CEO der Airbus Group, oder Matthias Döpfner, der Vorstandschef von Springer. Auch für nicht zu simplen Verschwörungstheorien neigende Sympathisanten von Occupy oder ähnlichen Bewegungen bietet eine derartige Konzentration an Top-Entscheidern Anlass, über die Existenz einer globalen Elite nachzudenken.

In der sozialwissenschaftlichen Debatte liegen die Pole nicht so weit auseinander, die Grundkonstellation ist aber dieselbe. Auf der einen Seite stehen Autoren, die das kapitalistische Gesellschafts- und Wirtschaftssystem grundsätzlich befürworten und/oder es trotz aller Kritik für alternativlos halten. Dazu zählen renommierte Vertreter der Soziologie wie Rosabeth Moss Kanther, die langjährige Präsidentin der Harvard Business School, Manuel Castells, Ralph Dahrendorf und Ulrich Beck, aber auch bekannte Journalisten wie die erwähnte Chrystia Freeland oder David Rothkopf. Während die erstgenannten das Aufkommen einer globalen Elite eher nüchtern konstatierten und kommentierten, ohne in ihren Ausführungen analytisch allerdings in die Tiefe zu gehen (Beck 2008; Castells 1996;

Dahrendorf 2000; Kanter 1995), steht bei letzteren die Kritik an den »Auswüchsen« der letzten Jahre im Vordergrund. Sie sehen darin die Gefahr einer allmählichen Selbstzerstörung des Kapitalismus und sie machen die globale Elite für diese Entwicklung verantwortlich. Deshalb plädieren sie in ihren Büchern an eben diese Elite, ihr Handeln und die darin liegenden Gefahren für das ganze System zu überdenken und entsprechend umzusteuern.

Bei Freeland (2013) ist dies noch deutlicher als bei Rothkopf (2008). Sie zieht explizit eine Parallele zur alten Venezianischen Republik und deren Elite, die wegen ihres großen Erfolgs die Grundlagen eben dieses Erfolgs unterminiert und so den Untergang der Republik eingeleitet hätte. Dasselbe drohe uns heute, so ihre Kernaussage: Die Globalisierung und die seit dem Untergang des sozialistischen Lagers fehlende »Angst vor einer kommunistischen Revolution« habe die heutige Wirtschaftselite oder »Plutokratie« nicht nur ökonomisch viel unabhängiger vom Lebensstandard der breiten Mittelschichten gemacht, sondern auch dafür gesorgt, dass sie immer stärker »in ihrer eigenen umzäunten globalen Gemeinschaft« lebe, abgesondert vom Rest der Bevölkerung. Am Ende steht ein an das Schicksal der Venezianischen Republik erinnerndes Resümee: »Eliten sabotieren das System, das sie hervorgebracht hat, nicht absichtlich. Aber selbst kluge, weitsichtige Plutokraten können sich von ihren eigenen kurzfristigen Eigeninteressen verleiten lassen, die Grundlagen des Wohlstands ihrer eigenen Gesellschaft zu untergraben.« (Freeland 2013: 319)

Die andere Position wird in erster Linie repräsentiert von sich selbst als marxistisch begreifenden Sozialwissenschaftlern wie Harris (2014), Robinson (2004, 2011), Robinson/Harris (2000), Staples (2006, 2008, 2012), van der Pijl (1994, 1998) oder Sklair (2001). Sie beschwören in ihren Veröffentlichungen immer wieder die Existenz einer »Transnational Capitalist Class«. Die Argumentation bleibt dabei zumeist jedoch eher oberflächlich. In aller Regel werden wirtschaftliche Strukturveränderungen – wie die Deregulierung der Finanzmärkte, die Globalisierung von Produktion und Märkten etc. –, mit Klassenbildungsprozessen parallel gesetzt und diese Entwicklung mit einer unmittelbaren Personalisierung der Globalisierung verknüpft. Weil die über Nationalgrenzen hinweg reichenden wirtschaftlichen Verflechtungen auf allen Ebenen zunehmen, besonders bei den großen multinationalen Konzernen, und weil der Anteil dieser Konzerne am globalen Bruttosozialprodukt ebenso deutlich zugenommen hat wie der Anteil von internationalen Fonds am Aktienkapital eben jener Unternehmen, schließen sie daraus meist recht unmittelbar auf die Existenz einer transnationalen Elite oder Klasse. Diese wird dann anhand zahlreicher Beispiele von Einzelpersonen (von Multimilliardären oder ganz generell den Reichen bis hin zu führenden Managern oder Investmentbankern) wie auch einschlägiger Organisationen (vom European Roundtable of Industrialists bis zum Weltwirtschaftsforum in Davos) illustriert. Eine tiefer greifende Analyse der Prozesse realer Eliten- oder Klassenbildung erfolgt jedoch nicht.[3]

Diese Kritik trifft auch auf Leslie Sklair zu, der eine der theoretisch wie empirisch anspruchsvollsten und umfassendsten Arbeiten zur transnationalen Wirtschaftselite vorgelegt hat (Sklair 2001). Sklair wendet sich explizit gegen den für Klassenbestimmungen bisher dominanten Staatszentrismus. Eine Konzentration auf den Nationalstaat habe selbst die wenigen Arbeiten noch geprägt, die mit Begriffen wie »internationale Bourgeoisie« oder »internationale Wirtschaftselite« eine über die nationalen Grenzen hinaus gehende Definition einer herrschenden Klasse zu finden versucht hätten. Er selbst ist der Meinung, dass sich neben den weiterhin existierenden kapitalistischen Klassen der einzelnen Länder eine transnationale Kapitalistenklasse herausgebildet habe, die aus vier Hauptfraktionen bestehe. Die dominante Gruppe sei die aufgrund ihrer Kontrolle über die Produktionsmittel innerhalb der Gesamtklasse führende Wirtschaftsfraktion, zusammengesetzt aus den führenden Managern und Eigentümern der transnationalen Unternehmen. Die anderen drei Fraktionen der transnationalen Kapitalistenklasse würden von den global agierenden Bürokraten und Politikern, von den

Professionals und von den Handels- und Medieneliten gestellt. Diese neue Klasse ist Sklair zufolge aus fünf entscheidenden Gründen transnational: Ihre wirtschaftlichen Interessen seien ebenso globaler Natur wie ihre ökonomischen und politischen Perspektiven. Sie suchten auf allen Ebenen Kontrolle herzustellen, und zwar durch spezifische Formen globaler Konkurrenz und globalen Konsums. Sie teilten gemeinsame oder ähnliche Lebensstile, besonders in der Art ihrer Hochschulausbildung und ihres Konsums, und sie präsentierten sich selbst als »Weltbürger«. Das Konzept einer transnationalen Kapitalistenklasse impliziere außerdem, dass es einen zentralen inneren Kreis gebe, der weltweite Entscheidungen treffe und dadurch den unterschiedlichen wirtschaftlichen Einzelinteressen, politischen Organisationen und ideologischen Formationen eine Einheit verleihe. Dieser innere Kreis werde in erster Linie aus den zugleich in mehreren Unternehmensleitungsgremien (Vorstände, Aufsichtsräte, Boards) tätigen Mitgliedern gebildet. Die Grundlage für ihr Handeln sei ein – trotz aller internen Konflikte – gemeinsames fundamentales Interesse der gesamten Klasse an der ungehinderten Akkumulation von Kapital (Sklair 2001: 16 ff.).

Sklair gelingt es allerdings nicht, diesen theoretischen Ansprüchen wirklich gerecht zu werden. In seinen weiteren Ausführungen schildert er zumeist am Beispiel von großen Konzernen deren ökonomisches Interesse an ungehindertem Kapitalverkehr und Handel, ihre Aktivitäten zur Durchsetzung derartiger Interessen, den Druck, den die Unternehmen mittels weltweiten Benchmarkings und ähnlicher Verfahren auf die Beschäftigten ausüben, und die Folgen für die Umwelt. Auf die agierenden Personen geht er dagegen kaum ein, und wenn doch, dann nur sehr knapp und anhand einiger weniger prominenter Einzelpersonen (Sklair 2001: 137f., 282 ff.). Was vollkommen fehlt, sind erstens eine auch nur halbwegs systematische Analyse dessen, was er die Präsentation als »Weltbürger« nennt, und zweitens, der weitaus wichtigere Punkt, eine wie auch immer geartete Beschäftigung mit dem, was er als gemeinsamen oder ähnlichen Lebensstil bezeichnet. Hier ist leider eine völlige Leerstelle zu verzeichnen.

Die wenigen empirisch sorgfältiger fundierten Arbeiten zur Transnational Capitalist Class stützen ihre Aussagen auf die Analyse der Board-Mitglieder in großen multinationalen Konzernen. So argumentiert Clifford L. Staples in seiner Analyse der 148 größten Unternehmen der Welt mit der stark angewachsenen Zahl an Boards, in denen mindestens ein Ausländer sitzt. Während 1993 nur in gut jedem dritten der 80 größten Konzerne mindestens ein Ausländer im Board vertreten gewesen wäre, sei das 2005 schon in drei von vier Unternehmen der Fall (Staples 2006: 314). Bei den 148 größten träfe dies immerhin noch auf knapp 70 Prozent zu. Das ist in der Tat eine beachtliche Zunahme. Für Staples resultiert sie im Wesentlichen aus der im gleichen Zeitraum stark gestiegenen Anzahl grenzüberschreitender Firmenfusionen. Sie führten fast zwangsläufig zu international gemischten Boards, die dann wieder weitere grenzüberschreitende Fusionen begünstigten und so eine dauerhafte Internationalisierung der Boards zur Folge hätten. Dieser Prozess beschränke sich derzeit allerdings überwiegend auf Europa. Deshalb sei es zwar grundsätzlich berechtigt, von der Entstehung einer »transnational business or capitalist class« zu sprechen, man solle dies aber mit Vorsicht tun; denn es gebe noch keine überzeugenden Belege dafür, dass diese Topmanager zu einer sozial geschlossenen, sich selbst reproduzierenden Elite geworden seien (Staples 2008: 45f.).

Die Vorsicht, zu der Staples mahnt, zeichnet auch William K. Carroll aus, der unter den Verfechtern der Transnational Business oder Capitalist Class bislang die empirisch sorgfältigsten und umfassendsten Analysen vorgelegt hat. Er hat die Verbindungen unter den Board-Mitgliedern der 500 größten Unternehmen der Welt in den Jahren 1996 und 2006 untersucht. Dabei kommt er zu dem Schluss, dass man mit Recht von einer »global corporate elite« sprechen könne (Carroll 2009: 295 ff.; Carroll 2010: 34). Zwischen 1996 und 2006 habe sich das transnationale Netzwerk der Spitzenmanager intensiviert und nicht gelockert. Allerdings sei das Netzwerk der »transnationalists« noch kein wirklich globales, sondern im Kern ein regionales nordatlantisches, insofern es sich auf Nordamerika und Europa erstrecke, mit einem zunehmenden Gewicht der innereuropäischen Verbindungen. Dort allerdings sei es hoch integriert. Im Unterschied zu jenen Autoren, die mit Begriffen wie globale oder transnationale Elite relativ schnell bei der Hand sind, weist Carroll als sorgfältiger Empiriker jedoch auch auf die Grenzen seiner Analyse hin. Er betont ausdrücklich, dass Aussagen von einer national nicht mehr verwurzelten, sondern nur in einem transnationalen Raum agierenden Wirtschaftselite die Beharrlichkeit nationaler und regionaler Bindungen unterschätzten. Die nationalen Netzwerke bildeten immer noch das Rückgrat der »global corporate elite« und die Leitung der Konzerne und das Leben der »haute bourgeoisie« blieben in wichtigen Aspekten in nationale und regionale Strukturen und Kulturen eingebettet.[4] Außerdem sei bei den großen multinational tätigen Konzernen eine zunehmende Spaltung in zwei Gruppen zu verzeichnen. Eine wachsende Zahl – vor allem asiatischer Konzerne – sei isoliert von den Kontaktnetzen zwischen den Unternehmen, eine ebenfalls wachsende Zahl integriert in ein transnationales Kontaktnetz. Insgesamt tendierten die »transnational interlocks« dazu, eher dünn und schwach zu sein, getragen von einzelnen externen Board-Mitgliedern (Carroll 2009: 305 ff.; Carroll 2010: 224 ff.).

Während bis Anfang der 2000er Jahre in den Sozialwissenschaften Veröffentlichungen wie die bisher genannten, die eine internationale oder globale Wirtschaftselite in naher Zukunft kommen sehen, die Szene dominierten, hat sich das in den letzten Jahren grundlegend geändert. Die meisten, durchweg auf soliden empirischen Erhebungen beruhenden Veröffentlichungen[5] stehen der These mittlerweile eher skeptisch bis ablehnend gegenüber bzw. bieten empirische Ergebnisse, die in diese Richtung weisen. Trotz dieses aus wissenschaftlicher Sicht erfreulichen Wandels bleiben zentrale Probleme bestehen. Fast alle dieser empirisch fundierten Veröffentlichungen weisen unabhängig davon, ob sie die These von der globalen Wirtschaftselite unterstützen oder sie für nicht stichhaltig bzw. bislang nicht hinreichend belegt halten, drei wesentliche Mängel auf. Erstens bezieht sich die große Mehrzahl der empirischen Studien nur auf einzelne Länder wie die Schweiz, Dänemark und Frankreich[6] oder, im Fall von Vergleichen, nur auf eine kleine Anzahl zumeist ausschließlich europäischer Staaten mit Deutschland, Frankreich und Großbritannien im Zentrum.[7] Umfassende internationale Vergleichsstudien, entweder nur für Europa[8] oder aber weltweit[9], gibt es dagegen nur wenige.

Diese haben außerdem zumeist, und das ist der zweite Schwachpunkt, wie auch die weniger umfassenden Untersuchungen nur die Mitglieder der Boards im Auge, berücksichtigen aber nicht die jeweiligen Positionen. So macht es einen großen Unterschied, ob jemand als CEO im Board seines Unternehmens sitzt, als Chairman oder nur als einfaches Mitglied. Auch bei den einfachen Mitgliedern muss noch zwischen den Executive Members, im deutschen Fall den Vorstandsmitgliedern, und den Non-executive Members, den Aufsichtsratsmitgliedern, differenziert werden. Sowohl die Machtbefugnisse als auch der Umfang der tatsächlichen Anwesenheit vor Ort variieren je nach Position ganz erheblich, erstere zwischen sehr groß und eher bescheiden, letztere zwischen permanent und nur ein paar Tagen pro Jahr.[10]

Der dritte Mangel der meisten empirischen Studien besteht darin, sich ausschließlich auf die Mitglieder in den Boards und die dabei zu beobachtenden nationalen wie transnationalen Vernetzungen zu konzentrieren, statt die Voraussetzungen realer grenzüberschreitender Klassenbildungsprozesse näher zu beleuchten. Zwar räumen Carroll (2010: 230f.) und Staples (2008: 46) dieses Manko ein, bieten aber keine Lösungsansätze an, weder theoretisch noch methodisch. In den meisten Veröffentlichungen sieht es in dieser Beziehung noch dürftiger aus. In ihnen wird der Prozentsatz an Ausländern in den Boards ganz unmittelbar als Indiz für die Herausbildung einer transnationalen Business-Elite benutzt, ohne diese direkte Gleichsetzung überhaupt zu reflektieren oder zu problematisieren.

Will man jenen Prozessen aber ernsthaft auf den Grund gehen, die zur Bildung einer globalen Wirtschaftselite oder transnationalen Capital Class führen könnten, dann gilt es, den Blick vor allem auf einen Aspekt zu konzentrieren: die grenzüberschreitende räumliche Mobilität der Eliten. Mobilität ist die entscheidende Voraussetzung für jedweden nationalen wie transnationalen Eliten- oder Klassenbildungsprozess. Bereits Marx weist auf ihre Rolle bei der Konstituierung von Bourgeoisie und Arbeiterklasse – auf nationaler wie internationaler Ebene – hin. Sie sei die zentrale Voraussetzung für die Aufhebung traditioneller Schranken zwischen den einzelnen Bevölkerungsgruppen, aus denen die jeweilige Klasse dann entstehe. Max Webers Definition der sozialen Klasse als »Gesamtheit derjenigen Klassenlagen, zwischen denen ein Wechsel α. persönlich, β. in der Generationenfolge leicht möglich ist und typisch stattzufinden pflegt« (Weber 1972 [1921]: 177), deutet in dieselbe Richtung. Am Beispiel des frühen Bürgertums oder der »Bürgerklasse« schildern Marx und Engels in *Die deutsche Ideologie* skizzenhaft diesen Prozess. Die Bürger der einzelnen Städte seien durch die Ausdehnung der Kontakte und der Kommunikation untereinander sowie durch die Auseinandersetzung mit dem Adel »sehr allmählich« zur Klasse geworden. Die von ihnen geschaffenen Lebensbedingungen, die ihnen gemeinsam seien, ihnen zugleich aber auch als eine unabhängige äußere Kraft entgegen träten, hätten sich durch die »Verbindung zwischen den einzelnen Städten« von »gemeinsamen Bedingungen zu Klassenbedingungen« weiterentwickelt. Marx geht an dieser Stelle sogar noch weiter, erinnert in seiner Argumentation stark an das, was Pierre Bourdieu als das Verhältnis von Klassenlage und Klassenhabitus (als inkorporierter Klassenlage) analysiert, wenn er sagt: »Dieselben Bedingungen, derselbe Gegensatz, dieselben Interessen mussten im Ganzen und Großen auch überall gleiche Sitten hervorrufen« (Marx/Engels 1969 [1932]: 53).

Wie entscheidend räumliche Mobilität in diesem Zusammenhang für Marx war, zeigt seine viel zitierte Passage aus *Der 18. Brumaire des Louis Bonaparte* über die französischen Bauern, die diese

Mobilität im Gegensatz zu Bourgeoisie und Arbeiterklasse nicht aufwiesen. In seiner 1852 veröffentlichten Analyse des Bonapartismus heißt es: »Insofern Millionen von Familien unter ökonomischen Existenzbedingungen leben, die ihre Lebensweise, ihre Interessen und ihre Bildung von denen der andern Klassen trennen und ihnen feindlich gegenüberstellen, bilden sie eine Klasse. Insofern ein *nur lokaler Zusammenhang unter den Parzellenbauern besteht* (Hervorhebung des Verfassers), die Dieselbigkeit ihrer Interessen keine Gemeinsamkeit, keine nationale Verbindung und keine politische Organisation unter ihnen erzeugt, bilden sie keine Klasse« (Marx 1972 [1869]: 198). Für die Herausbildung einer transnationalen Klassenlage und eines daraus resultierenden transnationalen Klassenhabitus wäre demnach ein Prozess erforderlich, den Bourdieu, auf die nationale Ebene bezogen, folgendermaßen beschreibt: Ihre Mitglieder müssten mit ähnlichen und für ihre Klasse typischen Erfahrungen in entscheidend höherem Maße als die Angehörigen der anderen Klassen konfrontiert werden (Bourdieu 1982: 175f., 1993: 112).

Ohne ein erhebliches Maß an grenzüberschreitender räumlicher Mobilität bei den maßgeblichen Repräsentanten der führenden Unternehmen ist die Entstehung einer eigenen Klasse nicht denkbar. Konkret bedeutet das, dass man bei diesen Personen sowohl den Grad an Internationalität, das heißt den Prozentsatz von Ausländern unter ihnen, als auch den Grad an Transnationalität, sprich den Prozentsatz einheimischer Manager mit Auslandserfahrungen, ermitteln muss, um eine empirisch fundierte Aussage zur These von der globalen Wirtschaftselite oder -klasse treffen zu können. Nur wenn die Topmanager der größten Unternehmen und die reichsten Menschen der Welt durch umfangreiche und kontinuierliche Erfahrungen außerhalb ihres Heimatlands einen eigenständigen Habitus ausbilden, der sich deutlich von dem ihrer auf nationaler Ebene verbleibenden Pendants unterscheidet, kann man von einer transnationalen Klasse oder Elite reden. Die theoretischen Aussagen von Marx, Weber und Bourdieu über Klassenbildungsprozesse können im Fall der Wirtschaftselite relativ problemlos übernommen werden.

Zwar besteht grundsätzlich ein Unterschied zwischen Elite und Klasse, weil Elite über die Besetzung von gesellschaftlichen Machtpositionen definiert wird, Klasse aber über die jeweilige Position im gesamtgesellschaftlichen Produktions- und Reproduktionsprozess. Das heißt, Klasse ist im Unterschied zu Elite in erster Linie ökonomisch fundiert (Hartmann 2004: 81f., 102f., 176 ff.; Hartmann 2015a). Die Inhaber der Machtpositionen in den großen Konzernen sind nun aber entweder zugleich die Eigentümer dieser Unternehmen oder sie müssen aufgrund der enorm hohen Einkommen der Spitzenmanager heute ebenfalls in die Kategorie der Kapitalbesitzer eingruppiert werden. Sie zählen also im einen wie im anderen Fall zu derselben Klasse. Deshalb spielt – anders als bei den Eliten aus anderen Gesellschaftsbereichen – die Differenz zwischen Elite und Klasse im Fall der Wirtschaftselite faktisch keine nennenswerte Rolle. Die Wirtschaftselite bildet den Kern der Klasse.

1.2. Forschungsfeld und -methode

Will man die Wirtschaftselite erfassen, so zählen ohne jeden Zweifel die Chief Executive Officers, die CEO, der großen multinational tätigen Unternehmen zu ihrem Kern; denn sie sind diejenigen, die das operative Geschäft der Unternehmen leiten. Allerdings gibt es große nationale Unterschiede, nicht nur was ihre Bezeichnung betrifft, die neben CEO auch Vorstandsvorsitzender, PDG, President oder Amministratore Delegato lauten kann, sondern vor allem was ihre tatsächlichen Machtbefugnisse angeht.

Zum einen existieren zwei Modelle der Unternehmensführung, ein dualistisches, in dem Vorstand und Aufsichtsrat getrennt sind, und ein monistisches, in dem beide in einem Board mit Executive Members und Non-executive Members vereinigt sind. Ersteres gibt es nicht nur in Deutschland und den beiden anderen deutschsprachigen Ländern, der Schweiz und Österreich, wo es sicherlich am eindeutigsten ausgeprägt ist, sondern auch in den Niederlanden, Finnland oder China. Das zweite bestimmt die Unternehmensstruktur in den meisten anderen Ländern, nicht nur in allen angelsächsischen mit den USA, Großbritannien und Kanada an der Spitze, sondern auch in den beiden südeuropäischen Ländern Italien und Spanien, in Schweden, Russland, der Türkei, Südafrika, Indien oder Japan. Frankreich kennt beide Modelle. Faktisch durchgesetzt hat sich in den meisten Großkonzernen dort aber das monistische mit einem einheitlichen Verwaltungsrat (Conseil de surveillance).

Zum anderen ist die Stellung des CEO davon abhängig, wem die Leitung der beiden Gremien obliegt. Das ist sehr unterschiedlich geregelt, und zwar unabhängig von der dualistischen oder monistischen Grundstruktur. So ist es in den meisten großen US-Konzernen üblich, dass ein und dieselbe Person als CEO und Chairman fungiert. 75 der hundert größten Unternehmen handhaben das so. In Großbritannien dagegen werden die beiden Funktionen in 149 der 150 im Financial Times Stock Exchange (FTSE) gelisteten Unternehmen von zwei unterschiedlichen Personen wahrgenommen. Die Macht wird also geteilt. Wie in den USA so sieht es auch in Spanien und Japan aus, während die kanadischen oder die skandinavischen Konzerne es wie ihre britischen Pendants machen. In den französischen Großunternehmen hat der PDG in der Regel ebenfalls die alleinige Leitung des Unternehmens in seiner Hand. Das zeigt schon die Bezeichnung PDG, President Directeur General, an, die in einem Begriff beide Funktionen umfasst. Auch in den Ländern mit einer dualistischen Führungsstruktur existieren Unterschiede, wenn auch zumeist nicht so gravierende. So gibt es in Deutschland wie in der Schweiz eine strikte Trennung zwischen Vorstands- und Aufsichtsratsvorsitzendem mit klaren Aufgabenzuweisungen und einer eindeutigen Teilung der Machtbefugnisse, aber der Vorsitzende des Verwaltungsrats, wie der Aufsichtsrat in der Schweiz heißt, hat nichtsdestotrotz mehr Kompetenzen als der deutsche Aufsichtsratsvorsitzende; denn ihm obliegt juristisch nicht nur die Aufsicht, sondern auch die oberste Leitung des Unternehmens, die er allerdings an eine eigene Geschäftsführung delegieren kann.

In China sieht es dagegen völlig anders aus. Dort existiert zwar formal ebenfalls eine Trennung zwischen den beiden Gremien und Ämtern, das Supervisory Board inklusive seines Vorsitzenden besitzt anders als in Deutschland oder gar der Schweiz de facto aber nur wenig Macht, weil es auf die personelle Besetzung des Managements keinen Einfluss nehmen kann. In den Niederlanden wiederum sind in einem Drittel der Großkonzerne die Funktionen von CEO und Chairman nach US-Muster in einer Hand vereint. Trotz dieser teilweise erheblichen Unterschiede, was die Position und die Machtbefugnisse des CEO betrifft, bilden die CEO dennoch zweifellos einen, wenn nicht *den* zentralen Bestandteil der Wirtschaftselite. Sie stehen daher auch im Mittelpunkt des vorliegenden Buches.

Die Auswahl der zu untersuchenden CEO erfolgte dabei in zwei Schritten. Zunächst wurden die tausend größten Unternehmen der Welt herausgesucht. Diese Unternehmen wurden nach der jährlich erscheinenden Forbes Global 2000-Liste ausgewählt, und zwar unabhängig von der nationalen Zuordnung die auf dieser Liste für das Jahr 2015 auf den Plätzen eins bis tausend aufgeführten Unternehmen. Dann wurden für die sechs führenden Wirtschaftsnationen, die drei europäischen Deutschland, Frankreich und Großbritannien sowie die drei außereuropäischen USA, Japan und China, die jeweils hundert größten Unternehmen bestimmt. Dafür gibt es einen wesentlichen Grund: So kann die Entwicklung über die letzten zwei Jahrzehnte verfolgt werden; denn für die hundert größten Unternehmen dieser Länder liegen aus früheren Studien (Hartmann 1997, 1999, 2009) direkt vergleichbare Angaben vor. Für die USA, Japan und China konnten dabei einfach die in der Forbes Global 2000-Liste aufgeführten Unternehmen in der Reihenfolge ihrer Nennung herangezogen werden, allerdings anhand der Liste des Jahres 2014, weil dieser Teil der Studie bereits Anfang des Jahres 2015 durchgeführt wurde, zu einem Zeitpunkt also, als die Forbes Global 2000-Liste für 2015 noch nicht existierte.

Im Falle der USA musste zudem eine kleine Änderung vorgenommen werden. Angesichts einer Reihe sehr großer privater, aber nicht börsennotierter Konzerne wie Koch Industries oder Cargill wurden die zehn größten dieser Firmen statt der in der Forbes Liste auf den Plätzen 91 bis 100 geführten börsennotierten Unternehmen in die Untersuchung einbezogen. Dafür wurde die ebenfalls von Forbes veröffentlichte Liste »Americas Largest Private Companies« von 2014 benutzt. Für die europäischen Länder war ein einfaches Übernehmen der hundert größten in der Forbes Liste genannten Unternehmen dagegen nicht möglich, weil keines von ihnen in dieser Liste mit hundert Unternehmen vertreten ist. Großbritannien lag mit 95 Unternehmen allerdings nur knapp unter der Grenze. Deshalb konnte hier genauso vorgegangen werden wie bei den US-Firmen. Die zehn größten privaten und nicht börsennotierten Unternehmen ersetzten die auf den Plätzen 91 bis 95 der Forbes-Liste stehenden britischen Firmen und ergänzten die Gesamtzahl dann bis auf 100. Für Frankreich mit nur 61 und für Deutschland mit sogar nur 53 in der Forbes-Liste vertretenen Unternehmen war ein anderes Verfahren erforderlich.

Im Falle Deutschlands wurde deshalb die von der *Frankfurter Allgemeinen Zeitung* ebenfalls jährlich herausgegebene Liste der hundert größten deutschen Unternehmen herangezogen, um die erforderlichen weiteren 47 Unternehmen herauszufinden. Für Frankreich wurde zum selben Zweck die vom privaten Wirtschaftssender *BFM Business* veröffentlichte Liste der 500 größten französischen Unternehmen genutzt. Da diese beiden Listen auch nicht börsennotierte Unternehmen enthalten, konnte auf eine Ergänzung in dieser Richtung verzichtet werden. Die CEO all dieser Unternehmen konnten, soweit sie in der Forbes-Liste repräsentiert waren, den ergänzenden Angaben zu den einzelnen Firmen auf der Homepage von Forbes entnommen werden. Nur in einzelnen Fällen mussten wegen Neubesetzungen andere Personen als die bei Forbes aufgeführten herangezogen werden. Für sie wie für die nicht börsennotierten britischen Unternehmen sowie die auf der Forbes-Liste fehlenden deutschen und französischen Firmen mussten die Namen der jeweiligen CEO dagegen auf den Websites der entsprechenden Unternehmen herausgesucht werden.

Die zweite zentrale Gruppe der Wirtschaftselite, die in diesem Buch analysiert wird, sind die Aufsichtsratsvorsitzenden bzw. die Chairmen in all jenen Unternehmen, in denen sie personell nicht identisch mit den CEO sind und außerdem auch tatsächliche Macht ausüben können. Das trifft auf die deutschen Konzerne, die meisten schweizerischen und niederländischen ebenso zu wie auf die britischen, die kanadischen, australischen und das gute Viertel der US-amerikanischen, wo der CEO nicht zugleich der Chairman ist. Für all diese Unternehmen sind die Chairmen bzw. Aufsichts- oder Verwaltungsratsvorsitzenden ermittelt worden, und zwar auf dieselbe Art und Weise wie bei den CEO dieser Länder. Für Großbritannien sind zusätzlich noch die Chairmen der 150 größten Unternehmen laut FTSE 250 in die Untersuchung einbezogen worden, um so eventuelle Unterschiede je nach Unternehmensgröße und Marktkapitalisierung herausfinden zu können. Dabei zeigt sich auch, dass die Maßstäbe für die Auswahl der Unternehmen nicht nur variieren, was die Reihenfolge nach Größe angeht, wo Forbes auf eine Kombination von Umsatz, Gewinn, Aktiva und Marktkapitalisierung setzt, während die FTSE Group nur letzteres Kriterium benutzt,[11] sondern auch in Hinblick auf die nationale Zuordnung. So geht Forbes dabei vom juristischen Hauptsitz des Unternehmens aus, während die FTSE Group alle an der London Stock Exchange gelisteten Unternehmen erfasst. Dadurch werden im FTSE 100 Unternehmen aufgeführt wie Royal Dutch Shell und Unilever, die bei Forbes den Niederlanden zugerechnet werden, oder Experia, Shire und Glencore, die bei Forbes als irische bzw. schweizerische Unternehmen gezählt werden.

Neben den Chairmen sind in etwas begrenzterem Maße, weil mit deutlich weniger Macht ausgestattet, auch noch die übrigen Mitglieder der Boards in die Untersuchung einbezogen worden. Das gilt sowohl für die Non-executive Members, die nicht im aktiven Management tätig sind und in der Regel aus anderen Unternehmen oder sogar anderen gesellschaftlichen Bereichen wie Wissenschaft oder Politik kommen, als auch für die Executive Members. Diese managen das operative Geschäft, sei es als Teil eines einheitlichen Boards wie in Großbritannien oder Kanada, sei es als Mitglied eines vom Aufsichtsgremium getrennten Vorstands wie in Deutschland oder der Schweiz. Für diesen Zweck konnte auf die Angaben einer der weltweit führenden Personalberatungsfirmen, Spencer Stuart, zurückgegriffen werden. Sie veröffentlicht regelmäßig in sogenannten »Board Indices« detaillierte Angaben zu den Boards der börsengelisteten Unternehmen aus den meisten europäischen Ländern (Belgien, Deutschland, Frankreich, Großbritannien, Italien, Niederlande, Russland, Spanien, Türkei und den vier skandinavischen Staaten), den vier asiatischen Ländern Indien, Japan, Singapur und Hongkong[12] sowie den beiden nordamerikanischen Ländern USA und Kanada. Neben der Struktur und Größe der Boards, der Anzahl der jährlichen Meetings, dem durchschnittlichen Alter oder dem Geschlecht der Board Members werden dabei auch Angaben zu ihrer Nationalität gemacht.

Für Deutschland mussten die entsprechenden Daten für die Vorstandsmitglieder der hundert größten Unternehmen allerdings für 56 dieser Unternehmen ergänzt werden, weil bei Spencer Stuart nur 66 börsennotierte Unternehmen aus DAX, MDAX, SDAX und TecDAX (plus Bertelsmann) erfasst worden sind, von denen 22 nicht zu den hundert größten zählen. Außerdem sind die Angaben für einige Länder anhand der im Länderbericht von Spencer Stuart für jedes einzelne Unternehmen veröffentlichten Daten und anhand der sonstigen im Bericht angegebenen Daten noch einmal neu berechnet worden, weil die angegebenen Werte entweder mit anderen detaillierteren Angaben im Board Index für die jeweiligen Länder nicht übereinstimmen oder aber rein mathematisch nicht stimmen konnten und zudem die genannten Werte in den verschiedenen Berichten auch nicht immer identisch sind.

So wird beispielsweise für die Schweiz in den internationalen Vergleichstabellen angegeben, dass alle 20 Boards einheitlich seien, im Länderbericht aber steht (richtigerweise) genau das Gegenteil. Im belgischen Bericht werden die Angaben über die Ausländer in den Boards kurz hintereinander einmal (korrekt) mit 29,1 Prozent und einmal mit 32 Prozent angegeben und in der in den neuen Länderberichten enthaltenen internationalen Vergleichsübersicht werden für alle skandinavischen Staaten vollkommen andere Prozentsätze für die Ausländer in den Boards genannt als im originalen Länderbericht über diese Staaten. Außerdem sind die weiteren Differenzierungen nach dem Unternehmenstypus (national versus binational) anhand der Angaben für die einzelnen Unternehmen vom Verfasser selbst berechnet worden. Die Angaben für die Board Members beziehen sich im Unterschied zu denen für die CEO und Chairmen für einen Teil der Länder auf das Jahr 2014, weil die aktuellsten Studien von Spencer Stuart für Deutschland, die skandinavischen Staaten, die Niederlande, Russland, die Türkei, Indien, Japan und Südafrika dieses Jahr betreffen[13] und die Daten für die deutschen Vorstandsmitglieder im Spätsommer 2014 von einer wissenschaftlichen Hilfskraft zusammengetragen worden sind. Die Angaben für die 189 Vorstandsmitglieder der 30 DAX-Konzerne sind wie auch die sonstigen Angaben vom Verfasser selbst entweder zwischen Januar und März 2015 (für die CEO der hundert größten Unternehmen der sechs Länder) oder zwischen Juli und September 2015 recherchiert worden.[14] Zwischen Ende 2015 und März 2016 erfolgte oder angekündigte Wechsel sind nur noch für zwei Passagen in Einleitung und Schlusskapitel genutzt worden.

Letzteres gilt auch für die dritte große Gruppe der Wirtschaftselite, die im Rahmen der Studie analysiert wird, die tausend reichsten Personen weltweit, Milliardäre mit einem Vermögen von mindestens 1,95 Milliarden Dollar. Sie sind anhand der ebenfalls jährlich von Forbes veröffentlichten Liste »The World's Billionaires«, die für 2015 insgesamt 1826 Milliardäre umfasst, herausgesucht worden. Ein Teil dieser Personen ist zwar schon unter den bereits erfassten

CEO oder Chairmen zu finden, für die Mehrheit der Milliardäre gilt das aber nicht. Entweder nimmt sie solche Funktionen in Unternehmen wahr, die nicht zu den tausend größten der Welt bzw. den jeweils hundert größten in den sechs erfassten Ländern gehören, oder aber sie bekleidet solche Führungspositionen überhaupt nicht, sondern übt ihren Einfluss auf anderem Wege aus. Das gilt vor allem für die Frauen unter ihnen, immerhin fast jede neunte Person auf der Liste, von denen nur eine Minderheit eine derartige Position einnimmt. Susanne Klatten, eine der reichsten Deutschen, ist zum Beispiel eine von ihnen, da sie seit 2013 auch als Aufsichtsratsvorsitzende von SGL Karbon und nicht nur als einfaches Aufsichtsratsmitglied wie bei BMW fungiert. Daher bilden die Milliardäre eine gesonderte Gruppe, zumal es bei ihnen bezüglich der Ausgangsfrage vorrangig um die Wahl des Wohnsitzes geht und nicht um ihre eigene Nationalität, was andere Recherchen erfordert als bei den CEO und den Chairmen.

Alle erfassten CEO, Chairmen, Board Members und Milliardäre zusammen genommen, sind in die Untersuchung Daten über ungefähr 20 000 Personen eingeflossen, davon allerdings für zirka 15 000 nur auf Basis der (teilweise aber nachrecherchierten) Angaben in den verschiedenen Index-Berichten von Spencer Stuart. Die übrigen mehr als 3 000 Personen, über die genauere Recherchen angestellt worden sind, entfallen auf die CEO (knapp 1 300), die Chairmen bzw. Aufsichtsratsvorsitzenden aus Deutschland, Großbritannien, der Schweiz, Australien und Kanada sowie von zwei Dritteln der niederländischen und einem Viertel der US-Konzerne (knapp 400), die deutschen Vorstandsmitglieder (ca. 430) und die Milliardäre (gut 1 000). Dazu kommen dann noch die in früheren Studien für die Jahre 1995 und 2005 erhobenen Daten für knapp 1 300 CEO aus Deutschland, Frankreich, Großbritannien, China, Japan, den USA, Italien und Spanien sowie gut 400 Vorstandsmitglieder der hundert größten deutschen Unternehmen.

Die näheren Angaben zu den einzelnen Personen – Nationalität, Auslandsaufenthalte, Alter, Geschlecht, Bildungsabschlüsse – sind vom Verfasser in unterschiedlichsten Quellen recherchiert worden. Das sind neben den Websites der entsprechenden Unternehmen zum einen die üblichen Nachschlagewerke wie das Who's Who, Wikipedia und NNDB.com für die verschiedenen Länder und Datenbanken wie der Munzinger für Deutschland oder China Vitae für China, zum anderen speziell auf die Wirtschaft und ihre Topmanager ausgerichtete Datenbanken wie vor allem www.worldofceos.com von Xinfu, »Executive Profile & Biography« von *Businessweek* (www.bloomberg.com/research/stocks/people/person) und die entsprechende Seite auf der Homepage von Reuters (www.reuters.com/finance/stocks/companyOfficers), aber auch Personalien in Netzwerken wie Linkedin. Zusätzlich wurden noch zahlreiche Angaben aus Zeitschriften, Zeitungen, sonstigen Medienberichten oder Mitteilungen von Hochschulen und öffentlichen Institutionen benutzt.

2. DIE CEO DER WELTWEIT GRÖSSTEN UNTERNEHMEN – INTER- UND TRANSNATIONALITÄT

Will man herausfinden, wieviel Realitätsgehalt die These von der globalen Wirtschaftselite oder der transnationalen Managerklasse hat, so muss man als erstes jene Personen einer präziseren Betrachtung unterwerfen, die die größten Unternehmen dieser Welt leiten. Ihre Entscheidungen sind maßgeblich für die weitere Entwicklung, also auch die weitere Internationalisierung der Konzerne, deren CEO sie sind; und sie müssten angesichts der globalen Aktivitäten ihrer Unternehmen selbst zu einem besonders hohen Grad globalisiert sein. Das gilt vor allem für den Teil der CEO, der zugleich zu den reichsten Menschen der Welt zählt. Sie müssten aufgrund der Verknüpfung von sehr großer Macht und sehr viel Geld eigentlich den Kern einer globalen Wirtschaftselite bilden. Zu ihnen gehören neben dem in der Einleitung schon erwähnten Lakshmi Mittal so unterschiedliche Männer wie die US-Amerikaner Warren Buffett, CEO von Berkshire Hathaway, und Mark Zuckerberg, CEO von Facebook, die Chinesen Jack Ma und Ma Huateng, CEO der beiden Internet-Firmen Ali Baba und Tencent, die Franzosen Bernard Arnault und Francois Henri Pinault, PDG der Luxusgüter-Konzerne LVMH und Kering, die Russen Vladimir Potanin und Wagit Alekperow, Chefs der Rohstoffkonzerne Norilsk und Lukoil, der Schwede Karl Johan Persson, CEO von Hennes & Mauritz, oder der gebürtige Südafrikaner und heutige Schweizer Ivan Glasenberg, CEO von Glencore.[1]

2.1. Die CEO der 1000 größten Unternehmen nach der Forbes Global 2000 Liste

2.1.1. Internationalität

Wirft man einen ersten Blick auf die CEO, die die 1000 größten Unternehmen der Welt führen, so wird eines schnell klar: Von einer tiefgreifenden Internationalisierung oder gar Globalisierung jenes zentralen Teils der Wirtschaftselite, der die operative Leitung der Großkonzerne in ihren Händen hält, kann bislang keine Rede sein. Der Eindruck einer hohen internationalen Vernetzung kann entstehen, wenn man gängigen Meinungen folgt und sich auf einzelne prominente Beispiele wie John Cryan konzentriert. Er erweist sich aber als Trugschluss, betrachtet man die multinational tätigen Großkonzerne in ihrer Gesamtheit. Gerade einmal 126 von insgesamt 1002 CEO[2] stammen nicht aus demselben Land wie der Konzern, dem sie vorstehen (s. Tabelle 2.1). Das heißt, gerade einmal jedes achte der weltweit führenden Unternehmen wird von einem Ausländer geleitet. In sieben von acht Fällen ist es entsprechend ein Einheimischer.

Von den 126 ausländischen CEO sind 124 männlich. Unter der mit nur 29 Personen sehr kleinen Gruppe weiblicher CEO, 21 davon allein an der Spitze von US-Konzernen,[3] sind gerade einmal zwei im Ausland aufgewachsen und nur eine ist auch heute noch ausländischer Nationalität. Diese eine ist die Französin Véronique Laurie, die CEO des britischen Unternehmens Kingfisher. Sie ist 2003 in das Unternehmen eingetreten, ein Jahr, nachdem Kingfisher die Fusion mit dem französischen Unternehmen Castorama endgültig abgeschlossen hatte. Es gab also bereits eine deutliche französische Komponente im Konzern. Die andere ist Indra Nooyi, die CEO von PepsiCo. Sie ist 1955 in Madras geboren, aber schon mit 23 in die USA gekommen, um in Yale ihren MBA zu machen, und hat seither ausschließlich in den USA gearbeitet und bereits 1990 die US-Staatsbürgerschaft angenommen. Alle anderen weiblichen CEO arbeiten in ihren Heimatländern, sieht man bei Safra Catz, der Co-CEO von Oracle, die schon mit sechs Jahren aus Israel in die USA gekommen ist, die USA als ihr Heimatland an. Die weiblichen CEO sind mit einem Ausländeranteil von unter sieben Prozent in ihrer Rekrutierung noch deutlich nationaler als ihre männlichen Kollegen.[4]

Tabelle 2.1: Die Internationalität der CEO der 1 000 größten Unternehmen der Welt

	CEO (Anzahl)	Ausländer (in %)		Ausländer aus einem fremden Sprach- und Kulturraum (in %)	
USA	306	27	(8,8)	8	(2,6)
Japan	99	2	(2,0)	2	(2,0)
China	94	0	(0,0)	0	(0,0)
Großbritannien	50	22	(44,0)	7	(14,0)
Frankreich	45	2	(4,4)	2	(4,4)
Deutschland	32	5	(15,6)	2	(6,3)
Kanada	32	9	(28,1)	1	(3,1)
Südkorea	27	0	(0,0)	0	(0,0)
Schweiz	25	18	(72,0)	11	(44,0)
Indien	25	0	(0,0)	0	(0,0)
Hongkong[4]	25	2	(8,0)	0	(0,0)
Australien	20	9	(45,0)	0	(0,0)
Niederlande	17	5	(29,4)	2	(11,8)
Spanien	16	0	(0,0)	0	(0,0)
Taiwan	16	0	(0,0)	0	(0,0)
Schweden	15	2	(13,3)	1	(6,7)
Italien	14	0	(0,0)	0	(0,0)
Russland	12	0	(0,0)	0	(0,0)
Brasilien	10	1	(10,0)	1	(10,0)
Irland	10	6	(60,0)	2	(20,0)
Saudi-Arabien	10	3	(30,0)	2	(20,0)
Andere Länder	102	13	(12,7)	5	(4,9)
Insgesamt	1 002	126	(12,6)	46	(4,6)

Quelle: eigene Recherchen

Im Hinblick auf die Internationalität sind die Unterschiede zwischen den einzelnen Ländern allerdings deutlich größer als die zwischen den Geschlechtern. Wenn man nur jene Länder berücksichtigt, die unter den tausend größten Unternehmen der Welt mit zehn und mehr Unternehmen vertreten sind, liegt ganz eindeutig die Schweiz an der Spitze. Ihre 25 Großkonzerne weisen einen Prozentsatz an ausländischen CEO von 72 Prozent und damit den mit Abstand höchsten Internationalisierungsgrad von allen Ländern auf. Es folgt mit Irland, Australien und Großbritannien eine Dreiergruppe angelsächsischer Staaten, deren größte Unternehmen zu 44 bis 60 Prozent von ausländischen Topmanagern geführt werden. Diese vier Länder stellen zusammen 55 von 126, das heißt fast die Hälfte aller ausländischen CEO, die in den 1000 größten Unternehmen der Welt tätig sind. Ohne sie sänke der Ausländeranteil unter den CEO auf nur noch gut 7,5 Prozent. Auf die zahlreichen anderen Länder, die 90 Prozent der auf der Forbes Liste enthaltenen Firmen repräsentieren, entfallen die restlichen 71 ausländischen CEO.

Auf die Schweiz, Irland, Großbritannien und Australien folgen in puncto Internationalisierung Saudi-Arabien, die Niederlande und Kanada. Dort stammen auch noch knapp 30 Prozent der CEO aus dem Ausland. Allerdings sind beim Vergleich dieser sieben Länder die erheblichen Differenzen in der absoluten Anzahl der Unternehmen zu beachten. Unter den Top 1000 befinden sich 50 britische und auch noch 32 kanadische, aber nur noch 20 australische, 17 niederländische und jeweils zehn irische und saudi-arabische. Die Internationalisierung der britischen und kanadischen Konzerne ist deshalb von wesentlich größerer Bedeutung für die mögliche Herausbildung einer globalen oder internationalen Wirtschaftselite als die ihrer irischen und saudi-arabischen Pendants.

Ein Blick auf die drei Staaten, deren Großunternehmen die Hälfte der 1000 größten Konzerne der Welt stellen, die USA, Japan und China, ist dementsprechend mehr als ernüchternd. Von insgesamt 499 CEO, die an der Spitze US-amerikanischer, japanischer oder chinesischer Firmen stehen, kommen gerade einmal 29 aus dem

Ausland, in absoluten Zahlen kaum mehr als in Großbritannien allein und gerade einmal ein gutes Drittel mehr als in dem vergleichsweise winzigen Land Schweiz. Von diesen 29 entfallen allerdings fast alle, nämlich 27, auf die US-Unternehmen, während nur zwei japanische Konzerne von einem Ausländer geleitet werden und sogar kein einziger chinesischer. Die US-Firmen erreichen damit immerhin noch einen Internationalisierungsgrad von 8,8 Prozent. Auch wenn sie damit schon um fast ein Drittel unter dem Durchschnitt aller tausend Unternehmen liegen, gibt es bei ihnen im Unterschied zu ihren japanischen und chinesischen Konkurrenten wenigstens noch einige Ausländer als CEO. In den ökonomischen Toppositionen der beiden ostasiatischen Wirtschaftsmächte sucht man sie dagegen – bis auf zwei Ausnahmen – vergeblich.

Japan und China stellen nun aber keine erklärungsbedürftigen Ausreißer nach unten dar, sie sind vielmehr typisch für alle anderen großen Länder. Auch in Russland, dem größten, und in Indien, dem nach China bevölkerungsreichsten Land der Erde, sucht man an der Spitze der Großkonzerne vergeblich nach Ausländern. Dasselbe gilt für Südkorea, Indonesien oder Mexiko. Da auch in Brasilien als der dominierenden Kraft in Südamerika gerade einmal eines von zehn und in Frankreich sogar nur zwei der 45 größten Unternehmen von Ausländern geführt werden, bleibt unter jenen Staaten, die zu den größeren und wirtschaftlich wichtigeren der Welt zählen, neben Großbritannien, Kanada und Australien nur Deutschland mit einem nennenswerten Anteil an ausländischen CEO. Mit einem Internationalisierungsgrad von 15,6 Prozent bewegt es sich zumindest auf einem in dieser Hinsicht beachtlichen Niveau. Die verbleibenden größeren europäischen Länder bieten dagegen dasselbe Bild wie die ostasiatischen. Weder Italien noch Spanien, weder Polen noch die Türkei kennen Ausländer an der Spitze ihrer führenden Unternehmen, vier Länder, die es zusammen immerhin auf 41 der 1000 untersuchten Unternehmen bringen. Einen nennenswerten Prozentsatz weisen in dieser Beziehung nur noch kleinere Staaten auf. So werden von den 15 schwedischen Großkonzernen, die zu den tausend größten der Welt gehören, immerhin zwei von Ausländern geleitet, von den fünf belgischen ebenfalls zwei und von den sieben, die in den Vereinigten Arabischen Emiraten beheimatet sind, sogar drei. Den bei weitem höchsten Internationalisierungsgrad haben aber zwei sehr kleine Länder, Luxemburg und die Bermudas.[5] Sowohl die vier in Luxemburg als auch die zwei auf den Bermudas angesiedelten Konzerne werden ausnahmslos von ausländischen CEO geführt.

Industrialisierungstradition, Bevölkerungsstärke und Bedeutung des Finanzsektors – mögliche Erklärungsansätze

Bei dieser Auflistung fallen unmittelbar vier Punkte ins Auge. Erstens, und das ist zunächst nicht überraschend, zeigen jene großen Länder, die nicht zu den traditionellen Industriestaaten Westeuropas und Nordamerikas gehören, durchweg ein sehr niedriges Niveau an Internationalisierung. Das gilt für China ebenso wie für Indien, für Brasilien ebenso wie für Mexiko, für die Türkei ebenso wie für Südkorea oder Indonesien. Hier liegt eine auf den ersten Blick plausible Erklärung nahe. Die deutlich später einsetzende Industrialisierung sorgt nun einmal dafür, dass auch die Internationalisierung des Topmanagements nur mit zeitlicher Verzögerung eintritt.

Dass man mit solchen vordergründig einleuchtenden Antworten vorsichtig sein sollte, zeigt aber schon ein kurzer Blick auf die traditionellen Industrieländer. Auch bei ihnen, und das ist der zweite Punkt, lassen sich enorme Differenzen beobachten. So kommt die Schweiz mit ihren nur 25 Unternehmen in der Global 2000 Liste in absoluten Zahlen auf doppelt so viele ausländische CEO wie Deutschland, Frankreich, Italien, Spanien und Japan zusammen, obwohl diese fünf Staaten in derselben Liste mit 206 Konzernen mehr als achtmal so stark vertreten sind. Die beiden einzigen Länder, die die Schweiz in der Anzahl von ausländischen CEO übertreffen, sind Großbritannien und die USA. Sie sind aber nicht nur ungleich bevölkerungsstärker, sondern mit 50 bzw. sogar 305 Unternehmen auf der Global 2000 Liste auch weit stärker repräsentiert. So bleibt es zwar richtig, dass – mit Ausnahme Saudi-Arabiens[6] – nur seit langem industrialisierte Länder westlicher Prägung an der Spitze ihrer Großkonzerne ein hohes Maß an Internationalität zeigen; diejenigen Länder, für die das nicht zutrifft, bilden aber ein sehr breites Spektrum ab. Unter ihnen befinden sich klassische westliche Industriestaaten wie Frankreich, Italien oder die USA genauso wie Japan als einziges asiatisches Land mit einer langen industriellen Tradition; und es befinden sich darunter Staaten, die wie Taiwan oder Südkorea erst nach dem Zweiten Weltkrieg zu vollständig entwickelten Industrieländern geworden sind, genauso wie ehemalige Schwellenländer, die wie China oder Brasilien inzwischen zu wirtschaftlichen Großmächten avanciert sind, oder auch ehemals sozialistische Industrieländer wie Russland oder Polen. Angesichts dieser Breite fällt es erst einmal schwer, ein gemeinsames Muster zu identifizieren.

Drittens ist auffällig, dass mit Großbritannien und Australien nur zwei Länder ein relativ hohes Maß an Internationalität im Topmanagement ihrer Konzerne aufweisen, die (mit 64 und 23 Millionen) auf eine Einwohnerzahl von mehr als 20 Millionen kommen, also zumindest eine mittlere Größe erreichen. Die anderen vier, die sich ebenfalls durch ein relativ hohes Internationalisierungslevel auszeichnen, Kanada, die Niederlande, die Schweiz und Irland, kommen dagegen zusammen mit knapp 65 Millionen Einwohnern gerade einmal auf die Größe Großbritanniens. Insgesamt repräsentieren diese sechs Länder mit ihren gut 150 Millionen Einwohnern gerade einmal gut zwei Prozent der Weltbevölkerung. Nimmt man, was angesichts der Ausgangsfrage nach einer globalen Wirtschaftselite sinnvoller ist, nicht die Bevölkerungszahl, sondern die Wirtschaftskraft der einzelnen Nationalstaaten als Maßstab, ändert sich an dem Bild auch nichts Wesentliches (s. Tabelle 2.2). Zwar repräsentieren diese sechs Länder mit einem gemeinsamen Bruttoinlandsprodukt von nicht ganz acht Billionen Dollar dann immerhin gut zehn Prozent der weltweiten Wirtschaftsleistung, aber allein die vier großen Staaten China, Japan, Indien und Brasilien, deren Spitzenmanagement von 228 CEO bis auf drei Ausländer vollkommen national besetzt ist, bringen es mit circa 19,5 Billionen Dollar zusammen auf fast das Zweieinhalbfache, das heißt gut ein Viertel des Weltbruttosozialprodukts.

Tabelle 2.2: Wirtschaftskraft und Internationalität des Topmanagements (in Prozent)

Land	BIP (in Milliarden Dollar)	BIP (in Prozent)	Internationalität der CEO (in Prozent)
USA	17 419	22,5	8,8
China	10 380	13,4	0,0
Japan	4 616	6,0	2,0
Deutschland	3 860	5,0	15,6
Großbritannien	2 945	3,8	44,0
Frankreich	2 847	3,7	4,4
Brasilien	2 353	3,0	10,0
Italien	2 148	2,8	0,0
Indien	2 050	2,7	0,0
Russland	1 857	2,4	0,0
Kanada	1 789	2,3	28,1
Australien	1 444	1,9	40,0
Südkorea	1 417	1,8	0,0
Spanien	1 407	1,8	0,0
Mexiko	1 283	1,7	0,0
Indonesien	889	1,2	0,0
Niederlande	866	1,1	29,4
Türkei	806	1,0	0,0
Saudi-Arabien	752	1,0	30,0
Schweiz	712	0,9	72,0
Welt insgesamt	77 302	100,0	12,6

Quelle: Internationaler Währungsfonds 2015

Nimmt man die acht der führenden 20 Wirtschaftsmächte der Welt zusammen, die in ihren größten Unternehmen zumindest einen zweistelligen Prozentsatz an ausländischen CEO zu verzeichnen haben, kommt man gerade einmal auf 19 Prozent des weltweiten Bruttoinlandsprodukts. Die zwölf dieser 20 Staaten, in deren Großunternehmen kaum Ausländer an der Spitze sitzen, bringen es demgegenüber auf über 60 Prozent des BIP, also mehr als das Dreifache. Das zeigt deutlich, welch geringes Gewicht die Internationalität des Topmanagements in Hinblick auf die Weltwirtschaftsleistung besitzt, zumal wenn man berücksichtigt, dass der Internationalisierungsgrad in allen Ländern bei den führenden Großkonzernen besonders hoch liegt.

Noch krasser fällt die Relation zwischen Internationalisierung des Topmanagements und nationaler Wirtschaftskraft aus, wenn man sich die zwei Länder mit einem vollkommen internationalisierten Spitzenmanagement anschaut, Luxemburg und die Bermudas. Sie repräsentieren zusammen nur ein vergleichsweise winziges Bruttoinlandsprodukt von gut 67 Milliarden Dollar, das heißt nicht einmal ein Promille der weltweiten Wirtschaftsleistung. Ihre Wirtschaftskraft macht also gerade einmal gut drei Promille dessen aus, was China, Japan, Indien und Brasilien insgesamt auf die Waage bringen. Sie haben mit sechs Personen gleichzeitig aber doppelt so viele Ausländer unter ihren CEO wie diese vier zusammen.

Offensichtlich ist es so, dass die führenden Unternehmen eher in den (vor allem kleinen oder mittelgroßen) Ländern auf ausländische Topmanager zurückgreifen, die in Relation zur Bevölkerungszahl überproportional viele multinationale Großkonzerne aufweisen. Doch so einleuchtend dieser Zusammenhang auch ist, weil einem durch die Bevölkerungszahl begrenzten Pool an in Frage kommenden Spitzenmanagern vergleichsweise viele zu besetzende Spitzenpositionen gegenüber stehen – auch er erklärt viele der vorhandenen Unterschiede nicht. So liegen Frankreich und Großbritannien im Hinblick auf Bevölkerungsgröße, Wirtschaftskraft und Anzahl der Großunternehmen, die unter den 1 000 größten der Welt vertreten sind, fast gleichauf, in puncto Internationalität der CEO liegen aber Welten zwischen ihnen. Auch müssten, sollte die Relation zwischen Rekrutierungspool und Positionshäufigkeit das zentrale Erklärungselement darstellen, in Japan deutlich mehr ausländische Topmanager Großkonzerne leiten als in Deutschland. Tatsächlich ist es umgekehrt. Die enormen Unterschiede in puncto Internationalität zwischen von der Bevölkerungsstärke her sehr ähnlichen Staaten wie Australien und Taiwan oder Schweden und der Schweiz lassen sich so ebenfalls nicht erklären.

Viertens schließlich spricht auf den ersten Blick einiges dafür, dass Länder mit einem überproportionalen Anteil von Großunternehmen aus dem Finanzsektor auch einen überproportionalen Anteil an ausländischen CEO aufweisen. So leiten in Australien gleich sechs der neun Ausländer Banken oder Versicherungen und in Saudi-Arabien sogar alle fünf Ausländer Banken. Da auch Großbritannien und die Schweiz für die große Bedeutung ihres Finanzsektors bekannt sind, liegt die Vermutung nahe, hier sei die wesentliche Ursache für den hohen Grad an Internationalität im Spitzenmanagement dieser Länder zu suchen.

Überraschenderweise und ganz entgegen dem Eindruck, den die Finanzbranche mit ihren globalen Verbindungen und ihren vielfach sogar als vaterlandslose »Söldnertruppen« bezeichneten Investmentbankern vermittelt, ist sie aber weltweit gesehen in genau demselben Umfang internationalisiert wie die Wirtschaft in ihrer Gesamtheit. In den 224 Unternehmen aus dem Finanzbereich (Banken, Versicherungen, Investmentgesellschaften) kommt mit 28 CEO genau jeder achte CEO aus dem Ausland. In den 776 Konzernen aus den übrigen Branchen liegt der Anteil mit 98 CEO sogar leicht höher bei 12,6 Prozent. Was die einzelnen Länder angeht, so bieten auch sie kein klares und einheitliches Bild. Australien und Saudi-Arabien weisen mit 50 bzw. 60 Prozent zwar tatsächlich einen weit über dem Durchschnitt von 22,5 Prozent liegenden Anteil an Finanzunternehmen unter ihren Großkonzernen auf und auch Kanada hat mit gut 31 Prozent auch noch einen deutlich überproportionalen Anteil. Großbritannien und die Niederlande aber bewegen sich diesbezüglich fast exakt auf dem Niveau, das auf die Gesamtheit aller 1 000 Unternehmen zutrifft, und Irland hat sogar einen unterdurchschnittlichen Prozentsatz an Finanzinstituten unter seinen führenden Konzernen. Umgekehrt weist Brasilien mit 30 Prozent nahezu denselben Prozentsatz wie Kanada auf und Spanien mit 37,5 Prozent sogar einen deutlich höheren, im Hinblick auf die Internationalität ihrer CEO liegen sie aber weit zurück. Dasselbe gilt in Bezug auf China und Großbritannien. China hat überraschenderweise einen höheren Anteil an Banken, Versicherungen und Investmentgesellschaften unter seinen Großunternehmen als Großbritannien, ohne dass sich das im Mindesten in der Internationalität des Topmanagements niederschlägt.

Scheinbare Internationalität von Unternehmen und CEO

Um ein vollständiges Bild von den Ursachen der zu beobachtenden Differenzen zu bekommen, ist es unumgänglich, sich die Unternehmen genauer anzuschauen, an deren Spitze ausländische CEO stehen. Dabei bestätigt sich zunächst der Eindruck, dass der Finanzsektor keine wichtige Rolle für die Internationalisierung des Topmanagements spielt. So liegt der Anteil ausländischer CEO in den Finanzinstituten jener drei Länder, die die am stärksten internationalisierten Konzernleitungen aufweisen, der Schweiz, Irlands und Großbritanniens, sogar deutlich niedriger als in den Unternehmen der anderen Branchen. Die Vergleichswerte lauten für die Schweiz 50 zu 79 Prozent, für Irland null zu 75 Prozent und für Großbritannien 33,3 zu 47,4 Prozent. In Australien und Saudi-Arabien ist es zwar umgekehrt,[7] in Kanada mit zehn zu 41 Prozent und in den USA mit 6,5 zu 9,2 Prozent aber wieder so ähnlich und in den meisten anderen Staaten gibt es keine größeren Abweichungen vom Gesamtdurchschnitt.

Außerdem fällt auf, dass die 16 Konzerne, die ihren juristischen Sitz in Irland, Luxemburg und auf den Bermudas haben, mit elf ausländischen CEO nicht nur einen extrem hohen Grad an Internationalität an ihrer Spitze aufweisen, sondern auch allesamt in Staaten residieren, die für ihre die Unternehmen stark begünstigende Steuerpolitik bekannt sind. Schaut man genauer hin, so stellt sich schnell heraus, dass es hier einen eindeutigen Zusammenhang gibt. Alle sechs ausländischen CEO, die irische Großunternehmen leiten, stehen an der Spitze von Konzernen, die ihren juristischen Hauptsitz in den letzten Jahren aus steuerlichen Gründen nach Irland, zumeist nach Dublin, verlagert,[8] ihr operatives Headquarter aber dort behalten haben, wo sie ursprünglich herkommen. Die CEO leben und arbeiten also nicht in Irland, sondern verbringen den ganz überwiegenden Teil ihres Lebens, wenn nicht sogar ihr komplettes Leben, weiter in ihrem Heimatland. Das gilt für alle vier US-Amerikaner, die das auf Energie-Management spezialisierte Industrieunternehmen Eaton, den Festplatten- und Speicherhersteller Seagate, die Pharmafirma Actavis[9] und den Mischkonzern Ingersoll-Rand führen. Der rechtliche Sitz ist zwar Dublin, tatsächlich aber werden die Unternehmen aus Cleveland, Cupertino in Kalifornien, Parsippany in New Jersey und Davidson in North Carolina geführt. Bei den beiden anderen Unternehmen mit ausländischen CEO, Accenture und Shire, ist es etwas anders. Zwar befindet sich das wirkliche Headquarter hier auch nicht in Irland, sondern in den USA bzw. in Großbritannien, mit einem Franzosen und einem Dänen stehen aber zwei Ausländer an der Spitze, die auch dann als solche zählten, wenn man die beiden Unternehmen als US-amerikanisches bzw. britisches klassifiziert.[10]

Wie entscheidend steuerliche Gesichtspunkte für die Wahl des rechtlichen Hauptsitzes sind und wie wenig das über die faktischen Gegebenheiten der Unternehmensführung aussagt, zeigt auch die Tatsache, dass zwei der sechs Firmen, Accenture und Ingersoll-Rand, zuvor mit den Bermudas oder den Cayman Islands schon eine andere Steueroase zum Hauptsitz gemacht hatten und Ingersoll-Rand außerdem noch ein gesondertes europäisches Headquarter in Belgien besitzt. Das wäre wohl überflüssig, wenn die Unternehmensleitung in Irland wirklich operativ tätig wäre. Shire hat sogar eine Lösung gewählt, die für das Unternehmen steuerlich noch günstiger ist. Man hat 2008 als Reaktion auf Steuerpläne der Labour-Regierung eine neue Holding Company in St. Helier auf Jersey registrieren lassen und gleichzeitig das Headquarter nach Dublin verlegt. So konnte man für die Gewinne im globalen Geschäft Steuern sparen und parallel noch die irische Gesetzesregel nutzen, dass eingenommene Lizenzgebühren auf in Irland hinterlegte Patente dort steuerfrei sind.

Für die beiden von Forbes den Bermudas zugerechneten Unternehmen Everest RE und Seadrill gilt dasselbe wie für die sechs irischen. Sie haben ihren steuerlichen Sitz auf den Bermudas, werden effektiv aber aus den USA (Martinsville in New Jersey) bzw. von London aus geführt. Von den vier in Luxemburg angesiedelten Konzernen trifft dies immerhin noch auf zwei zu. Tenaris wird de facto aus Buenos Aires gemanagt, wo der Haupteigner, CEO und Chairman Paolo Rocca lebt, und ArcelorMittal von London aus, wo Lakshmi Mittal lebt, CEO und Repräsentant der Lakshmi-Familie, die mit knapp 40 Prozent der Aktien das Unternehmen beherrscht.

Auch bei einigen Konzernen, die ihr Headquarter in der Schweiz haben, spielen steuerliche Erwägungen eine entscheidende Rolle für die Wahl des Firmensitzes. So sind vier der 18 Unternehmen, die von ausländischen CEO geleitet werden, aus diesem Grund in die Schweiz gegangen, zwei allein nach Zug, das mit null Prozent Gewinnsteuer und 0,02 Promille Kapitalsteuer besonders attraktive Konditionen bietet. Von diesen vier hat aber einzig der Versicherungsgigant ACE auch sein operatives Headquarter dort. Er wird in großen Teilen wohl tatsächlich von Zug aus geführt, obwohl sein CEO Evan G. Greenberg, der Sohn des ehemaligen Chefs von AIG, Maurice R. Greenberg, einen erheblichen Teil seiner Zeit weiterhin in New York verbringt. ACE verlegte seinen Hauptsitz 2008 von den Cayman Islands in die Schweiz, offiziell aus strategischen Überlegungen heraus. Die drei anderen Unternehmen, Tyco International, TE Connectivity und Wolseley, werden aber weiterhin von den USA und Großbritannien aus gemanagt, wo sie ursprünglich angesiedelt waren.

Tyco International und TE Connectivity sind aus der Aufspaltung des ehemaligen, in den USA beheimateten Tyco-Konzerns im Jahre 2007 entstanden. Ihre operativen Headquarters liegen in Princeton und Berwyn/Pennsylvania. Tyco International hat seinen juristischen Sitz inzwischen nach Cork in Irland verlegt. In den Medien wird als Grund für den Wegzug der Erfolg der sogenannten »Abzockerinitiative« in der Schweiz genannt, die unter anderem ein Verbot von Abgangsentschädigungen für Verwaltungsräte und Prämien für Firmenübernahmen enthält und ab 2015 in Kraft getreten ist.[11]

Am deutlichsten wird der Unterschied zwischen rechtlichem Sitz und tatsächlichem Headquarter bei Wolseley, einem traditionellen und auch an der Londoner Stock Exchange gelisteten Unternehmen. Es wurde 2010 – wie auch Shire – zugleich in St. Helier registriert und das juristische Hauptquartier ins Ausland verlagert, in diesem Fall nach Zug in der Schweiz. Das wirkliche Headquarter aber blieb in Großbritannien. Das wird sogar auf der Homepage des Unternehmens offiziell bestätigt. Dort heißt es auf die Frage »Where is Wolseley's headquarters?«: »Wolseley is registered in Jersey and tax resident in Zug, Switzerland. Wolseley Services is based in Theale, near Reading in the UK.« Zumindest drei der diese Konzerne führenden CEO sind demnach in Wirklichkeit keine in der Schweiz als Topmanager agierenden Ausländer, sondern weiterhin in ihrem Heimatland tätig. Ähnliches gilt für ein Unternehmen, das von Forbes als britisch aufgeführt wird, Fiat Chrysler Automobiles. Nach der endgültigen Übernahme von Chrysler durch Fiat gegründet, hat es sein offizielles Headquarter in London. Die operativen Headquarters aber liegen weiterhin an den traditionellen Standorten Turin und Auburn Hills. Der CEO Sergio Marchionne lebt dementsprechend auch nicht in London, sondern abwechselnd in Genf, Turin und Oakland County /Michigan. Im FTSE 150 ist die Anzahl derartiger Unternehmen noch deutlich größer. Lässt man bei all diesen Unternehmen die CEO heraus, die dieselbe Nationalität wie das Headquarter des Unternehmens haben, so sinkt der Ausländeranteil unter den CEO erheblich, bei den im FTSE 150 gelisteten Konzerne zum Beispiel von 36 auf nur noch gut 28 Prozent (Spencer Stuart 2014d: 2; Spencer Stuart 2015f: 26).

Steuerliche Erwägungen spielen oft auch dort eine Rolle, wo Unternehmen offiziell über zwei Nationalitäten verfügen. Diese binationalen Konzerne finden sich vor allem in Großbritannien. Von den 50 britischen Firmen, die in der Forbes Liste unter den 1 000 größten aufgelistet werden, fallen gleich 12 in diese Kategorie, obwohl Forbes die beiden bekanntesten und ältesten, Royal Dutch Shell und Unilever, den Niederlanden zurechnet. Es bleiben neben dem schon erwähnten Fiat Chrysler Automobiles aber noch 11 weitere Unternehmen, britisch-niederländische wie RELX, britisch-australische wie Rio Tinto, britisch-US-amerikanische wie BAT, britisch-südafrikanische wie Anglo American oder britisch-spanische wie International Airlines. Die Kombination Großbritannien und Südafrika ist dabei am häufigsten zu beobachten. Neben Anglo American gehören auch SAB Miller und Investec zu dieser Gruppe.

Zwar sind nicht immer steuerliche Gründe für diese Konstruktion ausschlaggebend – London als zentraler Finanzplatz ist auch als solcher attraktiv für ausländische Unternehmen –, sie spielen gerade in den letzten Jahren aber eine immer wichtigere Rolle. So verlegte der US-amerikanische Versicherer Aon sein Headquarter 2012 ganz überwiegend aus steuerlichen Erwägungen heraus nach London. Das belegen Dokumente, die von der International Tax Review eingesehen werden konnten. Vor allem die für multinational tätige Unternehmen sehr günstigen steuerlichen Regelungen für die Gewinne und Dividenden ausländischer Tochtergesellschaften waren wohl zusammen mit der Ankündigung weiterer Steuersenkungen ausschlaggebend (Dalton 2012). Tatsächlich tätig in London sind deshalb auch nur gut zwei Dutzend Führungskräfte.

Wie lukrativ die Steuergesetze in Großbritannien mittlerweile für US-Konzerne sind, belegt auch der lange vom Pharmaunternehmen

Pfizer verfolgte Plan, einen Wechsel des juristischen Firmensitzes durch den Zukauf der britischen Firma Astra Zeneca zu bewerkstelligen. Obwohl das Vorhaben inzwischen ebenso gescheitert ist wie der darauf folgende Versuch, dasselbe Ziel durch eine Fusion mit dem irischen Konzern Allergan zu erreichen, bleibt dieses Thema aktuell. Die britische Regierung wirbt denn auch ganz offensiv mit der zwischen März 2014 und April 2015 in zwei Schritten von 23 auf nur noch 20 Prozent gesenkten Körperschaftssteuer, dem niedrigsten Steuersatz unter den G7-Ländern und dem zweitniedrigsten unter den G20-Ländern, um ausländische Unternehmen zum Wechsel ihres rechtlichen Hauptsitzes zu bewegen. Sie ist dabei durchaus erfolgreich. Für den Gründer, Mehrheitseigentümer und CEO des nicht an der Börse gelisteten britisch-schweizerischen Chemiekonzerns INEOS, Jim Ratcliffe, war die massive Senkung der steuerlichen Belastung der entscheidende Grund, Mitte 2015 große Teile seines Headquarters zurück nach Großbritannien zu verlegen. Er hatte 2010 den Hauptsitz der gesamten Unternehmensgruppe nach Rolle am Genfer See verlagert, um nach eigenen Angaben auf diesem Wege pro Jahr Steuern in Höhe von gut 100 Millionen Pfund Sterling zu sparen.

Sogar noch größer ist der Anteil der binationalen Unternehmen in den ebenfalls für seine enormen steuerlichen Begünstigungen großer Konzerne bekannten Niederlanden. Dort gehört gleich mehr als jedes dritte der auf der Forbes Liste unter den Top 1 000 stehenden Unternehmen, nämlich sechs von 17, zu dieser Kategorie. Dazu zählt auch VimpelCom, ein weltweit tätiger Telekommunikationskonzern. Er wird von der russischen Alfa Group des Milliardärs Mikael Fridman und dem norwegischen, mehrheitlich im Staatsbesitz befindlichen Unternehmen Telenor mit einem Stimmrechtsanteil von jeweils über 40 und zusammen über 90 Prozent kontrolliert. Sein Headquarter ist in Amsterdam angesiedelt, rechtlich ist es aber auf den Bermudas in das Handelsregister eingetragen – ein typischer Fall eines aus steuerlichen Gründen gewählten Firmensitzes. Bei LyondellBasell wird es noch deutlicher. Es sind ebenfalls rein steuerliche Gründe, die dieses britisch-US-amerikanische Unternehmen dazu veranlasst haben, seinen Sitz in die Niederlande zu verlegen. Die eigentlichen Headquarters befinden sich aber im Unterschied zu VimpelCom weiter in Houston und London. Vimpel-Com und LyondellBasell werden wie noch weitere zwei binationale Unternehmen von einem ausländischen CEO geleitet, Vimpel Com vom Belgier Jean-Yves Charlier und LyondellBasell vom US-Amerikaner Bob Patel. Das heißt, dass vier der fünf aus dem Ausland stammenden CEO an der Spitze eines der sechs binationalen Unternehmen stehen und nur ein einziger von ihnen eine rein niederländische Firma führt.

Dieses eindeutige Ergebnis deckt sich mit der aktuellen Studie von Timans (2015). Er hat in zwei unterschiedlichen Samples einmal die CEO der 133 größten niederländischen Unternehmen (inklusive 33 großer Tochtergesellschaften ausländischer Konzerne) untersucht und zum anderen die CEO oder Managing Directors der 107 größten in den Niederlanden juristisch angesiedelten Firmen, unter ihnen auch 44 Firmen, die aus steuerlichen Gründen in den Niederlanden sitzen. Während die CEO im ersten Sample zu 80,5 Prozent Niederländer sind, trifft das im zweiten Sample nur noch auf 47 Prozent zu (Timans 2015: 155–159, 229–231, 236). Ausländische Topmanager führen in den meisten Fällen solche Unternehmen, die ihren Sitz aus steuerlichen Gründen in den Niederlanden haben, ihr operatives Headquarter tatsächlich aber in einem anderen Land. Die ausschließlich in den Niederlanden angesiedelten Konzerne dagegen werden fast durchweg von Niederländern geleitet.

In anderen Staaten ohne derart steuerliche Begünstigungen für Großunternehmen gibt es binationale Unternehmen erheblich seltener. In den USA trifft es beispielsweise auf Walgreens Boots Alliance zu, das am 31. Dezember 2014 aus der Fusion eines US- und eines schweizerisch-britischen Unternehmens entstanden ist. Der neue CEO ist Stefan Pessina, der alte CEO und größte Einzelaktionär des europäischen Partners Boots Alliance. Obwohl das Headquarter in Deerfield/Illinois angesiedelt ist, dem traditionellen Firmensitz des US-Partners Walgreen, hat Pessina nach seiner endgültigen Ernennung zum CEO Mitte 2015 erklärt, er werde seinen langjährigen Wohnsitz in Monaco beibehalten. Ein nicht unerheblicher Teil des operativen Geschäfts dürfte damit wohl vom Executive Chairman James Skinner wahrgenommen werden.

In Japan gilt etwas Ähnliches für eines der zwei Unternehmen, die überhaupt einen Ausländer an der Spitze haben, Nissan. Carlos Ghosn ist President von Nissan, weil er der PDG von Renault ist, das einen über 40-prozentigen Anteil an Nissan hält. Sein Arbeits- und Wohnort ist selbstverständlich Paris und nicht Yokohama, der Hauptsitz von Nissan. Auch der Brite und der Franzose, die die zwei saudi-arabischen Banken Saudi-British Bank und Bank Saudi-Fransi leiten, verdanken das, wie die Namen schon vermuten lassen, der Tatsache, dass in dem einen Fall die britische Großbank HSBC 40 Prozent der Aktien hält, im anderen Fall die französische Großbank Credit Agricole 30 Prozent. All diese Unternehmen sind zwar nicht im klassischen Sinne binational, aber doch geprägt durch den großen Einfluss eines ausländischen Partners mit hohem Aktienanteil. Die schwedische Nordea-Bank, die von dem Dänen Christian Clausen geleitet wird, entspringt sogar gleich drei Zusammenschlüssen von Banken aus allen vier skandinavischen Staaten.

Rechnet man alle CEO zusammen, deren Unternehmen binational sind oder aus steuerlichen Gründen in einem anderen Land angesiedelt sind als das Headquarter und die die Nationalität des Landes besitzen, in dem das tatsächliche oder eines der beiden Headquarters liegt, dann kommt man auf mehr als zwei Dutzend Personen. Ohne sie, die keine wirklich ausländischen CEO sind, die ihre Position nicht dem weltweiten Markt für globale Topmanager verdanken und mehrheitlich auch nicht außerhalb ihres Heimatlandes leben und arbeiten, sänke der Anteil der Ausländer an den CEO in den 1000 größten Unternehmen auf unter zehn Prozent.

Wie wesentlich ein ganz anderer Faktor ist, die Muttersprache der CEO nämlich, wenn es um die Internationalisierung des Topmanagements in den verschiedenen Ländern geht, zeigt ein genauerer Blick auf die deutschen Großkonzerne und ihre Spitzenvertreter. Deutschland hat im Vergleich zu seiner Bevölkerungsstärke weder übermäßig viele Großunternehmen unter den Top 1 000 noch bietet es besondere steuerliche Anreize für die Ansiedlung von Firmen-Headquarters. Es weist aber dennoch mit knapp 16 Prozent einen deutlich über dem internationalen Durchschnitt liegenden Anteil an ausländischen CEO auf. Diese CEO sind auch nicht infolge von Großfusionen von Unternehmen verschiedener Nationalitäten in ihre Position gekommen, sondern im Rahmen ganz normaler Berufungsverfahren. An ihren Biografien lässt sich daher besonders gut ablesen, welche Rolle die Vertrautheit der CEO mit den sprachlichen und kulturellen Traditionen des Landes spielt, in dem das jeweilige Unternehmen beheimatet ist, das sie leiten.

Dass die Kenntnis und vor allem die Vertrautheit mit der im jeweiligen Land gesprochenen Sprache eine große Bedeutung für die Rekrutierung ausländischer Spitzenmanager hat, ist dabei schnell zu erkennen. Zwar kommt von den fünf ausländischen Vorstandschefs kein einziger mehr aus Österreich oder der Schweiz. Vor wenigen Jahren stammte mit den Österreichern Peter Löscher bei Siemens und Wolfgang Mayrhuber bei der Lufthansa sowie den Schweizern Josef Ackermann bei der Deutschen Bank und Reto Francioni bei der Deutschen Börse noch die Mehrheit der ausländischen Vorstandsvorsitzenden wie üblich aus diesen beiden deutschsprachigen Nachbarländern. Es sind aber immer noch drei dieser fünf in kulturell und auch sprachlich verwandten Nachbarstaaten aufgewachsen. Marijn Dekkers von Bayer und Peter Terium von RWE kommen aus den Niederlanden, Kasper Rorsted von Henkel aus Dänemark.[12] Terium ist in Nederweert groß geworden, einer niederländischen Gemeinde, die nur gut 20 Kilometer von der deutschen Grenze entfernt ist. Er dürfte durch den sogenannten »kleinen Grenzverkehr« hinreichende Kenntnisse der deutschen Sprache erhalten haben.

Bei Dekkers ist das etwas anders. Er kommt mit Tilburg aus einer Stadt, von der aus es immerhin knapp 100 Kilometer bis Deutschland sind, hat dafür aber etliche Jahre Tennis in der Oberliga-Mannschaft des TC Rot-Weiß Emmerich gespielt und dort auch Tennisunterricht gegeben. Ohne die dabei erworbenen guten Deutschkenntnisse wäre er, so berichteten die Medien bei seinem Amtsantritt 2009, nicht der neue Vorstandsvorsitzende bei Bayer geworden. Bei Niederländern, die in den 1950er und frühen 1960er Jahren geboren sind, muss außerdem noch berücksichtigt werden, dass viele von ihnen, vor allem im östlichen Teil der Niederlande, mit den deutschen Fernsehprogrammen aufgewachsen sind. Da es noch keine privaten Fernsehsender gab, wurden ARD und ZDF angesichts des schmalen Angebots des niederländischen Fernsehens regelmäßig geschaut. Auch dadurch waren in diesen und den noch älteren Jahrgängen deutsche Sprachkenntnisse recht weit verbreitet. Für Kasper Rorsted gilt all das nur eingeschränkt. Er spricht Deutsch aber ebenfalls fließend, ist die dänische Sprache und Kultur der deutschen doch deutlich verwandter als etwa die britische, französische oder italienische.

Wie wichtig die Sprache bei der Besetzung von Spitzenpositionen in Großunternehmen immer noch ist, zeigt auch der Vergleich zwischen Anshu Jain und John Cryan, dem im Juni 2015 abgelösten und dem aktuell amtierenden CEO der Deutschen Bank. Über Jain wird immer wieder kolportiert, dass eines seiner Mankos in der mangelhaften Beherrschung der deutschen Sprache gelegen habe. Das sei bei Cryan völlig anders. Er habe durch seine mehrjährige Tätigkeit zunächst Anfang der 1990er Jahre bei S.G. Warburg in München und dann von 2008 bis 2011 als Finanzchef bei der UBS in der Schweiz so passable Deutschkenntnisse erworben, dass die Vorstandsreden auf der Hauptversammlung der Deutschen Bank anders als unter Jain in Zukunft wieder ausschließlich auf Deutsch gehalten würden. Fließendes Deutsch soll im Übrigen nach Informationen der FAZ auch ein zentrales Kriterium für die Neubesetzung des Vorstandsvorsitzes bei der Commerzbank mit einem Deutschen gewesen sein.

Dass sich die Bedeutung von Sprachkenntnissen nicht nur auf die deutschen Unternehmen beschränkt, zeigt ein Blick auf die sprachliche Herkunft der ausländischen CEO in den Top 1 000. Von den insgesamt 126 ausländischen CEO, die in einem dieser Unternehmen an der Spitze stehen, kommen gerade einmal 46 aus einem fremden Sprach- und Kulturraum (s. Tabelle 2.1). Das ist nicht mehr als ein gutes Drittel der ausländischen CEO und mit 4,6 Prozent nicht einmal jeder zwanzigste von allen CEO. Ohne die Schweiz sänke der Anteil sogar auf nur noch 3,4 Prozent. Ähnliche Verhältnisse wie in Deutschland findet man nämlich auch in den Nachbarländern Niederlande, Belgien und Österreich. Von den fünf Ausländern, die einen niederländischen Großkonzern führen, stammen gleich drei aus Belgien. Zwei von ihnen sprechen, wie ihre Namen van Boxmeer (CEO von Heineken) und de Smet (CEO von Ageas) schon andeuten, fließend flämisch, das sich vom Niederländischen so wenig unterscheidet wie das Österreichische vom Deutschen. Bei den Ausländern, die in zwei der fünf belgischen Firmen die Topposition bekleiden, gilt dasselbe zumindest für einen, den Franzosen Jean-Pierre Clammadieu. Er führt mit Solvay ein Unternehmen, das in der Wallonie beheimatet ist, dem Französisch sprechenden Teil Belgiens.[13] Auf den neuen deutschen Vorstandsvorsitzenden des österreichischen Mineralölkonzerns OMV, Reiner Seele, trifft all das ebenfalls zu. Selbst in den Schweizer Großunternehmen gibt es mit den deutschen und österreichischen Vorstandsvorsitzenden sowie dem französischen CEO des in Genf ansässigen Schweizer Luxusgüterkonzerns Richemont ein gutes halbes Dutzend ähnlich gelagerter Fälle.

Am deutlichsten aber wird die Bedeutung, die dem gleichen oder einem zumindest ähnlichen Sprach- und Kulturraum zukommt, bei den ausländischen CEO, die für Unternehmen im angelsächsischen Bereich tätig sind, das heißt in den USA, Großbritannien, Kanada, Australien, Irland oder Südafrika. Von den insgesamt 75 Ausländern dort stammen gerade einmal 18, also nicht einmal ein Viertel, aus Staaten, in denen nicht Englisch gesprochen wird.[14] So kommen von den 27 Ausländern an der Spitze von US-Konzernen allein fünf aus Australien, jeweils vier aus Kanada und Großbritannien und nur insgesamt acht aus anderssprachigen Ländern wie Deutschland, Frankreich oder Italien. In Großbritannien sieht es genauso aus. Von 22 ausländischen CEO kommt ein knappes Drittel (sieben Personen) aus einem fremdsprachigen Land, dagegen allein fünf aus den USA und immerhin noch zwei aus dem vergleichsweise kleinen Neuseeland. In Australien und Kanada gibt es mit dem Deutschen Jochen Tilk beim Kaliproduzenten Potash sogar nur einen einzigen CEO, dessen Muttersprache nicht Englisch ist, dafür vier US-Amerikaner in den kanadischen und fünf Briten in den australischen Großunternehmen.

Lässt man jene Ausländer aus einem fremden Sprach- und Kulturraum, deren Unternehmen wie etwa Wolseley oder Fiat Chrysler nur aus steuerlichen Gründen und rein juristisch in einem anderen als dem Heimatland des CEO residieren, ebenso unberücksichtigt wie jene, die binationalen Unternehmen angehören – so wie der Deutsche Thomas Enders bei der Airbus Group oder der Brite David Dew bei der Saudi-British Bank eine der beiden Nationalitäten besitzen, aber im jeweils anderen Land arbeiten –, dann bleiben nicht mehr viele tatsächliche Ausländer an der Spitze eines der Top 1000 Unternehmen übrig. Es sind dann nicht mehr als gut 30, das heißt nicht einmal jeder dreißigste der 1002 weltweit führenden CEO. Zu dieser Kategorie zählen neben dem Briten John Cryan bei der Deutschen Bank und dem US-Amerikaner Bill MCDermott bei SAP auch der in den USA bei Alcoa tätige Deutsche Klaus Kleinfeld, seine mit Bristol-Myers, Best Buy und AES ebenfalls US-Konzerne leitenden italienischen, französischen und venezolanischen Kollegen Giovanni Caforio, Hubert Joly und Andrés Weilert,[15] die Französin Veronique Laury und der Brasilianer Nicandro Durante bei den britischen Unternehmen Kingfisher und BAT, der Franzose Christophe Weber beim japanischen Pharmaproduzenten Takeda, der Portugiese Carlos Tavarez bei Peugeot, der das Schweizer Großunternehmen LafargeHolcim führende US-Amerikaner Eric Olsen, sein britischer Kollege John Ramsay, der seit Oktober 2015 den Schweizer Konzern Syngenta leitet, der Ivorer Tidjane Thiam, der der schweizerischen Großbank Credit Suisse seit Juli 2015 vorsteht, oder der Niederländer Rob Koremans beim israelischen Konzern Teva. Sie alle sind auch in einem engeren Sinne ausländische CEO.

Wenn man nun alle ausländischen CEO mit fremder Sprache und Kultur anschaut, also diejenigen in den binationalen Unternehmen mitrechnet, dann wird schnell klar, dass es eigentlich nur ein Land gibt, dessen Topmanagement man mit Fug und Recht als wirklich international bezeichnen kann. Das ist die Schweiz. Selbst unter Ausklammerung der drei nur rechtlich, aber nicht faktisch in der Schweiz angesiedelten Unternehmen und ihrer US-amerikanischen bzw. britischen CEO bleibt ein Prozentsatz von einem Drittel ausländischer CEO übrig. Das ist weit mehr als in allen anderen Ländern. Wenn man von Kleinstaaten wie zum Beispiel Luxemburg absieht, erreichen sonst einzig Großbritannien, die Niederlande, Irland und Saudi-Arabien überhaupt noch zweistellige Werte. Lässt man all jene CEO, die in nur juristisch, nicht aber faktisch dort angesiedelten Unternehmen an der Spitze stehen, ebenso unberücksichtigt wie jene, die in binationalen Konzernen tätig sind und eine der beiden Nationalitäten besitzen, reduziert sich diese Zahl sogar noch weiter, in Saudi-Arabien bis auf Null.

All diese Fälle zeigen ein bestimmtes Muster, was die mögliche Internationalisierung des Topmanagements betrifft. Existieren außerhalb eines Landes weitere Länder, in denen die gleiche oder eine ähnliche Sprache gesprochen wird und deren kulturelle Traditionen auch ähnlich sind, dann erweitert sich dadurch der Kreis der für Spitzenpositionen in Frage kommenden Kandidaten sehr viel schneller über die Landesgrenzen hinaus als dort, wo das nicht der Fall ist. Allein deshalb schon gibt es im angelsächsischen, aber auch im deutschsprachigen Raum oder in den Benelux-Staaten vergleichsweise viele ausländische CEO, in Italien, Russland,[16] der Türkei, Brasilien, Japan, Indonesien oder Südkorea aber so gut wie keine. Es fehlen dort einfach die sprachlich und kulturell verwandten Länder.

2.1.2. Transnationalität

Um realistisch beurteilen zu können, wie weit die Globalisierung der Wirtschaftselite vorangeschritten ist, gibt es neben der Internationalität der CEO noch einen zweiten Maßstab, die Transnationalität der einheimischen Topmanager. Zwar ist dieser Indikator nicht ganz so aussagekräftig wie der erste, er lässt aber erkennen, in welchem Umfang die CEO sich von einem ausschließlich auf das eigene Land beschränkten Lebensverlauf haben lösen können. Wenn jemand wenigstens einmal in seinem Leben mehr als sechs Monate am Stück im Ausland gelebt hat,[17] kann man zumindest davon ausgehen, dass er gelernt hat, sich auch in einer anderen als seiner heimatlichen Umgebung zu bewegen. Das wäre ein Indiz dafür, wie viele Unternehmenschefs sich grundsätzlich überhaupt auf einem globalen Markt für Spitzenmanager bewegen können; denn wer sein ganzes Leben in seinem Geburtsland verbracht hat, dürfte mit über 50 wohl kaum noch in der Lage sein, sich erfolgreich für eine Topposition im Ausland, vor allem im fremdsprachigen Ausland, zu bewerben. Er bleibt im nationalen Rahmen gefangen, kann also kein Bestandteil einer globalen oder transnationalen Elite werden.

Betrachtet man die CEO der 1000 größten Unternehmen unter diesem Gesichtspunkt, so muss man zunächst konstatieren, dass nur gut 22 Prozent der einheimischen CEO überhaupt über Auslandserfahrung verfügen, fast 78 Prozent also niemals für längere Zeit außerhalb ihres Geburtslands gelebt haben. Wie schon in puncto Internationalität zeigen sich allerdings auch hier riesige Unterschiede zwischen den einzelnen Ländern (s. Tabelle 2.3). Die Reihenfolge ist aber nicht dieselbe. Den weitaus größten Anteil an auslandserfahrenen CEO haben die deutschen Großkonzerne. Drei von vier Vorstandsvorsitzenden waren während ihres Studiums oder, wie in den meisten Fällen, im Rahmen ihrer beruflichen Laufbahn im Ausland, zumeist für mehrere Jahre. So hat der neue Chef der Deutschen Börse, Carsten Kengeter, schon einen Teil seines Studiums in Großbritannien absolviert und ist dann mit 33 Jahren wieder nach London zurückgekehrt, um nach zweijähriger Tätigkeit für Barclays von dort zwei Jahre später für fünf Jahre zu Goldman Sachs nach Hongkong zu wechseln und anschließend für fünf Jahre zur UBS nach Zürich. Seine gesamte Karriere ist keine nationale, sondern eine internationale. In dieser extremen Form ist er zwar auch unter den deutschen Vorstandschefs eine Ausnahme, es gibt aber viele, die doch für etliche Jahre außerhalb Deutschlands tätig waren, zumeist in Führungspositionen des Unternehmens, das sie heute leiten.

Dieter Zetsche, der Vorstandschef von Daimler, bringt es beispielsweise auf mehr als zehn Jahre. Er ist bereits im Ausland geboren, 1953 in Istanbul, weil sein Vater dort beruflich zu tun hatte, kam im Alter von zwei Jahren zurück nach Deutschland, studierte dort und fing nach dem Studium 1976 sofort bei Daimler Benz an. Im Verlauf seiner innerbetrieblichen Karriere war er zunächst zwischen 1987 und 1992 in Führungspositionen des Konzerns in Brasilien, Argentinien und den USA tätig, um dann zwischen 2000 und 2005 als CEO von Chrysler in den USA zu arbeiten. Bei den meisten anderen waren es nicht ganz so viele Jahre, meistens zwischen vier und sieben, sie wurden aber ebenso wie bei Zetsche fast immer innerhalb des eigenen Unternehmens durchlaufen.

Kurt Bock, der Vorstandschef der BASF, hat beispielsweise ebenfalls unmittelbar nach Studienabschluss bei der BASF angefangen und war dann ab 1996 mehrere Jahre für das Unternehmen in Brasilien und den USA. Jürgen Fitschen, der Co-Vorstandsvorsitzende der Deutschen Bank, war Ende der 1980er, Anfang der 1990er Jahre ein paar Jahre in Bangkok und Tokio für sein Haus tätig. Eine Ausnahme von dieser Regel sind Bernd Scheifele, der Vorstandsvorsitzende von Heidelberger Zement, und Frank Appel, der Chef der Deutschen Post. Beide waren nur während ihres Studiums im Ausland, Scheifele während seines Jura-Studiums gut zwei Jahre in Frankreich und den USA, Appel etwas länger in der Schweiz, wo er bis 1993 an der ETH Zürich im Fach Neurobiologie promoviert hat. Ihr gesamtes Berufsleben haben sie in Deutschland verbracht. Überhaupt nicht länger im Ausland war nur eine gute Handvoll der Vorstandschefs. Zu ihnen gehören der im September 2015 abgelöste VW-Chef Martin Winterkorn ebenso wie auch sein Nachfolger Matthias Müller oder der Vorstandsvorsitzende von Evonik, Klaus Engel.

Auf die Vorstandschefs der deutschen Konzerne folgen in Hinsicht auf ihre Auslandserfahrung mit um die 50 Prozent, also schon einigem Abstand, die CEO aus Italien, den Niederlanden und Schweden, drei in puncto Internationalität sehr unterschiedliche Länder. Während die schwedischen Unternehmen in dieser Beziehung ungefähr das gleiche Niveau aufweisen wie die deutschen, gehören die niederländischen zu den stark internationalisierten, während von den italienischen nicht ein einziges von einem Ausländer geleitet wird.

Lässt man Hongkong mal außer Betracht, weil die Auslandsaufenthalte der CEO dort aufgrund des langjährigen Status als britische Kronkolonie nicht immer zweifelsfrei zu klären waren,[18] folgen mit Frankreich, Japan und Brasilien drei Länder, deren CEO zwar immerhin zu ungefähr einem Drittel länger im Ausland waren, die aber kaum ausländische Topmanager in ihren Großunternehmen kennen. Die nächste Gruppe von fünf Ländern, die es jeweils auf einen Anteil von ungefähr einem Viertel auslandserfahrener CEO bringen, ist dagegen sehr heterogen. Sie umfasst mit der Schweiz und Großbritannien zwei, deren Unternehmen zu den am stärksten internationalisierten gehören, mit Südkorea, Indien und Taiwan aber auch drei, auf die genau das Gegenteil zutrifft. Von ihren insgesamt 68 CEO kommt kein einziger aus dem Ausland.

Tabelle 2.3: Die Transnationalität der CEO der 1000 größten Unternehmen der Welt

	CEO (Anzahl)	einheimische CEO (Anzahl)	Einheimische CEO mit Auslandserfahrung (in%)	
USA	306	279	26	(9,3)
Japan	99	97	30	(30,9)
China	94	94	7	(7,4)
Großbritannien	50	28	7	(25,0)
Frankreich	45	43	15	(34,9)
Deutschland	32	27	20	(74,1)
Kanada	32	23	5	(21,7)
Südkorea	27	27	8	(29,6)
Schweiz	25	7	2	(28,6)
Indien	25	25	6	(24,0)
Hongkong	25	23	9	(39,1)
Australien	20	11	2	(18,2)
Niederlande	17	12	6	(50,0)
Spanien	16	16	3	(18,8)
Taiwan	16	16	4	(25,0)
Schweden	15	13	6	(46,2)
Italien	14	14	8	(57,1)
Russland	12	12	2	(16,7)
Brasilien	10	9	3	(33,3)
Irland	10	4	0	(0,0)
Saudi-Arabien	10	7	0	(0,0)
Andere Länder	102	89	28	(31,5)
Insgesamt	1002	876	197	(22,5)

Quelle: eigene Recherchen

Bei allen übrigen Staaten kann man nicht von einer nennenswerten Transnationalisierung der Unternehmensleitungen sprechen.

Die Anteile reichen, sieht man von Irland und Saudi-Arabien ab, wo kein einziger der wenigen einheimischen CEO länger im Ausland war, von einem knappen Zehntel in den USA und China bis maximal ungefähr einem Fünftel in Kanada und Spanien.[19] Die Transnationalität der CEO in den entsprechenden Konzernen fällt im Gegensatz zur Schweiz und zu Großbritannien also ebenfalls unterdurchschnittlich aus.

Schaut man sich die CEO mit Auslandserfahrungen genauer an, so fällt eines sofort auf. Während die deutschen Vorstandschefs zwar oft in den USA tätig waren, aber mindestens genauso häufig auch in Südamerika, vor allem Brasilien, anderen europäischen Ländern wie Großbritannien oder der Schweiz oder in asiatischen wie Hongkong, Singapur, Thailand oder Japan, bevorzugen ihre Kollegen aus den drei großen ostasiatischen Staaten China, Japan und Südkorea für ihre Auslandsaufenthalte ganz überwiegend die USA. Von den japanischen Presidents mit Auslandsaufenthalten waren knapp zwei Drittel ausschließlich in den USA, dazu einer in Kanada und drei sowohl in den USA als auch in Europa. Diese Auslandsstationen lagen zu einem Drittel in der Zeit ihres Studiums und zu zwei Dritteln in der Zeit danach, das heißt während ihres Berufslebens.

Bei den chinesischen und südkoreanischen CEO sieht es noch eindeutiger aus. Zwar ist die Verteilung auf Studium und Beruf der bei den japanischen Presidents vergleichbar, aber nur jeweils einer aus beiden Ländern hat seine Auslandserfahrungen auch außerhalb der USA (bzw. in einem Fall Kanada) gemacht, also in Europa oder einem anderen asiatischen Land. Außerdem fielen die Aufenthalte der ostasiatischen CEO im Durchschnitt viel kürzer aus als die der deutschen Vorstandsvorsitzenden. Zumeist handelte es sich nur um zwei bis drei Jahre, egal ob als Student oder als Führungskraft der Firma, die man heute leitet. Personen wie der President von Komatsu, Kunio Noji, der für sein Unternehmen von 1985 bis 1997 mehr als zehn Jahre in Kanada tätig war, oder der Gründer und CEO von Baidu, Robin Li, der in den 1990ern drei Jahre in New York studiert und anschließend noch gut fünf Jahre dort gearbeitet hat, stellen absolute Einzelfälle dar. Auf mehr als drei Jahre kommt sonst kaum jemand. Bei einigen sind es sogar noch weniger. So war beispielsweise der CEO der China Construction Bank, Zhang Jianguo, nur von November 1987 bis Dezember 1988 in Toronto, um dort an der Canadian Imperial Bank of Commerce und am Ryerson Institute of Technology westliche Techniken kennenzulernen.

Bei den PDG der französischen Großkonzerne bietet sich demgegenüber wieder ein ähnliches Bild wie bei ihren deutschen Kollegen. Ihre Auslandsaufenthalte verteilen sich auf verschiedene Länder, von europäischen wie Deutschland, Großbritannien, Schweiz, Spanien oder Türkei über die zwei nordamerikanischen USA und Kanada und südamerikanische wie vor allem Brasilien bis hin zu asiatischen wie in erster Linie China. Dabei gibt es wie bei den deutschen Vorstandschefs einzelne, die für mehr als zehn Jahre im Ausland waren. So war der PDG von L'Oreal, Jean-Paul Agon, Anfang der 1980er für vier Jahre in Griechenland, dann Mitte der 1990er für drei Jahre in Deutschland und anschließend für jeweils ungefähr vier Jahre in Asien und den USA. Der PDG von Essilor, Hubert Sagnieres, war sogar noch länger im Ausland, insgesamt mehr als 15 Jahre. Er verbrachte sie allerdings in nur einem einzigen Land, Kanada, und war dabei immer nur für Essilor tätig, so wie Agon immer nur für L'Oreal gearbeitet hat. Die meisten PDG bringen es auf weniger Jahre, in der Regel wie bei den deutschen Vorstandsvorsitzenden zwischen vier und sieben. So war der PDG von Hermes, Axel Dumas, für seinen früheren Arbeitgeber Paribas zwei Jahre in Peking und vier Jahre in den USA. Einzelne PDG waren auch nur kurz im Ausland, dann zumeist während ihres Studiums, so wie der PDG von Unibail-Rodamco, Christophe Cuvillier, der zu diesem Zweck zwei Jahre in Spanien und Berkeley war, und der PDG von Carrefour, Georges Plassat, der circa drei Jahre in der Schweiz und in den USA studiert hat. Schließlich gibt es anders als bei den deutschen Vorstandschefs noch PDG, die aufgrund ihrer familiären Situation in vielen Ländern dieser Welt gelebt haben. Das trifft einmal zu auf Carlos Ghosn, den PDG von Renault, der schon vor seinen beruflich bedingten langjährigen Auslandstätigkeiten einen internationalen Lebensweg vorzuweisen hatte, weil er in Brasilien geboren und im Libanon sowie später in Paris aufgewachsen ist. Der zweite ist der PDG von Michelin, Jean Dominique Senard. Bei ihm war es der Beruf des Vaters, eines Diplomaten, der ihn seine Kindheit und Jugend in mehreren ganz verschiedenen Ländern verbringen ließ.

Die niederländischen und schwedischen CEO, die im Ausland waren, weisen ein vergleichbares Spektrum auf wie ihre deutschen und französischen Kollegen. Es gibt einzelne, die wie der CEO von Royal Dutch Shell, Ben von Beurden, oder der CEO von Akzo Nobel, Ton Büchner, über ein Jahrzehnt in anderen europäischen, aber auch asiatischen Ländern oder in Nordamerika für ihren Konzern tätig waren. Bei der Mehrzahl war die Zeit aber deutlich kürzer, zumeist zwei bis fünf Jahre, und mit einer Ausnahme, dem CEO von SKF, Alrik Danielson, der für SKF auch in Südamerika (Venezuela und Brasilien) war, wurde sie entweder in den USA oder in anderen Teilen Europas, von Deutschland über Frankreich und Großbritannien bis Tschechien, absolviert.

Auch die CEO der italienischen Großunternehmen bieten insgesamt ein vertrautes Bild. Sie waren wie ihre Kollegen aus den deutschen, französischen, niederländischen oder schwedischen Firmen in den verschiedensten Ländern tätig, allerdings mit Ausnahme des Fiat-Erben John Elkann[20] ausschließlich während ihres Berufslebens. Was sie von den CEO der anderen europäischen Länder deutlich unterscheidet, ist die Tatsache, dass der Wechsel ins Ausland bei fast jedem zweiten auch mit einem Wechsel des ihn beschäftigenden Unternehmens verbunden war. Besonders ausgeprägt ist das beim CEO des größten italienischen Unternehmens, des Energiekonzerns ENI, der Fall. Paolo Scaroni war zunächst drei Jahre bei Chevron in den USA, ging dann mehrere Jahre zu Saint Gobain nach Frankreich, kehrte 1985 nach Italien zurück, um die CEO-Position beim italienisch-argentinischen Unternehmen Techint zu übernehmen, um dann 1996 als CEO zu Pilkington nach Großbritannien zu wechseln. Ähnlich, wenn auch nicht ganz so ausgeprägt, sieht es bei den CEO von Generali, Mario Greco, und ENEL, Fulvio Conti, aus.

Die britischen CEO mit Auslandserfahrung weichen von dem für die anderen europäischen Länder charakteristischen Muster ab. Das betrifft nicht nur den Prozentsatz, der mit nur 25 Prozent am unteren Ende liegt, es betrifft auch die konkrete Form des Auslandsaufenthalts. Die fünf Briten, die während ihrer Berufslaufbahn im Ausland tätig waren, waren überwiegend in Asien, und zwar sowohl in Ländern des Commonwealth wie Indien oder Malaysia als auch, und das vorrangig, in Ostasien, speziell in China und der früheren britischen Kronkolonie Hongkong. Der CEO der führenden britischen Großbank HSBC, Stuart Gulliver, ist dafür ein typisches Beispiel. Er war für seine Bank in den Vereinigten Arabischen Emiraten, in Kuala Lumpur, in Tokio und in Hongkong. Dort ist auch sein offizieller Wohnsitz, obwohl er faktisch überwiegend in London wohnt. Die anderen zwei CEO haben ihre Auslandserfahrung außerhalb ihrer beruflichen Karriere gewonnen. So hat die CEO von Imperial Tobacco, Alison Cooper, nach ihrem Studium einen einjährigen freiwilligen Dienst in Kenia absolviert.

Bei den – allerdings nicht sehr zahlreichen – US-CEO mit Auslandserfahrung, mit 26 Personen gerade einmal knapp zehn Prozent, bietet sich, nicht ganz überraschend, ein etwas anderes Bild als bei ihren europäischen Kollegen. Zwei Drittel der CEO waren in Europa, allerdings erstaunlicherweise kaum in Großbritannien, das restliche Drittel verteilt sich über Asien, Australien und Kanada. Die Aufenthalte weisen außerdem zumeist nur eine Dauer von zwei bis drei Jahren auf. Eine längere Verweildauer wie beim CEO von General Mills, Kendall Powell, der für ein Joint Venture von General Mills mit Nestle gut zehn Jahre in der Schweiz tätig war, ist eher selten. Ein paar CEO verfügen auch nur deshalb über eine Auslandserfahrung, weil sie im Ausland geboren sind, dann als Kind oder Jugendlicher in die USA übersiedelten und die US-Staatsbürgerschaft angenommen haben. Das gilt zum Beispiel für die Co-CEO von Oracle, Safra Catz, die in Israel zur Welt gekommen und mit ihren Eltern schon im Alter von sechs Jahren in die USA gezogen ist.

Bei allen Unterschieden gibt es allerdings ein Merkmal, dass die US-CEO, die im Verlauf ihrer beruflichen Karriere im Ausland waren, mit den meisten europäischen CEO, auf die dasselbe zutrifft, gemein haben. Ihr Einsatz im Ausland erfolgte in dem Unternehmen, in dem sie auch zuvor und danach gearbeitet haben und das sie häufig heute leiten. Ganz entgegen dem Eindruck, den der Begriff von dem globalen Markt für Topmanager suggeriert, ist es im Zusammenhang mit der Auslandstätigkeit nur selten zeitlich parallel zu einem Wechsel in ein ausländisches Unternehmen gekommen. Personen wie Carsten Kengeter oder Paolo Scaroni, die mit dem Wechsel in ein anderes Land fast immer auch den Wechsel des Unternehmens verbunden haben, in dem sie tätig waren, stellen eine absolute Ausnahme dar. Man geht zwar ins Ausland, das aber in der Regel im Rahmen einer innerbetrieblichen Karriere im Heimatkonzern.

2.1.3. Internationalität und/oder Transnationalität

Betrachtet man abschließend die 1000 größten Unternehmen der Welt im Hinblick sowohl auf die Inter- als auch auf die Transnationalität ihrer CEO, schälen sich drei Gruppen heraus. Zur ersten zählen die Konzerne, die sich entweder durch einen hohen Prozentsatz an ausländischen CEO auszeichnen oder durch ein hohes Maß an Auslandserfahrungen bei den einheimischen CEO in Verbindung mit einem zumindest oberhalb des Durchschnitts liegenden Anteil an Ausländern an der Spitze der Unternehmen. Zu dieser Gruppe zählen neben den Schweizer Firmen, die mit ihrem ganz außerordentlich hohen Ausländeranteil einen Sonderfall darstellen, zum einen noch die Unternehmen aus Großbritannien, Australien und Irland, zum anderen die aus Deutschland, den Benelux-Staaten und Schweden. Auch die kanadischen Unternehmen kann man vielleicht noch hinzurechnen, weil sie eine recht hohe Anzahl an ausländischen CEO mit einem zumindest durchschnittlichen Transnationalisierungsniveau bei den einheimischen CEO verbinden.

Die zweite Gruppe wird von jenen Konzernen gebildet, die entweder in puncto Internationalität und Transnationalität jeweils durchschnittliche Werte aufweisen oder aber in einer Beziehung deutlich überdurchschnittliche. Das gilt für Brasilien, Saudi-Arabien und die Vereinigten Arabischen Emirate ebenso wie für Frankreich, Italien oder Japan.

In der dritten Gruppe schließlich befinden sich die Unternehmen jener Länder, deren CEO weder überdurchschnittlich international noch überdurchschnittlich transnational sind. Hier sind die Konzerne aus den vier größten Staaten der Welt allesamt vertreten, von denen aus den USA über die aus China und Indien bis zu denen aus Russland. Aber auch die Unternehmen aus anderen großen oder mittelgroßen Ländern wie Polen, Spanien, Türkei, Südkorea, Taiwan, Thailand, Indonesien oder Mexiko gehören dazu. Die Mehrheit der Top 1 000 Unternehmen zählt dabei eindeutig zur dritten Gruppe, der mit den am wenigsten inter- und transnationalen CEO. Die kleinste Gruppe ist demgegenüber die erste, die mit den am stärksten inter- und/oder transnationalisierten CEO.

Wie international das Topmanagement zusammengesetzt ist, hängt im Wesentlichen von drei Faktoren ab. Je mehr große multinationale Konzerne ein Land in Relation zur Einwohnerzahl beherbergt, je mehr binationale Konzerne darunter sind und je mehr Länder aus einem gleichen oder ähnlichen Sprach- und Kulturraum existieren, umso größer ist die Wahrscheinlichkeit, dass sich eine höhere Anzahl an Ausländern unter den CEO der in diesem Land beheimateten Großunternehmen befindet. Ob es dann tatsächlich so ist, hängt allerdings von der spezifischen Konstellation dieser drei Faktoren und ihrer Verknüpfung mit den jeweiligen nationalen Karrieremustern inklusive der jeweiligen nationalen Bildungssysteme ab.[21] Bei der Transnationalität ist es etwas anders. Hier spielen nur zwei Faktoren eine entscheidende Rolle. Das ist zum einen, wie die Beispiele Deutschland, die Niederlande oder Schweden, aber auch Frankreich, die Schweiz, Japan oder Südkorea zeigen, die Exportlastigkeit der Wirtschaft eines Landes,[22] zum anderen die Zahl und die Bedeutung der ausländischen Tochterunternehmen der führenden Konzerne.

2.2. Die CEO der hundert größten Unternehmen aus Deutschland, Frankreich, Großbritannien, den USA, China und Japan im Zeitverlauf

Um sehen zu können, ob es trotz der aktuell eher ernüchternden Prozentsätze wenigstens einen Trend in Richtung Inter- und/oder Transnationalisierung des Topmanagements gibt, kann auf zwei ältere Studien (Hartmann 1999, 2009) zurückgegriffen werden, die sich mit der gleichen Thematik befasst haben. Sie analysieren den Anteil von Ausländern unter den CEO der hundert größten Unternehmen Deutschlands, Frankreichs, Großbritanniens, der USA, Japans und Chinas sowie den Anteil der auslandserfahrenen einheimischen CEO für die Jahre 1995 und 2005. Das ermöglicht einen direkten Vergleich über zwei Jahrzehnte für die drei wichtigsten europäischen und die drei wichtigsten außereuropäischen Wirtschaftsmächte und dürfte daher für die Überprüfung der These von der globalen oder transnationalen Wirtschaftselite von großer Aussagekraft sein. Eine direkter zeitlicher Vergleich für die CEO der gesamten Top 1 000 war leider nicht möglich.

2.2.1. Die CEO der Top 100 im Vergleich mit denen auf der Forbes Liste

Angesichts dieser Einschränkung ist es sinnvoll, vor einem Vergleich der Entwicklung im Zeitverlauf zunächst die CEO der hundert größten Unternehmen dieser sechs Staaten mit denen zu vergleichen, die in der Forbes Global 2000 Liste für dieselben Länder unter den Top 1 000 geführt werden. Dadurch lässt sich erkennen, ob die teilweise erheblichen Veränderungen in der Zahl der Unternehmen – eine Verdoppelung bis Verdreifachung bei den europäischen, eine leichte Steigerung bei den asiatischen und eine Reduzierung um über zwei Drittel bei den US-Konzernen – auch die Prozentsätze für die Inter- und die Transnationalität der jeweiligen CEO nennenswert beeinflussen. Ein erster Blick zeigt nichts Überraschendes (s. Tabelle 2.4).

Wie zu erwarten war, halten sich die Abweichungen bei den japanischen und chinesischen Unternehmen in sehr engen Grenzen. Da die Anzahl der Firmen sich in beiden Fällen kaum verändert hat, von 99 bzw. 94 auf 100, gibt es auch nur wenige Veränderungen bei den CEO. Sie resultieren im Wesentlichen daraus, dass für die Analyse der hundert größten Unternehmen die Forbes Liste von 2014 herangezogen werden musste, weil die Untersuchung schon Anfang 2015 stattgefunden hat.[23] Das beinhaltet eine etwas andere Reihenfolge der Unternehmen und damit auch eine etwas andere Zusammensetzung der Top 100. Die Konsequenzen sind aber alles in allem minimal. Bei der Anzahl der ausländischen CEO bleibt bis auf eine Ausnahme alles beim Alten. Da Christophe Weber erst Anfang April 2015 die Position als CEO von Takeda angetreten hat, führte zum Erhebungszeitpunkt einzig Carlos Ghosn bei Nissan als einziger Ausländer einen der hundert größten japanischen oder chinesischen Konzerne. Auch hinsichtlich der Auslandserfahrungen der einheimischen CEO werden die Werte nahezu komplett bestätigt.

Bei den japanischen wie auch den chinesischen CEO der größten hundert Firmen bewegt sich der Prozentsatz derjenigen, die schon einmal im Ausland gelebt haben, auf einem minimal höheren Level. Die Vorliebe für Aufenthalte in den USA ist ebenfalls dieselbe geblieben. Allenfalls in einzelnen Aspekten gibt es interessante Abweichungen. Am bemerkenswertesten ist dabei sicherlich der Präsident des japanischen Baustoffkonzerns Lixil, Yoshiaki Fujimori. Er unterscheidet sich von seinen japanischen wie auch chinesischen

Tab 2.4: Die Inter- und Transnationalität der CEO (CEO, Vorstandsvorsitzende, PDG, Presidents) der größten Unternehmen Deutschlands, Frankreichs, Großbritanniens, der USA, Japans und Chinas 2015 (in Prozent)

	Ausländische CEO	CEO aus einem fremden Sprach- und Kulturraum	Einheimische CEO mit Auslands- erfahrung
Deutschland			
Forbes Global 1000 (n=32)	15,6	6,3	74,1
Top 100 (n=102)	13,7	5,9	46,6
Frankreich			
Forbes Global 1000 (n=45)	4,4	4,4	34,9
Top 100 (n=100)	4,0	3,0	26,0
Großbritannien			
Forbes Global 1000 (n=50)	44,0	14,0	25,0
Top 100 (n=100)	33,0	15,0	23,9
USA			
Forbes Global 1000 (n=306)	8,8	2,6	9,3
Top 100 (n=101)	7,9	4,0	15,1
Japan			
Forbes 1000 (n=99)	2,0	2,0	30,9
Top 100 (n=100)	1,0	1,0	31,3
China			
Forbes 1000 (n=94)	0,0	0,0	7,4
Top 100 (n=100)	0,0	0,0	8,0

Quelle: eigene Recherchen

Kollegen in zwei entscheidenden Punkten. Er hat seine Auslandserfahrungen nicht innerhalb des Unternehmens gemacht, dem er jetzt vorsteht, sondern in einem anderen und dieses andere Unternehmen war auch noch ein ausländisches, General Electric, für das er 25 Jahre tätig war. Außerdem erfolgte der Wechsel an die Spitze von Lixil in unmittelbarer Verknüpfung mit dem Wechsel von GE zu Lixil. Auch das ist, wie gesehen, eine Seltenheit nicht nur bei den ostasiatischen CEO.

Bei den CEO der anderen vier Länder lassen sich erheblich stärkere Abweichungen beobachten. Das ist angesichts der großen Unterschiede, was ihre jeweilige Anzahl angeht, aber nicht weiter verwunderlich. Fast durchweg gehorchen die Abweichungen dabei der Regel, dass die Inter- und die Transnationalität der CEO parallel zur Größe der Unternehmen ansteigt. Schaut man sich diesbezüglich zunächst die US-CEO näher an, so wird diese Regel sowohl beim Prozentsatz der aus einem fremden Sprach- und Kulturraum stammenden CEO als auch beim Anteil der einheimischen CEO mit Auslandserfahrung bestätigt. In beiden Fällen liegt der Prozentsatz für die CEO der hundert größten Unternehmen um gut 50 Prozent höher als bei den CEO der gut 300 größten.[24] Nur in puncto Gesamtzahl der ausländischen CEO spielt die Größe der Konzerne offensichtlich keine Rolle. In dieser Beziehung liegen die Top 100 sogar leicht hinten.

Die Ursache für die etwas stärkere Repräsentanz ausländischer CEO unter den gut 300 größten Konzernen dürfte zum einen darin zu suchen sein, dass unter den Top 100 im Gegensatz zu denen auf der Forbes Liste auch die großen nicht börsennotierten Unternehmen enthalten sind, die allesamt von US-Bürgern geleitet werden. Dazu kommt dann noch eine zufällige Ballung von CEO aus dem Ausland bei den Unternehmen, die in der Reihenfolge der gut 300 größten US-Konzerne auf den Plätzen 204 bis 238 rangieren. Von diesen 35 Unternehmen werden nämlich gleich zehn von Ausländern geführt.[25] Es handelt sich bei ihnen aber ganz überwiegend um Personen aus dem angelsächsischen Sprachraum,[26] vor allem Australier und Kanadier, die gleich die Hälfte dieser zehn CEO stellen, so dass sich diese Häufung beim Anteil der aus einem fremden Sprach- und Kulturraum kommenden CEO auch nicht als Abweichung bemerkbar macht.

Bei den CEO der 100 größten britischen Unternehmen bietet sich im Wesentlichen das zu erwartende Bild. Verglichen mit der nur halb so großen Gruppe der Konzerne aus der Forbes Liste finden sich unter den CEO seltener Ausländer und Einheimische mit Auslandserfahrung. Der Ausländeranteil sinkt deutlich von 44 auf 33 Prozent, der der CEO mit Auslandserfahrung nur geringfügig von 25 auf 23,9 Prozent. Der Prozentsatz der CEO aus einem fremden Sprach- und Kulturraum bleibt dagegen gleich. Das liegt vor allem an gleich drei französischen CEO, Xavier Rolet, Olivier Bohuon und Andre Lacroix, die die Unternehmen LSE, Smith & Nephew und Inchcape bzw. seit April 2015 Intertek[27] leiten. Die Franzosen bilden überraschenderweise mit insgesamt fünf CEO gleichauf mit den Australiern die größte Gruppe unter den Ausländern. Die Relation zwischen den ausländischen CEO aus einem fremden Sprach- und Kulturraum und denen aus dem angelsächsischen Raum verschiebt sich dadurch deutlich, von knapp eins zu drei auf knapp eins zu zwei. Damit liegt sie ähnlich hoch wie in den deutschen Konzernen. Was die Auslandsaufenthalte angeht, so ebnen sich auch dort die Unterschiede zu den deutschen und französischen Großunternehmen zum größten Teil ein; denn die dazu kommenden acht britischen Firmenchefs haben ihre Auslandserfahrungen – bis auf zwei Ausnahmen – sämtlich außerhalb Asiens gemacht, durchweg in den USA oder Kontinentaleuropa, so dass das Übergewicht Asiens bei den Auslandsaufenthalten weitgehend verschwindet. Die Ausnahmen sind ein spätes Erbe des ehemaligen britischen Weltreichs und kein Bestandteil einer Managementkarriere: Martin Gilbert, der CEO von Aberdeen Asset, ist in Malaysia, und Carolyn McCall, die CEO von Easy Jet, ist in Indien geboren. Ihre Schul- und Hochschulausbildung haben beide aber schon in Großbritannien erhalten.

Wichtig ist noch ein weiterer Aspekt. Die Inter- und in einem geringeren Maße auch die Transnationalität der CEO hängt überraschend stark von ihrem Alter ab. Das Viertel von ihnen, das 1965 und später geboren ist, kommt bis auf eine einzige Person ausschließlich aus Großbritannien. Die Ausländer zählen also fast alle zu den älteren CEO.[28] Umgekehrt liegt die Auslandserfahrung bei den älteren mit 24 Prozent erheblich unter der der jüngeren, bei denen sie mit knapp 53 Prozent mehr als doppelt so hoch ausfällt.

Die französischen PDG der hundert größten Unternehmen unterscheiden sich ausnahmslos in der zu erwartenden Weise von denen der größten 45. Sie kommen seltener aus dem Ausland, seltener aus einem fremden Sprach- und Kulturraum und haben seltener im Ausland gelebt. Die Orte der Auslandsaufenthalte sind bei den dazu kommenden 55 PDG dagegen ähnlich breit gestreut wie in der kleineren Gruppe, wenn auch etwas stärker auf die USA konzentriert. Jeder zweite war dort tätig, die andere Hälfte in den unterschiedlichsten Ländern von Vietnam über Brasilien bis Rumänien und Belgien. Was allerdings auffällt, das ist die relativ kurze Zeit dieser Aufenthalte. Sie liegt zumeist nur bei zwei bis vier Jahren. So war der PDG von Leroy Merlin, Pascal Delfosse, für seine Firma vier Jahre in Brasilien, der PDG von Cora, Patrick Bonislawski, für sein Unternehmen drei Jahre in Rumänien, der PDG von ATOS, Thierry Breton, ein Jahr als Professor in Harvard und kurze Zeit in New York bei Rothschild, und der PDG von Areva, Philipp Knoche, nur gut ein Jahr in Brüssel bei der EU-Kommission, ebenso lang wie der PDG von Wendel, Frederic Lemoine, zu Beginn seiner Berufslaufbahn als Leiter eines Krankenhauses in Vietnam war. Diese relativ kurze Verweildauer markiert die einzige nennenswerte Differenz zu den CEO aus den beiden anderen europäischen Ländern.

Bei den deutschen Vorstandschefs der hundert größten Unternehmen gibt es ebenfalls keine größeren Überraschungen. Zwar fällt der Unterschied, was die Anzahl der Ausländer an der Spitze angeht, geringer aus, als man angesichts der dreimal so großen Anzahl an Unternehmen erwartet hätte, und es kommen diesmal auch vier der 14 Ausländer aus Österreich oder der Schweiz, zum Beispiel der Chef von GEA, Jürgen Oleas. In der Tendenz bleibt es aber dabei, dass die größeren Unternehmen auch in Deutschland internationaler sind. Bei den Auslandsaufenthalten wird das dann sehr deutlich. Während in dem kleineren Sample fast drei von vier Vorstandsvorsitzenden im Ausland waren, verfügt jetzt mehr als die Hälfte nicht über diese Erfahrung. Das betrifft nicht nur Selfmademan wie Clemens Tönnies, den Chef des gleichnamigen Fleischkonzerns, sondern auch Topmanager mit einer üblichen Karriere. So können trotz aller sonstigen Unterschiede[29] weder der Vorstandschef von Schaeffler, Klaus Rosenfeld, noch seine Kollegen bei Knauf, Manfred Grundke, oder Südzucker, Wolfgang Heer, auf derartige Erfahrungen zurückgreifen. Bei denen, die im Ausland waren, bietet sich allerdings im Wesentlichen dasselbe Bild wie in der exklusiveren Gruppe der Forbes Konzerne. Sie waren in den verschiedensten Ländern, nur seltener in Asien und häufiger in Europa.

Der Vorstandsvorsitzende von Boehringer Ingelheim, Andreas Barner, hat beispielsweise schon in Zürich an der ETH Mathematik studiert, parallel übrigens zu einem Medizinstudium in Freiburg, und war danach mehrere Jahre für Ciba-Geigy in Basel tätig. Sein Kollege bei Voith, Hubert Lienhard, war fast die gesamten 1980er Jahre für Lurgi in den USA und Schottland, und Thomas Rabe, der Vorstandsvorsitzende von Bertelsmann, ist als Sohn eines EU-Beamten in Luxemburg geboren, in Brüssel zur Schule gegangen, um nach einem Studium in Aachen und Köln dann wieder zwei Jahre bei der EU-Kommission und als Anwalt in Brüssel zu arbeiten sowie von 2000 bis 2003 als CFO bei RTL in Luxemburg tätig zu sein. Die Dauer der Auslandsaufenthalte liegt in der Regel in dem Bereich, der auch bei der kleineren Gruppe zu konstatieren war, zwischen vier und sieben Jahren. Ein Wechsel des Unternehmens kommt jedoch häufiger vor. Das ist angesichts der geringeren Größe der Unternehmen aber nicht weiter erstaunlich und die Wechsel erfolgen – wie bereits festgestellt – auch nur selten parallel zu einem Wechsel ins Ausland. Die Auslandseinsätze bleiben meistens in den Rahmen innerbetrieblicher Karrieren eingebunden. Barner ist in dieser Hinsicht eine Ausnahme.

Bei den Vorstandschefs der deutschen Konzerne macht sich im Unterschied zu ihren Kollegen in Großbritannien kaum bemerkbar, welcher Alterskohorte sie angehören.[30] Der Anteil der Ausländer liegt unter den älteren CEO mit 14 Prozent nur eineinhalb Prozentpunkte höher als unter den jüngeren. In Großbritannien dagegen zählen so gut wie alle Ausländer zur älteren Kohorte. Die jüngeren

CEO stammen fast ausnahmslos aus Großbritannien. Auch bei den Auslandserfahrungen sind die Unterschiede in Deutschland minimal. Unter den jüngeren Vorstandschefs hat sie exakt jeder zweite, unter den älteren mit 46 Prozent fast jeder zweite. Bei den britischen CEO haben die jüngeren demgegenüber mehr als doppelt so häufig Auslandserfahrungen wie die älteren.[31] Das Alter spielt im Hinblick auf die Inter- und Transnationalität bei den deutschen Vorstandsvorsitzenden eindeutig eine wesentlich geringere Rolle als bei den britischen CEO und auch keine nennenswert andere Rolle als bei den Vorstandschefs der erheblich kleineren Gruppe der in der Forbes Liste aufgeführten 32 Großkonzerne. Allenfalls könnte es sein, dass Ausländer aus einem fremden Sprach- und Kulturraum etwas mehr Zeit benötigen als Deutsche, um eine Spitzenposition in einem deutschen Großunternehmen zu erreichen und insofern erst in einem höheren Alter dort anzutreffen sind.

Wirft man abschließend noch einen kurzen Blick in die verschiedenen Branchen, so findet man die mit Abstand auslandserfahrensten Vorstandschefs in den Banken, wo nur einer von zehn nicht im Ausland war, fast die Hälfte allerdings nur für maximal zwei Jahre. Der Handel bildet den anderen Pol. Von seinen Vorstandsvorsitzenden weisen über zwei Drittel keinerlei Auslandsaufenthalte auf. Ähnlich dürftig sieht es erstaunlicherweise auch bei den Versicherungen, der anderen Hälfte des Finanzsektors, aus: dort haben knapp zwei Drittel keine Auslandserfahrung, wenn doch, dann allerdings durchweg gleich für mehrere Jahre. Offensichtlich verlaufen Karrieren in der Versicherungsbranche immer noch sehr viel stärker im nationalen Rahmen als im Banksektor. Die beiden anderen großen Wirtschaftsbereiche unterscheiden sich dagegen nur wenig. In der Industrie hat gut jeder zweite im Ausland gelebt, im Dienstleistungssektor knapp jeder zweite, und vier von fünf waren auch länger als zwei Jahre dort.

Bei den CEO der spanischen und italienischen Konzerne gibt es wie bei ihren deutschen Kollegen alles in allem ebenfalls keine grundsätzlichen Veränderungen, wenn man die Anzahl der Unternehmen auf 30 verdoppelt. Ausländer gibt es an der Spitze eines der Konzerne auch dann nicht. In Spanien sinkt auch der Anteil der auslandserfahrenen CEO nur leicht, um gerade einmal zwei Prozentpunkte. In Italien, und das ist die einzige bemerkenswerte Veränderung, verringert er sich dagegen sehr deutlich, von gut 57 auf nur noch gut 26 Prozent. In Italien konzentrieren sich die CEO mit Auslandsaufenthalten also ganz eindeutig in den allergrößten Konzernen, während die Unternehmensgröße in Spanien diesbezüglich keine entscheidende Rolle spielt.

Alles in allem bieten die CEO der hundert größten Unternehmen trotz einiger erwartbarer wie manchmal auch unerwarteter Unterschiede im Wesentlichen das gleiche Bild wie die CEO der in der Forbes Liste zu den Top 1000 zählenden Konzerne. Es gibt zwei Länder, in denen der Inter- und/oder Transnationalisierungsprozess schon einen beachtlichen Umfang erreicht hat, Großbritannien und Deutschland. Die britischen Firmen weisen den mit Abstand höchsten Anteil an ausländischen CEO auf und gleichzeitig einen durchschnittlichen Anteil an einheimischen CEO mit Auslandserfahrung. Die deutschen verbinden einen außergewöhnlich hohen Prozentsatz an auslandserfahrenen Vorstandschefs mit einem ebenfalls überdurchschnittlichen Prozentsatz an Ausländern an der Spitze. Mit Frankreich, den USA und Japan folgen drei Länder, deren CEO mit 92 bis 99 Prozent fast vollständig aus dem eigenen Land stammen und die in puncto Auslandsaufenthalte mit 15 bis 31 Prozent wiederum Werte um den Durchschnitt herum aufzuweisen haben. Allerdings gleichen sich diese beiden Faktoren insofern aus, als Auslandseinsätze dort überdurchschnittlich ausfallen, wo der Ausländeranteil besonders niedrig liegt, und umgekehrt. Von wirklicher Inter- oder Transnationalität kann daher keine Rede sein. Das gilt erst recht für die chinesischen Unternehmen, die in beiderlei Hinsicht ganz eindeutig das Schlusslicht bilden.

Die Einschätzung, dass bezüglich Inter- und Transnationalität der CEO große Unterschiede zwischen den sechs Ländern existieren und nur in Großbritannien und Deutschland eine klare Tendenz in Richtung Internationalisierung zu erkennen ist, bestätigt sich, wenn man die Entwicklung in den letzten zwei Jahrzehnten näher betrachtet. Auch dann liegen die britischen und die deutschen Unternehmen weit vorn, was die Inter- und Transnationalität ihrer Topmanager betrifft, und die Konzerne aus den anderen Staaten folgen erst mit großem Abstand, wieder mit den chinesischen am Schluss (s. Schaubild 2.1).

Schaubild 2.1: Ausländer unter den CEO der hundert größten Unternehmen Deutschlands, Frankreichs, Großbritanniens, der USA, Japans und Chinas zwischen 1995 und 2015 (in Prozent)

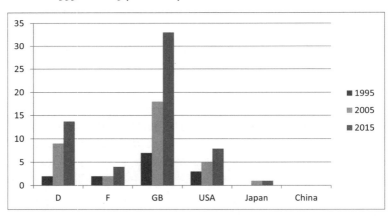

Quelle. Hartmann 1999, Hartmann 2009a, eigene Recherchen

Auffällig ist jedoch, wie unterschiedlich der Prozess in den einzelnen Ländern verläuft. Nimmt man zunächst den Ausländeranteil unter den CEO in den Blick, so waren die Differenzen 1995 noch minimal. Einzig die britischen Unternehmen stachen mit ihren damals schon sieben Ausländern an der Spitze etwas heraus. Überall sonst lag die Zahl nur zwischen null und drei. Die beiden ostasiatischen Staaten kannten gar keine ausländischen CEO, die beiden europäischen und die USA jeweils zwei bis drei (s. Tabelle 2.5). Das hat sich schon im folgenden Jahrzehnt deutlich verändert. Während sich in vier der sechs Länder kaum etwas getan hat – die Werte blieben gleich oder erhöhten sich nur geringfügig wie in Japan und den USA –, kam es in Deutschland und Großbritannien zu einem richtigen Schub. In den deutschen Konzernen stieg die Zahl der Ausländer unter den Vorstandsvorsitzenden von zwei auf neun, in den britischen von sieben auf 18. Beide Länder setzten sich damit deutlich von den anderen vier ab.

Diese Entwicklung hat sich in den zehn Jahren bis 2015 ungebrochen fortgesetzt, nur dass diesmal das Tempo der Internationalisierung – genau umgekehrt wie zwischen 1995 und 2005 – in Großbritannien höher war als in Deutschland. In den britischen Unternehmen hat sich der Prozentsatz der ausländischen CEO fast verdoppelt, in den deutschen ist er »nur« um gut die Hälfte angewachsen. Die Unternehmen der anderen vier Länder bieten damit verglichen ein dürftiges Bild. In Frankreich und den USA gab es in den letzten zehn Jahren zwar ebenfalls Zuwächse, aber auf einem erheblich niedrigeren Niveau. In Frankreich finden sich vier statt zwei Ausländer, in den USA acht statt fünf. In Japan und China ist sogar alles beim Alten geblieben, dort leitet mit Carlos Ghosn nach wie nur ein einziger Ausländer, und dazu auch noch derselbe wie vor zehn Jahren einen der Großkonzerne. Über einen Zeitraum von immerhin zwei Jahrzehnten ist in den beiden ostasiatischen Ländern überhaupt nichts passiert. In Frankreich und in den USA hat sich die Anzahl der ausländischen Firmenchefs auch nur relativ geringfügig erhöht. Einzig an der Spitze der deutschen und britischen Konzerne[32] hat sich in dieser Beziehung wirklich etwas getan. Insgesamt ist das ein eher ernüchternder Eindruck, der sich da in puncto Internationalität bietet.

In Bezug auf die Transnationalität der CEO ist die Entwicklung noch interessanter. Nicht nur das Tempo variiert enorm, die Tendenzen weisen auch in unterschiedliche Richtungen. Während 1995 die Großunternehmen aus den drei europäischen Ländern mit jeweils circa einem Viertel auslandserfahrener Manager an ihrer Spitze noch sehr nah beieinander und nur die US-Konzerne mit gerade einmal gut sieben Prozent deutlich zurück lagen,[33] hat sich das Bild binnen zwei Jahrzehnten vollkommen verändert (s. Tabelle 2.5).

Tabelle 2.5: Die Inter- und Transnationalität der CEO (CEO, Vorstandsvorsitzende, PDG, Presidents) der hundert größten Unternehmen Deutschlands, Frankreichs, Großbritanniens, der USA, Japans und Chinas (in Prozent)

		D	F	GB	USA	Japan	China
	1995	n=100	n=	n=	n=100	n=	n=
	2005	n=100	100	100	n=100	100	100
	2015	n=102			n=101		
Ausländer	1995	2,0	2,0	7,0	3,0	–	–
	2005	9,0	2,0	18,0	5,0	1,0	–
	2015	13,7	4,0	33,0	7,9	1,0	–
Ausländer aus fremdem Sprach- und Kulturraum	1995	1,0	2,0	1,0	1,0	–	–
	2005	4,0	2,0	6,0	2,0	1,0	–
	2015	5,9	3,0	15,0	4,0	1,0	–
Einheimische mit Auslandserfahrung von mindestens 6 Monaten (in % der einheimischen Topmanager)	1995	26,3	21,4	26,9	7,2	k.A.	k.A.
	2005	36,3	18,1	18,9	9,5	34,3	14,0
	2015	46,6	26,0	23,9	15,1	31,3	8,0

Quelle: Hartmann 1999, Hartmann 2009a und eigene Recherchen

In den deutschen Großkonzernen hat sich der Anteil der Vorstandschefs mit Auslandserfahrung fast verdoppelt, auf jetzt 46,6 Prozent. In den französischen ist er nur leicht – von 21,4 auf 26 Prozent – gestiegen, in den britischen ist er sogar zurückgegangen, von 26,9 auf 23,9 Prozent. Während das bei den britischen Unternehmen durch die starke Zunahme der ausländischen CEO aber mehr als wettgemacht wird, fallen die französischen Großunternehmen in puncto Inter- und Transnationalität immer weiter hinter ihre Konkurrenz aus Deutschland und Großbritannien zurück. Dasselbe trifft im Kern auch auf die ostasiatischen und die US-Firmen zu. Zwar gehen die US-CEO heute gut doppelt so häufig Tätigkeiten im Ausland nach wie noch vor 20 Jahren. Mit gut 15 Prozent ist das aber immer noch der zweitniedrigste Wert, weil der Ausgangspunkt 1995 mit gerade einmal gut sieben Prozent so extrem niedrig lag.

In Japan und China sieht es, was die Entwicklung in den letzten zehn Jahren angeht, sogar noch schlechter aus. In den Unternehmen beider Staaten ist der Anteil der auslandserfahrenen CEO gesunken. Während das in den japanischen Konzernen aber von einem vergleichsweise hohen Niveau aus erfolgt ist und der Rückgang mit drei Prozentpunkten auch relativ moderat ausfällt, so dass immer noch nahezu jeder dritte japanische President im Ausland gelebt hat, bieten die chinesischen Unternehmen ein mehr als ernüchterndes Bild. Der dort mit 14 Prozent schon 2005 ausgesprochen niedrige Anteil an CEO mit Auslandsaufenthalten hat sich binnen eines Jahrzehnts fast halbiert, auf nur noch acht Prozent 2015. Nicht einmal mehr jeder zwölfte CEO kann auf Auslandserfahrungen verweisen. Von Inter- oder Transnationalität kann also überhaupt keine Rede mehr sein. Bemerkenswert ist dabei, dass die größte Auslandserfahrung entgegen den allgemeinen Erwartungen nicht bei den jüngeren CEO zu finden ist, sondern bei der älteren, in den 1950er Jahren geborenen Kohorte. Während bei ihnen noch 12 Prozent mindestens sechs Monate an einem Stück im Ausland verbracht haben, sind es bei ihren jüngeren Kollegen mit sechs Prozent gerade einmal halb so viele. Am niedrigsten liegt der Anteil in der großen Gruppe der in der ersten Hälfte der 1960er Jahre geborenen CEO mit nur gut drei Prozent. Bei der jüngsten Altersgruppe, den ab 1965 geborenen, steigt er dann wieder auf zehn Prozent, erreicht damit aber immer noch nicht das Niveau der ältesten Kohorte.

Dieselben sehr unterschiedlichen Entwicklungsgeschwindigkeiten und -richtungen sind auch in drei anderen europäischen Ländern zu beobachten. Wie eine Analyse von Bühlmann et al. zeigt, weist die Schweizer Wirtschaftselite ein mindestens genauso hohes Tempo der Internationalisierung auf wie die britische. In den drei Jahrzehnten von 1980 bis 2010 hat sich der Anteil der Ausländer unter den CEO und Verwaltungsratspräsidenten der 110 größten Schweizer Unternehmen von 3,7 auf 34,5 Prozent fast verzehnfacht. Interessant ist dabei, dass dieser Prozess bis 2000 ein weitgehend innereuropäischer war. Während der Prozentsatz der nicht aus Europa stammenden Ausländer bis zur Jahrtausendwende nur von 0,5 auf 1,1 Prozent stieg, schnellte er bei den aus anderen europäischen Ländern kommenden Topmanagern von 3,2 auf 21,7 Prozent hoch. Im Jahrzehnt danach drehte sich diese Entwicklung um. Der Anteil der außereuropäischen Auslandsmanager versechsfachte sich fast, auf genau sechs Prozent im Jahr 2010, der der europäischen nahm nur noch leicht zu, von 21,7 auf 28,5 Prozent (Bühlmann et al. 2015: Tabelle 5).

Den Gegenpol zur Schweiz bilden Italien und Spanien. Zwischen 2005 und 2015 hat sich dort am sowieso schon sehr niedrigen Inter- und Transnationalisierungsniveau so gut wie nichts geändert. Gab es 2005 wenigstens noch einen Ausländer an der Spitze eines Unternehmens, den Franzosen Jean-Domonique Comolli, der allerdings ein binationales Unternehmen leitete, den aus der Fusion der spanischen und französischen Tabakkonzerne Tabacalera und Seita hervorgegangene Altadis-Konzern, werden zehn Jahre später alle italienischen und spanischen Konzerne ausschließlich von Einheimischen geführt. Bei deren Auslandserfahrungen ist ebenfalls kaum ein Fortschritt zu sehen. In Italien ist der Prozentsatz ganz leicht von 20 auf 23,3 Prozent gestiegen, in Spanien – allerdings von einem deutlich niedrigeren Ausgangsniveau – etwas stärker von 10 auf 16,7 Prozent (Hartmann 2015b: 40). Rechnet man den nun fehlenden ausländischen CEO mit ein, bleibt aber auch in Spanien wie in Italien nur eine Zunahme des Inter- und Transnationalisierungslevels um gut drei Prozent. Das ist angesichts des niedrigen Ausgangsniveaus ein für einen Zeitraum von zehn Jahren ausgesprochen bescheidenes Ergebnis.

Alles in allem muss man abschließend konstatieren, dass sich die Inter- und Transnationalität der Topmanager aus den neun analysierten Ländern außerordentlich unterschiedlich entwickelt. In drei Ländern, der Schweiz, Großbritannien und Deutschland, schreitet sie relativ schnell voran, in vier Ländern bewegt sie sich nur ausgesprochen langsam in dieselbe Richtung, und in den beiden ostasiatischen Ländern geht es sogar eher rückwärts. Ob die Berufung des Franzosen Christophe Weber bei Takeda im April 2015 an diesem Trend etwas ändert, bleibt aus zwei Gründen fraglich. Erstens bekleidet Weber im Unterschied zu seinem Vorgänger Yasushika Hasegawa nur die Position des CEO und nicht zugleich auch die des Chairman, die Hasegawa behalten hat. Die Macht ist also anders als zuvor geteilt, was den Einfluss des neuen ausländischen CEO einschränkt. Zweitens ist in den drei anderen Fällen, in denen im letzten Jahrzehnt Ausländer an der Spitze eines japanischen Konzerns standen, bei den Briten Howard Stringer bei Sony und Michael Woodford bei Olympus sowie dem US-Amerikaner Craig Naylor bei Nippon Sheet Glass, die Spitzenposition nach ihrem Ausscheiden aus dem Unternehmen wieder mit einem Japaner besetzt worden. Bei Olympus und Nippon Sheet Glass blieb es zudem bei einem kurzen Intermezzo von wenigen Monaten bzw. knapp zwei Jahren, das mit einem heftigen Krach und der Ablösung der ausländischen CEO endete, weil sie die Gepflogenheiten der japanischen Managementkultur missachtet hatten. Generell wird durch diese gegenläufigen Prozesse die sowieso schon existierende Kluft zwischen den CEO dieser neun Länder noch größer.

Von einem globalen Markt für Topmanager ist ebenso wenig zu sehen wie von einer einheitlichen globalen Wirtschaftselite oder transnationalen Managerklasse. Angesichts der eher auseinander laufenden Entwicklungen in den verschiedenen Ländern muss auch bezweifelt werden, dass sich daran in den nächsten Jahrzehnten etwas Durchgreifendes ändert. Für diese Einschätzung spricht auch, dass es entgegen einem verbreiteten Vorurteil keinen erkennbaren systematischen Zusammenhang zwischen der Inter- und Transnationalität der CEO und dem wirtschaftlichen Erfolg der Großunternehmen eines Landes oder gar dessen gesamter Volkswirtschaft gibt. Erfolgreich sind sowohl die deutschen, britischen, niederländischen oder Schweizer Konzerne mit ihrem relativ hohen Grad an Inter- und/oder Transnationalität des Topmanagements als auch die chinesischen, südkoreanischen, taiwanesischen oder US-amerikanischen mit ihrem ausgesprochen niedrigen. Für die jeweiligen Volkswirtschaften gilt das in noch stärkerem Maße. Für den wirtschaftlichen Erfolg sind ganz offensichtlich zu viele unterschiedliche Faktoren verantwortlich, als dass man eine direkte Korrelation herstellen könnte.

3. DIE VORSITZENDEN UND MITGLIEDER DER AUFSICHTSRÄTE UND BOARDS

Wenn Vertreter der These von der globalen Elite oder der Transnational Business Class dafür sorgfältig recherchierte empirische Belege vorlegen, so beziehen diese sich stets auf die Mitglieder der Boards oder Aufsichts- bzw. Verwaltungsräte der Unternehmen. Zumeist wird untersucht, wie hoch der Anteil von Ausländern unter ihnen ist und inwieweit einzelne dieser Personen in mehr als einem Board sitzen.

Schaut man sich die Boards bzw. Aufsichtsräte in den verschiedenen Ländern genauer an, so sind zunächst eine ganze Reihe mehr oder minder großer Unterschiede zu berücksichtigen. Die Mehrzahl der Länder kennt ausschließlich oder zumindest ganz überwiegend nur einheitliche Boards mit Executive Members, die das operative Geschäft führen, und Non-executive Members, die nicht an der operativen Geschäftsführung beteiligt sind. Innerhalb Europas ist das einzig in Deutschland und seinen Nachbarländern Österreich, der Schweiz und den Niederlanden sowie den skandinavischen Staaten Dänemark und Finnland anders, außerhalb Europas vor allem in China. Dort dominiert ein dualistisches Modell der Unternehmensführung mit einem Vorstand und einem davon getrennten Aufsichts- bzw. Verwaltungsrat (s. Tabelle 3.1.).

Tabelle 3.1: Die Aufsichtsräte und Boards in verschiedenen Ländern[1]

	Größe des Samples	Auf-sichts-rat/ einheitl. Board	Anzahl der jährl. Sitzun-gen	Chair-man und CEO identisch	Anzahl der Mit-glieder
Europa					
Belgien	53	1/52	9,5	7,5%	10,3
Deutschland[2]	66	66/0	6,1	0,0%	12,0
Frankreich	40	4/36	9,0	62,5%	14,3
Großbritannien	150	1/149	7,6	0,0%	10,3
Italien	100	3/97	11,1	22,0%	11,9
Niederlande	50	41/9	8,5	4,0%	9,5
Dänemark	25	17/8	9,5	0,0%	9,8
Schweden	50	5/45	10,1	2,0%	9,9
Norwegen	25	4/21	10,6	4,0%	8,3
Finnland	25	20/5	12,1	0,0%	8,0
Russland	41	0/41	22,3	0,0%	10,6
Schweiz	20	20/0	9,9	0,0%	10,3
Spanien	95	0/95	10,7	57,0%	10,9
Türkei	30	0/30	17,5	7,0%	9,6
Nordamerika					
USA	486	0/486	8,1	52,0%	10,3
Kanada	100	0/100	9,0	12,0%	11,0
Asien					
Indien	98	0/98	7,4	1,0%	11,1
Japan	225	0/225	14,0	–	10,8
Afrika					
Südafrika	72	1/71	6,2	1%	12,3

Quelle: Spencer Stuart 2013, 2014a, 2014b, 2014c, 2014d, 2014e, 2014f, 2014g, 2014h, 2014i, 2015a, 2015b, 2015c, 2015d, 2015e, 2015f, 2015g, 2015h, 2015i, 2015j, 2015k und eigene Berechnungen[2]

Eine personelle Identität von CEO und Chairman ist im dualistischen Modell in der Regel ausgeschlossen, während sie in den einheitlichen Boards durchaus noch existiert, wenn auch in immer weniger Ländern und Unternehmen. So gibt es diese Identität noch in der Mehrzahl der französischen, spanischen und US-amerikanischen Firmen, während sie in den britischen und kanadischen Unternehmen, wo sie früher ebenfalls weit verbreitet war, mittlerweile fast vollkommen verschwunden ist. Dabei gilt eine Regel: Die Wahrscheinlichkeit, dass sich die Positionen von CEO und Chairman in einer Hand befinden, steigt mit der Größe der Unternehmen spürbar an. So ist das in den 500 größten US-Firmen »nur« bei 52 Prozent der Fall, in den hundert größten aber schon bei 75 Prozent.

Die Anzahl der jährlich abgehaltenen Sitzungen variiert ebenfalls erheblich. Das ist für eine potenzielle Inter- und Transnationalisierung der Business Elite insofern von großer Bedeutung, als die Chance für einen über die nationalen Grenzen hinaus reichenden Erfahrungsaustausch naturgemäß größer ist, wenn es häufiger zu derartigen Zusammenkünften kommt. Die deutschen Großkonzerne bilden zusammen mit den südafrikanischen und chinesischen in dieser Hinsicht das Schlusslicht, die russischen und türkischen liegen an der Spitze. Während die Boards bzw. Aufsichtsräte sich in den erstgenannten nur alle zwei Monate einmal treffen, also gerade sechsmal pro Jahr, machen sie das in den letztgenannten drei- bis viermal so häufig. Die meisten Länder bewegen sich dazwischen, mit einer Spannbreite von knapp acht bis gut zehn Sitzungen pro Jahr aber eher im niedrigeren Bereich. Mit Ausnahme der japanischen Unternehmen, die sogar auf 14 jährliche Treffen kommen, liegen die Konzerne aus den großen und wirtschaftsstarken Ländern dabei am unteren Ende. So kommen die Boards der britischen und indischen Konzerne jedes Jahr nur sieben bis achtmal zusammen und die der französischen und US-amerikanischen auch nur gut achtmal. In den skandinavischen Staaten sind es dagegen zehn bis zwölf Sitzungen.

Bei der Zahl der Mitglieder, die die Boards bzw. Aufsichtsräte im Durchschnitt aufweisen, fallen die Differenzen demgegenüber relativ gering aus. Die Unternehmen fast aller Länder – einzig Frankreich liegt mit 14 Personen etwas darüber – kommen auf eine Größenordnung von acht bis zwölf Mitgliedern, rechnet man die

Vertreter der Arbeitnehmer nicht mit, die es in einzelnen Ländern (wie vor allem in Deutschland mit seinen Mitbestimmungsregelungen) gibt.[3] Die Unterschiede innerhalb der Länder können dabei allerdings deutlich größer sein. So kommt man bei den von Spencer Stuart erfassten 66 deutschen Unternehmen aus DAX, MDAX, SDAX und TecDAX, wenn man die Mitglieder der Vorstände und die von den Anteilseignern gestellten Mitglieder der Aufsichtsräte zusammenrechnet, im Durchschnitt auf zwölf Personen. Die Spannbreite reicht dabei allerdings von weniger als zehn bis hinauf zu fast 20 Personen. In den anderen großen Industriestaaten fallen die Unterschiede zumeist geringer aus, sind aber auch vorhanden.

3.1. Die Aufsichtsratsvorsitzenden und Chairman

Innerhalb der Boards bzw. Aufsichtsräte konzentriert sich die Macht in erster Linie beim Vorsitzenden des Gremiums. Bei einem einheitlichen Board ist das – sieht man vom dort ebenfalls vertretenen CEO ab – der Chairman, beim dualistischen Modell deutscher Prägung der Aufsichtsratsvorsitzende bzw. Verwaltungsratspräsident. Diese Personen sind dementsprechend für die Frage, wie es um die Internationalität der Business Elite bestellt ist, von zentraler Bedeutung. Wirft man einen näheren Blick auf jene Chairmen der in der Forbes Global 2000 Liste unter den Top 1 000 vertretenen Konzerne, die nicht zugleich auch die Stellung des CEO bekleiden, und auf die entsprechenden Vorsitzenden der Aufsichts- bzw. Verwaltungsräte, so wird eines sofort deutlich: Der Anteil der Ausländer liegt in allen Ländern mit Ausnahme der Niederlande und der USA niedriger als bei den CEO, die Reihenfolge in puncto Internationalität ist aber nicht dieselbe wie bei den CEO (s. Tabelle 3.2).

Tabelle 3.2: Die Nationalität der Aufsichtsratsvorsitzenden/Chairmen in Deutschland, Großbritannien, den Niederlanden, der Schweiz, Kanada, den USA und Australien

	ARV/ Chairmen, die nicht zugleich auch CEO sind	Ein- heimische	Ausländer	Aus- länder- anteil
Deutschland Top 100	100[4]	95	4	4,0%
Spencer Stuart 66	66[5]	59	6	9,2%
DAX 30	30[6]	25	4	13,8%
Großbritannien Top 100	99[7]	70	23	24,7%
FTSE 100	100[8]	68	26	27,7%
FTSE 150	150[9]	111	33	22,9%
Niederlande Top 17	11	7	4	36,4%
Schweiz Top 25	21	11	10	47,6%
USA Top 100	25	23	2	8,0%
Kanada Top 32	32	25	7	21,9%
Australien Top 20	20[10]	15	3	16,7%

Quelle: eigene Recherchen[4 5 6 7 8 9 10]

An der Spitze liegen allerdings auch in diesem Fall wieder die Schweizer Unternehmen mit einem Ausländeranteil von fast 50 Prozent. Würde man noch jene vier Unternehmen hinzu rechnen, in denen CEO und Chairman identisch sind,[11] käme man sogar auf über 50 Prozent. Bei den zehn der 21 nicht gleichzeitig als CEO amtierenden Chairmen, die aus dem Ausland stammen, überwiegen im Unterschied zu den CEO der 25 Konzerne aber eindeutig Personen aus dem gleichen oder einem ähnlichen Sprach- und Kulturraum. Mit fünf kommt gleich die Hälfte aus Deutschland, darunter so prominente Namen wie der frühere Bundesbankpräsident Axel Weber bei der UBS, der frühere Vorstandschef der Lufthansa,

Christoph Franz, bei Roche oder der frühere Vorstandsvorsitzende von Linde, Wolfgang Reitzle, bei LafargeHolcim. Dazu gesellt sich mit Peter Brabeck-Letmathe noch ein Österreicher bei Nestle, und mit Tom de Swaan ein Niederländer bei der Zürich Insurance. Nur drei Chairmen-Positionen werden von tatsächlich fremdsprachigen Ausländern gehalten, einem französischsprachigen Belgier, einem Briten und einem Südafrikaner. Verglichen mit den CEO ist das ein gravierender Unterschied. Bei den CEO stammten noch über 60 Prozent der Ausländer aus einem fremden Sprach- und Kulturraum. Rechnet man alle Chairmen zusammen, wird diese Differenz noch größer. Statt fast jeder zweiten (wie bei den CEO) wird nur noch jede siebte Spitzenposition von einer Person besetzt, die nicht die deutsche oder (wie im Falle de Swaans) eine ähnliche Sprache spricht. Selbst unter Einrechnung der vier Chairmen, die zugleich CEO sind, steigt der Anteil auf nicht mehr auf 28 Prozent. Angesichts der im Vergleich zum deutschen Aufsichtsratsvorsitzenden machtvolleren Stellung des schweizerischen Verwaltungsratspräsidenten relativiert das den Eindruck von der umfassenden Internationalität der Schweizer Wirtschaftselite ein wenig.

Für die deutschen Konzerne gilt das in ungleich höherem Maße. Zum einen kommen gerade einmal vier der insgesamt 99 Aufsichtsratsvorsitzenden der hundert größten deutschen Unternehmen aus dem Ausland. Zum anderen sind darunter aber gleich drei Österreicher. Es handelt sich bei ihnen um Paul Achleitner bei der Deutschen Bank, Hans Dieter Pötsch, der diesen Posten nach der Aufdeckung des Abgas-Skandals Anfang September 2015 bei VW übernommen hat, und Wolfgang Mayrhofer, der ihn gleich in zwei Unternehmen bekleidet, bei der Lufthansa und Infineon. Einzig der Franzose Igor Landau, der dem Aufsichtsrat von Adidas vorsteht, ist kein Deutscher oder hat Deutsch als Muttersprache. Allerdings gibt es auch bei ihm eine Nähe zur deutschen Kultur und Sprache. Er ist mit einer deutschen Künstlerin verheiratet und spricht dementsprechend gut Deutsch.

Nimmt man statt der hundert größten deutschen Unternehmen nur die 66 aus DAX, MDAX, SDAX und TecDAX in den Blick, die 2014 in der Studie von Spencer Stuart erfasst worden sind, dann steigt der Ausländeranteil zwar deutlich auf gut neun Prozent an, wirklich bemerkenswert ist aber auch das immer noch nicht. Es kommen nur zwei Personen hinzu, die aus Kroatien gebürtige US-Amerikanerin Marija Korsch bei der Aareal Bank und der Schwede Lars-Göran Moberg bei Deutz.[12] Da letzterer Ende März 2015 als Aufsichtsratsvorsitzender von dem Deutschen Hans-Georg Härter, dem früheren Vorstandschef der Zahnradfabrik Friedrichshafen, abgelöst worden ist, sind es Ende 2015 sogar nur noch 7,7 Prozent. Erst wenn man nur die 30 DAX-Konzerne allein betrachtet, kommt man mit knapp 14 Prozent auf einen zweistelligen Wert. Hier macht sich wie bei den CEO die Unternehmensgröße bemerkbar. Die Regel, dass mit der Größe auch der Internationalitätsgrad ansteigt, bestätigt sich auch in diesem Fall.

Der Unterschied zwischen den hundert größten und den 66 von Spencer Stuart erfassten wie auch den 30 DAX-Konzernen ist allerdings nicht allein auf die Größe der Firmen zurückzuführen. Es spielt auch die Tatsache eine Rolle, dass die Position des Aufsichtsratsvorsitzenden in Unternehmen, die unter der Kontrolle einzelner Familien stehen, immer noch deutlich häufiger von Deutschen bekleidet wird als dies in anderen, vor allem börsennotierten Unternehmen der Fall ist. Ausländer schaffen es dort zwar hin und wieder an die Spitze des Vorstands, wie etwa bei Henkel und Freudenberg mit dem Dänen Casper Rorsted und dem Inder Mohsen Sohi, die zentrale Kontrollposition bleibt in der Regel aber in den Händen der Familie, wie hier bei Simone Bagel-Trah und Martin Wentzler, beide Ururenkel der Firmengründer. Da unter den hundert größten deutschen Unternehmen inzwischen fast jedes zweite von ein oder – wie im Falle von VW – zwei Familien kontrolliert wird, viele davon (wie etwa Aldi, Lidl und Otto im Handel oder Bosch, Heraeus und Oetker im industriellen Sektor) nicht börsennotiert, spielen Ausländer unter den Top 100 eine spürbar geringere Rolle als unter den 66 Unternehmen aus DAX, MDAX und SDAX.

Das Gegenstück zu Deutschland bilden die Niederlande. Während in den deutschen Großunternehmen die Vorsitzenden der Aufsichtsräte erheblich seltener aus dem Ausland kommen als ihre Kollegen an der Spitze der Vorstände, ist es in den niederländischen Großkonzernen eher umgekehrt. Statt knapp 30 Prozent wie bei den CEO sind über 36 Prozent der Chairmen ausländischer Herkunft. Dieser um immerhin ein Fünftel höhere Internationalisierungsgrad hat eine ganz einfache Ursache. Jene sechs der insgesamt 17 Unternehmen, in denen CEO und Chairman identisch sind, sind bis auf LyondellBasell rein niederländisch. Von den übrigen elf, in denen die Funktionen von CEO und Chairman getrennt sind, sind dagegen fünf binational. Mit Shell, Unilever, Ageas und VimpelCom werden gleich vier dieser fünf von ausländischen Chairman geleitet. Wenn der russisch-norwegische Telekommunikationskonzern VimpelCom einen Russen als Chairman hat und die aus der Pleite des Fortis-Konzerns hervorgegangene belgisch-niederländische Bank Ageas einen Belgier, so ist das ein Resultat der Besitzverhältnisse und ein allenfalls schwaches Indiz für eine wirkliche Internationalisierung des Topmanagements. Kein einziges rein niederländisches Unternehmen hat einen Chairman, der aus dem Ausland stammt, egal ob in Personalunion mit dem Amt des CEO oder davon getrennt. Dasselbe gilt für die Unternehmen aus dem CAC 40. Von den zwölf Konzernen, die einen Präsidenten des Verwaltungsrats haben, der nicht zugleich auch der PDG ist, haben neun dieses Amt mit einem Franzosen besetzt. Jene drei, bei denen ein Ausländer dieses Amt ausübt, sind keine rein französischen. Solvay ist ein belgisches Unternehmen, Gemalto ein niederländisches und Unibail-Rodamco ein niederländisch-französisches.

Die USA sind das einzige Land, in dessen Großkonzernen der Ausländeranteil bei CEO und Chairmen praktisch identisch ist. Von den CEO der hundert größten US-Unternehmen stammen 7,9 Prozent aus dem Ausland, von den Chairmen jener 25 dieser hundert Firmen, in denen die Positionen des CEO und des Chairman nicht von ein und derselben Person bekleidet werden, acht Prozent. Diese zwei Chairmen haben ihre Stellung außerdem jeweils in einem Unternehmen, dessen CEO auch ein Ausländer ist oder zumindest ausländische Wurzeln hat. Bei Philip Morris International besetzen Louis C. Camilleri, der aus einer maltesischen Familie stammt, in Ägypten geboren, in England zur Schule gegangen ist und in Lausanne studiert hat, und der Grieche André Calantzopoulos, der ebenfalls in Lausanne studiert hat, diese beiden Positionen. Der andere Fall ist etwas komplizierter. Bei 21st Century Fox ist Rupert Murdoch der Chairman, ein seit langen Jahren in den USA eingebürgerter Australier, sein Sohn James der CEO. Er ist US-Staatsbürger, ist aber in London geboren, damit britischer Bürger, und hat seine ursprüngliche australische Staatsbürgerschaft auch erst verloren, als sein Vater die der USA annahm. Man könnte beide Murdochs auch als Einheimische klassifizieren. Das würde am Ergebnis aber nichts Nennenswertes ändern. Es gibt nur ein einziges Unternehmen unter den Top 100, dessen CEO ein US-Amerikaner ist und dessen Chairman gleichzeitig ein Ausländer oder umgekehrt. Das ist Walgreens Boots Alliance mit dem Italiener Stefano Pessina als CEO und dem US-Amerikaner James A. Skinner als Chairman. Die Internationalität des Topmanagements bleibt so gut wie immer auf dieselben Unternehmen begrenzt.

Wirft man abschließend einen Blick auf die anderen drei angelsächsischen Länder (Australien, Großbritannien und Kanada), so bietet sich ein einerseits einheitliches, andererseits aber auch uneinheitliches Bild. Einheitlich ist es insofern, als in allen drei Ländern der Anteil der Ausländer bei den Chairmen niedriger liegt als bei den CEO. Die Differenz fällt allerdings, und das macht es wieder uneinheitlich, sehr unterschiedlich aus. Auf der einen Seite stehen dabei Kanada und Großbritannien, auf der anderen Seite Australien. Bei den 32 größten kanadischen Konzernen stammen die Chairmen mit 21,9 Prozent im Vergleich zu 28,1 Prozent bei den CEO zu einem knappen Viertel seltener aus dem Ausland, bei den hundert größten britischen mit 24,9 zu 33 Prozent zu einem guten Viertel. Die Relationen haben sich in beiden Ländern in gleichem Umfang verändert. Bei den 20 größten australischen Konzernen ist die Differenz dagegen mit nur 16,7 Prozent bei den Chairmen gegenüber 45 Prozent bei den CEO sehr viel größer. Während fast jeder zweite CEO ein Ausländer ist, trifft das gerade einmal auf jeden sechsten Chairman zu.

Was die Nationalität der ausländischen Chairmen angeht, so fällt diese ebenfalls in zwei der drei Ländern sehr ähnlich aus, in dem dritten demgegenüber deutlich unterschiedlich. Dieses Mal gehören allerdings Kanada und Australien zu einer Gruppe und Großbritannien weicht ab. Die Chairmen der kanadischen und australischen Großunternehmen kommen ausnahmslos aus Ländern des ehemaligen britischen Empire. In Australien sind das zwei Briten[13] und ein US-Amerikaner, in Kanada drei US-Amerikaner und jeweils ein Brite, ein Südafrikaner, ein Inder und ein Mann aus Hongkong. In den britischen Unternehmen stammt die Mehrheit der ausländischen Chairmen zwar auch aus dem angelsächsischen Sprachraum, auf eine starke Minderheit von immerhin zehn der insgesamt 23 Chairmen trifft das aber nicht zu. So stehen jeweils vier US-Amerikanern und Südafrikanern, einer davon jeweils mit zwei Mandaten, sowie zwei Iren, zwei Australiern und einem Inder auf der einen Seite jeweils zwei Schweden, Niederländer und Franzosen sowie jeweils ein Belgier, ein Schweizer, ein Spanier und ein Chilene gegenüber. Die Chairmen in den britischen Konzernen sind, berücksichtigt man außerdem noch den um fünf bzw. sogar zehn Prozentpunkte höheren generellen Anteil an Ausländern unter den Chairmen, spürbar stärker internationalisiert als ihre kanadischen und vor allem ihre australischen Pendants.

Was die britischen Chairmen von ihren australischen und kanadischen Kollegen ebenfalls deutlich unterscheidet, und das ist ein wesentlicher Grund für den höheren Internationalisierungsgrad, ist die Tatsache, dass ein erheblicher Teil von ihnen die Spitzenstellung in binationalen Unternehmen wahrnimmt. In Australien und

Kanada spielt diese Tatsache überhaupt keine Rolle, in Großbritannien dagegen eine erhebliche. Mit elf der insgesamt 25 Chairman-Positionen trifft es immerhin auf fast jede zweite zu. Da der Südafrikaner Jan du Plessis gleich zweimal dieses Amt, bei Rio Tinto und SAB Miller, bekleidet, gilt es hinsichtlich der Personen nur für neun von 24, aber immer noch ein Anteil von knapp 38 Prozent.

Was die Nationalität von CEO und Chairman desselben Unternehmens angeht, so unterscheiden sich die drei Länder nur wenig voneinander. Während in den australischen Konzernen zwei der drei ausländischen Chairmen die Eigenschaft, aus dem Ausland zu stammen, mit ihren CEO teilen, trifft das in den britischen Unternehmen mit 13 von 25[14] und in den kanadischen Firmen mit vier von sieben auch auf mehr als jeden zweiten zu. Interessant ist im britischen Fall, dass diese Kombination relativ unabhängig davon ist, ob es sich um ein rein britisches oder ein binationales Unternehmen handelt. Zwar sind acht dieser 13 Konzerne – wie etwa Rio Tinto, BAT, Vedanta Ressources oder International Airlines – binational, die anderen fünf aber sind – wie beispielsweise BP, Vodafone oder Smith & Nephew – rein britisch. Binationalität eines Unternehmens begünstigt die Kombination zwar, ist aber keine Voraussetzung.

All das sieht auch dann nicht wesentlich anders aus, wenn man statt der hundert größten britischen Unternehmen die 100 bzw. 150 größten an der Londoner Börse gelisteten Firmen betrachtet. Zunächst sind auch in Großbritannien wieder dieselben Phänomene wie in allen anderen Ländern zu beobachten. Börsennotierte Unternehmen sind, das ist der eine Punkt, an ihrer Spitze internationaler aufgestellt als solche, die sich vollkommen in Privatbesitz befinden. Die Anzahl der ausländischen Chairmen bei den Unternehmen des FTSE 100 liegt folglich höher als bei den hundert größten britischen Unternehmen unter Einbeziehung der zehn größten Privatunternehmen. Lässt man die niederländisch-britischen Traditionsfirmen Royal Dutch Shell und Unilever allerdings außen vor, die im FTSE 100 enthalten sind, bei den hundert größten britischen Unternehmen aber nicht mitgezählt worden sind, reduziert sich die Differenz auf nur noch drei Personen und auch nur drei Positionen, da die beiden Doppelmandate bestehen bleiben. Hier macht sich die im Vergleich zu Deutschland sehr viel geringere Bedeutung von nicht an der Börse notierten Privatunternehmen unübersehbar bemerkbar.

Zweitens steigt der Ausländeranteil mit der Größe der berücksichtigten Unternehmen. Bei den im FTSE 150 gelisteten Firmen besetzen dementsprechend in absoluten Zahlen zwar mehr Ausländer die Position des Chairmans als bei den im FTSE 100: 33 gegenüber 26, prozentual liegt der Wert aber niedriger. Er beträgt nur noch 22,9 gegenüber 27,7 Prozent. Die sonstigen Charakteristika der in Großbritannien aktiven ausländischen Chairmen bleiben aber im Kern dieselben wie schon bei den Top 100. Hinsichtlich der Verteilung auf die verschiedenen Herkunftsländer ist der Prozentsatz bei denen des FTSE 100 fast der gleiche. Zwölf der 26 Chairmen stammen nicht aus dem angelsächsischen Sprachraum, jeweils zwei Franzosen, Niederländer und Schweden sowie jeweils ein Finne, Schweizer, Spanier, Chilene, Mexikaner und Jordanier. Von den restlichen 14 kommen fünf aus den USA, vier aus Südafrika, drei aus Irland und zwei aus Australien. Bei denen des FTSE 150 verändert sich das Gewicht ein wenig zu Gunsten der im angelsächsischen Sprachraum aufgewachsenen Chairmen. Von den 33 Personen kommen jetzt 19 aus diesen Ländern und nur 14 aus anderen. Zugelegt haben Südafrika und Schweden (jeweils plus zwei) sowie Irland, die USA und Indien (jeweils plus eins). Der Anteil der Chairman, die nicht mit Englisch als Muttersprache groß geworden sind, fällt bei den börsennotierten Unternehmen des FTSE 100 und des FTSE 150 minimal höher aus als bei den Top 100. Alles in allem erweist sich die Verteilung auf die zwei Ländergruppen unabhängig von der Börsennotierung und der Unternehmensgröße als sehr stabil.

Beim zweiten Merkmal, der Binationalität der Unternehmen, verhält es sich anders. Sie spielt in Hinblick auf den Ausländeranteil unter den Chairmen eine deutlich größere Rolle als bei den Top 100.

Mit 17 von 26 bekleiden zwei Drittel der ausländischen Chairmen ihr Amt bei einem solchen Unternehmen statt nur zu 40 Prozent wie bei den Top 100. Bei den im FTSE 150 gelisteten Unternehmen liegt die Relation mit 21 von 33 fast exakt genauso hoch. Bei zwei Dritteln dieser Chairmen rührt die ausländische Nationalität allerdings nur daher, dass sie Bürger des Landes sind, in dem entweder ein weiteres Headquarter besteht oder das die eigentliche Heimat des nur aus steuerlichen oder sonstigen Gründen an der Londoner Börse gelisteten Unternehmens darstellt. Typische Beispiele für eine solche Konstellation im erstgenannten Sinne sind die Südafrikaner Jan du Plessis beim südafrikanisch-britischen Braukonzern SABMiller und Fani Titi bei der südafrikanisch-britischen Investmentgesellschaft Investec, der Spanier Antonio Vasquez Romero bei der aus der Fusion der spanischen Iberia und der britischen BA hervorgegangenen International Airlines Group, der Australier Jacques Nasser beim australisch-britischen Rohstoffkonzern BHP Billiton oder der US-Amerikaner Micky Arison beim von seinem Vater mitgegründeten britisch-US-amerikanischen Kreuzfahrtunternehmen Carnival. Der zweite Typ wird unter anderem repräsentiert vom Chilenen Jean Paul Luksic, dem Chairman des seiner Familie zu zwei Dritteln gehörenden Bergbaukonzerns Antofagasta, dem Iren Nicky Hartery beim Baukonzern CRH oder dem Mexikaner Alberto Bailleres beim von seiner Familie kontrollierten Bergbauunternehmen Fresnillo. Hier von einer Internationalisierung des Topmanagements zu sprechen, ist allenfalls mit erheblichen Einschränkungen zu rechtfertigen; denn beim zweiten Typus leben und arbeiten die Chairmen weiterhin so gut wie ausschließlich in ihrem Heimatland, beim ersten Typus mehrheitlich zumindest zu großen Teilen.

Alles in allem liegt der Internationalisierungsgrad bei den Chairmen bzw. Aufsichts- oder Verwaltungsratspräsidenten erheblich niedriger als bei den CEO. In den deutschen Unternehmen fällt die Differenz mit vier gegenüber knapp 14 Prozent am stärksten aus, in den australischen ist sie mit 16,7 gegenüber 45 Prozent aber auch kaum geringer. Bei den kanadischen und britischen Konzernen beträgt sie immerhin auch noch ein Viertel bis ein Drittel. Unter Berücksichtigung der binationalen Unternehmen, deren Chairmen aus einem der beiden Länder kommen und dort auch leben und arbeiten, wird der Unterschied noch größer. Bei den an der Londoner Börse gelisteten Unternehmen des FTSE 100 und FTSE 150 müsste man zudem noch jene Chairmen außen vor lassen, die sich wie Luksic und Bailleres fast ausschließlich in ihren Heimatländern aufhalten und allenfalls zu Kurzaufenthalten nach Großbritannien kommen. Lässt man alle Chairmen unberücksichtigt, deren Nationalität der des Headquarters ihrer Unternehmen entspricht, dann sinkt der Prozentsatz der ausländischen Chairmen unter den Unternehmen des FTSE 150 auf nur noch 16 Prozent (Spencer Stuart 2015f: 26).

Ein entscheidender Grund für den deutlich geringeren Internationalisierungsgrad bei den Chairmen und Aufsichtsratsvorsitzenden dürfte darin zu suchen sein, dass sie stärker als die CEO die Eigentumsverhältnisse repräsentieren. Sie werden daher vor allem bei Konzernen, die wie beispielsweise Henkel von Familien kontrolliert werden oder an denen Familien nennenswerte Anteile besitzen, fast durchweg aus den Familien selbst oder zumindest aus dem Heimatland dieser Familien rekrutiert. In abgeschwächter Form trifft das auch auf jene Unternehmen zu, die zu den Traditionsunternehmen des jeweiligen Landes zählen und zu deren zentralen Aktionären in erster Linie einheimische Personen oder Institutionen gehören. Das ist zum Beispiel beim britischen Handelskonzern Marks & Spencer und beim deutschen Energiekonzern RWE der Fall, die operativ zwar jeweils von einem niederländischen CEO geführt werden, aber einen Briten zum Chairman bzw. einen Deutschen zum Aufsichtsratsvorsitzenden haben. Bei Marks & Spencer ist der britische Milliardär Bill Adderley der größte Einzelaktionär, bei RWE Kommunen vor allem aus dem Ruhrgebiet, die ungefähr ein Viertel der Aktien besitzen.

Für die traditionellen Großbanken und Versicherungen scheint die Nationalität ihrer Chairmen noch aus einem anderen Grund wichtig zu ein. Sie erleichtert die Einbindung in die traditionellen

Macht-, Kontakt- und Informationsgeflechte vor Ort. Das sieht man in Zürich und London. So haben etwa die beiden Mitte der 19. Jahrhunderts gegründeten klassischen Schweizer Finanzkonzerne Credit Suisse und Swiss Re zwar einen Ivorer und einen Luxemburger als CEO, der Verwaltungsratspräsident ist in beiden Fällen aber ein Schweizer. Dasselbe Phänomen lässt sich auch bei den traditionellen britischen Finanzunternehmen Aviva, Lloyds Banking, London Stock Exchange, Prudential und Royal Bank of Scotland beobachten. Sie alle haben ausländische CEO (zwei Neuseeländer, einen US-Amerikaner, einen Franzosen und einen Portugiesen), aber ausschließlich britische Chairmen. Die anderen großen britischen wie Schweizer Finanzinstitute haben an der Spitze sowohl bei den CEO als auch bei den Chairmen fast ausschließlich einheimische Topmanager. All diese Faktoren sorgen auch dafür, dass unter den ausländischen Chairmen und Aufsichtsrats- bzw. Verwaltungsratsvorsitzenden ein deutlich größerer Prozentsatz als bei den CEO aus sprachlich und kulturell verwandten Ländern kommt. So stammen die einzigen beiden Verwaltungsratspräsidenten der großen Schweizer Finanzkonzerne, die keine Schweizer sind, zumindest aus Deutschland bzw. den Niederlanden, und die Deutsche Bank hat zwar einen britischen CEO, der Aufsichtsratsvorsitzende ist aber Österreicher.

3.2. Die Mitglieder der Aufsichtsräte, Vorstände und Boards

Die Vertreter der These von der globalen Wirtschaftselite ziehen als stärksten empirischen Beleg nicht allein die Chairmen oder die Vorsitzenden der Aufsichts- bzw. Verwaltungsräte heran, sondern alle Mitglieder der Boards bzw. der Aufsichtsgremien und der Vorstände. So stellt sich die Frage, wie es um die Internationalität dieser erheblich größeren Personengruppe bestellt ist. Schon bei einem ersten oberflächlichen Blick werden zwei Punkte sehr schnell klar.

Erstens zeigen sich wieder, wie schon bei den CEO und Chairmen, ganz grundlegende Unterschiede zwischen den einzelnen Ländern, was den Prozentsatz der Ausländer in den Boards angeht. Zweitens gibt es diesbezüglich ebenfalls große Differenzen zwischen den Executive Members und den Non-executive Members.

Was den ersten Punkt betrifft, so reicht die Spannbreite an Ausländern in den Boards von Spitzenwerten von über 60 Prozent bis hinunter auf Werte von nur noch gut zwei Prozent (s. Tabelle 3.3). Weit vorn liegen wieder die Schweizer Konzerne, ganz hinten wieder die japanischen. Die chinesischen Unternehmen dürften allerdings einen noch geringeren Prozentsatz als die japanischen aufweisen, sind von Spencer Stuart aber nur insoweit erfasst worden, als sie sich unter den 50 im Hongkong Aktienindex HSI gelisteten Firmen befinden. Das trifft nur für eine Minderheit von ungefähr einem Viertel der Top 100 zu. Bei dieser Minderheit kommen von insgesamt knapp 300 Board Members aber nicht einmal 20 aus dem Ausland, weniger als sieben Prozent. Bei den anderen chinesischen Konzernen, die nicht im HSI aufgeführt sind, dürfte der Anteil noch niedriger ausfallen, so dass die chinesischen Unternehmen international mit maximal einem Prozent ausländischer Board Members das Schlusslicht bilden dürften.

Die Prozentsätze für die Unternehmen der übrigen Länder entsprechen mit Ausnahme Frankreichs im Großen und Ganzen auch den Erwartungen. Den zweithöchsten Wert weisen die niederländischen Konzerne mit 43 Prozent auf, gefolgt von den französischen und britischen Unternehmen mit ungefähr einem Drittel ausländischer Board-Mitglieder und vermutlich auch von den kanadischen, die bei den Non-executive Members auf dem fünften Platz rangieren, für die aber keine Angaben über alle Mitglieder der Boards vorliegen. Es folgt eine Gruppe von fünf Ländern, deren Großkonzerne Ausländeranteile von gut oder knapp einem Viertel aufweisen. Darunter sind mit Belgien, Deutschland und Russland drei europäische Staaten und mit Südafrika ein afrikanischer. Mit zehn Prozentpunkten weniger kommen dann die vier skandinavischen Länder,[15]

Spanien und die Türkei. Die italienischen, indischen und US-Unternehmen bilden, abgesehen von den chinesischen und japanischen Konzernen, mit nur sieben bis acht Prozent Ausländern in ihren Boards die Schlussgruppe.

Tabelle 3.3: Ausländer in den Aufsichtsräten/Boards verschiedener Länder[16]

	Größe des Samples	Anteil ausländischer Board Members	Anteil ausländischer Non-executive Members	Anteil ausländischer Executive Members
Europa				
Belgien	53	29%	–	–
Deutschland[17]	66	24%	24%	23%
Frankreich[18]	40	33%	37%	12%
Großbritannien	150	32%	35%	23%
Italien	100	8%	9%	3%
Niederlande	50	43%	48%	34%
Dänemark	25	15%	–	–
Schweden	50	16%	–	–
Norwegen	25	13%	–	–
Finnland	25	16%	–	–
Russland	41	24%	29%	1%
Schweiz	20	62%	62%	67%
Spanien	95	12%	14%	4%
Türkei	30	15%	15%	0%
Nordamerika				
USA	486	8%[19]	8%	8%
Kanada	100	–	31%	–
Asien				
Indien	98	7%	9%	5%
Japan	225	2%	5%	1%
Afrika				
Südafrika	72	26%	30%	26%

Quelle: Spencer Stuart 2013, 2014a, 2014b, 2014c, 2014d, 2014e, 2014f, 2014g, 2014h, 2014i, 2015a, 2015b, 2015c, 2015d, 2015e, 2015f, 2015g, 2015h, 2015i, 2015j, 2015k und eigene Recherchen[17][18][19]

Vergleicht man diese Werte mit denen für die CEO, dann zeigen sich überwiegend Parallelen. Den geringsten Internationalisierungsgrad haben die Unternehmen in den beiden ostasiatischen Staaten China und Japan. Ebenfalls sehr niedrig fällt er in den USA, Italien und Indien aus. Spaniens Quote von nur zwölf Prozent bewegt sich ebenfalls ungefähr im Bereich dessen, was man angesichts der fehlenden ausländischen CEO erwarten konnte. Am oberen Ende der Skala sieht es ähnlich aus. Die Schweizer Konzerne liegen wieder vorn, gefolgt von den niederländischen. Dann kommen, ebenfalls nicht überraschend, die britischen, die kanadischen, die belgischen und die deutschen Unternehmen. Erstaunlich ist nur, dass die französischen und die russischen Firmen einen genauso hohen Prozentsatz an Ausländern in ihren Boards sitzen haben. Damit war angesichts der wenigen Ausländer unter den CEO nicht zu rechnen. Umgekehrt verhält es sich mit den schwedischen Unternehmen. Hier hätte man aufgrund des relativ hohen Prozentsatzes an ausländischen CEO mit einem höheren Ausländeranteil auch unter den Board-Mitgliedern gerechnet. Berücksichtigt man allerdings, dass die Anzahl der von Spencer Stuart erfassten Firmen sehr stark variiert und mehr schwedische als französische Unternehmen im Sample enthalten sind, relativiert sich dieser Eindruck schon deutlich.[20] Da der Ausländeranteil so gut wie überall mit der Größe der Konzerne zunimmt, lässt sich ein beträchtlicher Teil der überraschenden Differenz zwischen den französischen und den schwedischen Unternehmen allein darauf zurückführen. Dazu kommen bei den im CAC 40 gelisteten Unternehmen einige nichtfranzösische bzw. binationale Firmen, die den Prozentsatz hochtreiben.[21] Alles in allem werden die Eindrücke bestätigt, die sich bei der Analyse der CEO und Chairmen ergeben haben.

Noch klarer wird das Bild jedoch, wenn man nach Executive Members und Non-executive Members differenziert. Dann werden nämlich bis auf Schweden alle »Ausreißer« korrigiert. Nimmt man zunächst die Executive Members in den Blick, zu denen auch die CEO zählen, dann verschwinden die Unterschiede zwischen Board

Members und CEO, was die Reihenfolge der Länder in puncto Internationalität angeht, weitgehend. Sowohl die französischen als auch die russischen Unternehmen fallen bei den Executives wieder in die Kategorie zurück, der sie auch bei den CEO angehörten. Einen nennenswerten zweistelligen Anteil an Ausländern weisen nur noch die Konzerne jener Länder auf, auf die das auch schon bei den CEO zutraf. Das sind – in dieser Reihenfolge – die Schweiz, die Niederlande, Großbritannien und Deutschland sowie vermutlich auch Kanada.[22] Die Schweizer Konzerne bringen es auf einen Anteil an Ausländern unter ihren Executive Members von 67 Prozent und liegen damit wieder einsam an der Spitze. Die niederländischen kommen immerhin noch auf 34 Prozent, davon allerdings mit gut elf Prozent jeder dritte allein aus den beiden Nachbarländern Deutschland und Belgien. Die britischen und deutschen Unternehmen fallen mit einem knappen Viertel schon deutlich dahinter zurück. Alle anderen aber bewegen sich gerade einmal zwischen null und acht Prozent. Das gilt auch für Frankreich, wenn man nicht nur die PDG, sondern auch deren Stellvertreter mit einbezieht.

Ausländische Executives sind in vielen Boards eine rare Spezies. Das gilt innerhalb Europas besonders für die russischen und türkischen Unternehmen, außerhalb Europas besonders für die japanischen und – mit hoher Wahrscheinlichkeit auch – die chinesischen. Sie alle weisen Ausländeranteile von maximal gut einem Prozent auf. In den italienischen, spanischen, indischen und US-Konzernen sieht es mit fünf bis acht Prozent nur etwas besser aus. Das heißt, dass von den europäischen, nordamerikanischen und ostasiatischen Staaten, die von Spencer Stuart analysiert worden sind, ungefähr zwei Drittel weniger als ein Zehntel ausländische Manager unter ihren Executives haben, über ein Drittel sogar nur bis zu einem Prozent. Das operative Geschäft wird folglich zu 90 und mehr Prozent von einheimischen Topmanagern erledigt.

Bei den Non-executive Members bzw. den Mitgliedern der Aufsichts- und Verwaltungsräte bietet sich demgegenüber ein völlig anderes Bild. Die niedrigsten Prozentsätze bewegen sich immerhin zwischen knapp fünf Prozent für die japanischen Konzerne und knapp acht bis neun Prozent für die indischen und italienischen. Alle anderen Firmen, das heißt die Unternehmen in fünf von sechs Ländern, bringen es zumindest auf zweistellige Werte. Allein acht, sprich fast jeder zweite, erreichen Anteile von einem Viertel und mehr. Die Schweizer Konzerne führen wieder mit 62 Prozent. Der Abstand zu den niederländischen Unternehmen hat sich aber mehr als halbiert. Er beträgt bei den Non-executives nur noch 16 Prozentpunkte statt 34 wie bei den Executives. Es folgen die Unternehmen aus Großbritannien mit 37 Prozent. Auch hier haben sich die Abstände deutlich verringert. Auf den Plätzen danach rangieren dann neben den deutschen, kanadischen und südafrikanischen auch die französischen und russischen Firmen mit Anteilen von 34 bzw. 29 Prozent. In allen übrigen Ländern werden Werte zwischen zehn und 20 Prozent erreicht.

Die mit Ausnahme der deutschen und Schweizer Konzerne ausgesprochen deutlichen und zum Teil sogar riesigen Unterschiede in der Zusammensetzung der Boards, was die nationale Herkunft ihrer Executive und ihrer Non-executive Members angeht, überrascht vielleicht auf den ersten Blick. Auf den zweiten aber ist sie sehr plausibel und hat auch eine erhebliche Aussagekraft hinsichtlich der Internationalität der Boards. Ganz offensichtlich konzentrieren sich die weitaus meisten ausländischen Board-Mitglieder dort, wo es nicht um die tägliche Managementarbeit vor Ort geht, sondern um nicht mehr als eine jeden Monat oder sogar nur alle zwei Monate erforderliche Teilnahme an den routinemäßig stattfindenden Sitzungen. Man muss sich dementsprechend als ausländisches Board- oder Aufsichtsratsmitglied pro Jahr nicht länger als ein, zwei oder drei Wochen in dem Heimatland des jeweiligen Unternehmens aufhalten. Dafür jemanden zu finden, ist vor allem in Ländern mit einer eher geschlossenen Managementkultur sehr viel einfacher als jemanden für die alltägliche Arbeit vor Ort zu gewinnen. Außerdem, und das ist der zweite wesentliche Grund, werden die traditionellen nationalen Rekrutierungsmechanismen durch die seltene Anwesenheit nicht weiter in Frage gestellt und aus regelmäßiger Zusammenarbeit im Unternehmen potenziell resultierende Konflikte mit den einheimischen Managern vermieden. Das zusammen erklärt, warum sich unter den Non-Executive Members der französischen und russischen Konzerne so viele Ausländer befinden und unter den Executives so wenige und warum in all denjenigen Länder, in denen es kaum ein Ausländer unter die Executives in den Boards schafft, sie so vergleichsweise zahlreich unter den Nonexecutives vertreten sind. Umgekehrt erklärt das auch, warum die Differenz zwischen Executives und Non-executives in den Ländern am geringsten ausfällt, die (wie die Schweiz, die Niederlande, Großbritannien und Deutschland) auch bei den CEO schon durch ihr relativ hohes Maß an Inter- und Transnationalität aufgefallen sind.

3.2.1. Die binationalen Unternehmen und die ausländischen Board Members

Vor allem für die niederländischen und britischen Unternehmen ist hinsichtlich der Internationalität ihrer Boards allerdings eine wichtige Einschränkung zu machen. Ein großer Teil der ausländischen Board Members ist in den binationalen Konzernen zu finden.[23] Im Fall der niederländischen Firmen trifft das auf knapp 40 Prozent der Ausländer zu, im Fall der britischen sogar auf knapp 48 Prozent.[24] Dementsprechend unterschiedlich sieht der Anteil ausländischer Manager unter den Board Members in den rein niederländischen bzw. rein britischen Unternehmen im Vergleich zu den jeweils binationalen aus (s. Tabelle 3.4).[25] Während in den rein britischen Firmen mit 22,7 Prozent nicht einmal jedes vierte Mitglied der Boards aus dem Ausland kommt, ist es bei den binationalen Unternehmen genau umgekehrt. Hier ist nur jedes vierte Board-Mitglied britischer Nationalität. Die übrigen drei Viertel sind in einem fremden Land geboren, aufgewachsen und leben zu einem erheblichen Teil auch immer noch dort. In den niederländischen Konzernen fällt der Unterschied ähnlich aus, wenn auch nicht ganz so krass. Sind sie rein niederländisch, ist jedes dritte Mitglied in den Boards ein Ausländer, sind sie binational, trifft es dagegen auf fast drei von vier zu. Die Einheimischen sind dort mit einem Anteil von gerade einmal knapp 27 Prozent ganz eindeutig in der Minderheit.

Tabelle 3.4: Die Internationalität der Board Members in nationalen und binationalen Unternehmen in Großbritannien und den Niederlanden (in Prozent)

	Groß-britannien	Groß-britannien	Niederlande	Niederlande
	Einheimische	Ausländer	Einheimische	Ausländer
Board Members insgesamt	65,8	34,2	57,5	42,5
nationale Unternehmen	77,3	22,7	66,8	33,2
binationale Unternehmen	24,2	75,8	26,6	73,4
Non-executive Members	62,6	37,4	54,8	45,2
nationale Unternehmen	75,1	24,9	65,0	35,0
binationale Unternehmen	24,9	75,1	19,8	80,2
Executive Members	73,5	26,5	63,7	36,3
nationale Unternehmen	82,5	17,5	67,8	32,2
binationale Unternehmen	21,0	79,0	46,4	53,6

Quelle: Eigene Recherchen nach Spencer Stuart 2014d, 2014i

Differenziert man nach Executive und Non-executive Members, bietet sich das übliche Bild. Die ausländischen Board-Mitglieder sind auch in diesen beiden Ländern unter den Non-executives erheblich stärker vertreten als unter den Executives. In Großbritannien kommt mit 26,5 Prozent nur gut jeder vierte Executive aus dem Ausland, mit 37,4 Prozent aber über ein Drittel der Non-executives. In den Niederlanden sieht es fast genauso aus, nur mit jeweils höheren Prozentsätzen. Dort zählt gut ein Drittel der Executives und fast die Hälfte der Non-executives zur Gruppe der Ausländer.

Wirklich interessant aber wird es, wenn man wieder zwischen den rein nationalen und den binationalen Unternehmen unterscheidet. Dann wird nämlich deutlich, dass die Verteilung der ausländischen Board-Mitglieder in den Niederlanden nicht denselben Regeln gehorcht wie in Großbritannien. In den niederländischen Unternehmen ist die Differenz, was die Relation einheimische zu ausländischen Board Members angeht, unter den Non-executives besonders stark ausgeprägt, in den britischen dagegen bei den Executives. So stammen vier von fünf Non-executives der in den Niederlanden angesiedelten binationalen Firmen nicht aus den Niederlanden, während das bei den Executives nur auf gut jeden zweiten zutrifft. In Großbritannien ist es eher umgekehrt. Bei den Non-executives sind zwar auch drei von vier ausländischer Herkunft, bei den Executives sind es aber fast vier von fünf. Dementsprechend groß ist die Kluft, wenn man die binationalen mit den rein britischen Unternehmen vergleicht. In letzteren dominieren unter den Executives mit einem Anteil von 82,5 Prozent ganz eindeutig die einheimischen Manager. Bei beiden Unternehmenstypen beläuft sich der Unterschied jeweils auf das Vierfache, allerdings in zwei verschiedene Richtungen. In den Niederlanden ist es dagegen in beiden Fällen gerade oder nicht einmal das Doppelte.

Ganz offensichtlich bevorzugen die rein britischen Unternehmen für das operative Management in wesentlich höherem Maße einheimische Kandidaten als ihre niederländischen Konkurrenten. Dementsprechend ist mit 43,8 Prozent fast jeder zweite Ausländer unter den Executives in Großbritannien in einem binationalen Konzern tätig, während das in den Niederlanden mit 28,3 Prozent nur für gut jeden vierten ausländischen Executive gilt. Bei den Non-Executives fällt die Differenz weit geringer aus. In Großbritannien findet man 48,9 Prozent der Ausländer in den binationalen Unternehmen, in den Niederlanden auch noch 43,9 Prozent.

Der entscheidende Grund für diesen Unterschied dürfte sein, dass im FTSE 150 viel mehr Unternehmen als im AEX und AMX gelistet sind, die nicht nur einfach im klassischen Sinne binational sind wie etwa Rio Tinto oder Unilever, sondern ihr gesamtes operatives Management in ihrem eigentlichen Heimatland sitzen haben. Typische Beispiele dafür sind Konzerne wie Antofagasta (Chile), Carnival (USA), CRH (Irland), DCC (Irland), Fresnillo (Mexiko) oder Polymetal (Russland). Bei Antofagasta sitzen zwei Briten im Board neun Ausländern gegenüber, davon allein sechs Chilenen. Bei Carnival sind es zwei Briten und sieben Ausländer, darunter sechs US-Amerikaner. Bei CRH kommen auf einen Briten zwölf Ausländer, davon fünf Iren, und bei DCC auf drei Briten sieben Ausländer, davon sechs Iren. Bei Fresnillo kommen alle zehn Ausländer unter den zwölf Mitgliedern des Boards aus Mexiko und bei Polymetal befinden sich unter den acht Ausländern, die zusammen mit einem Briten das Board bilden, immerhin noch drei Russen. Von den an der Amsterdamer Börse gelisteten Firmen gilt dasselbe nur für den eigentlich indisch-luxemburgischen Stahlkonzern ArcelorMittal und das eigentlich französische Immobilien- und Investmentunternehmen Unibail-Rodamco. Bei ihnen sieht es dann auch genauso aus: Die elf Board-Mitglieder bei ArcelorMittal kommen ausnahmslos aus dem Ausland und bei UnibailRodamco trifft das auf 13 von 15 zu, darunter gleich acht Franzosen. Alle anderen Konzerne haben – wie die klassischen britisch-niederländischen Konzerne Royal Dutch Shell und Unilever, aber auch die französisch-niederländische Fluggesellschaft Air France-KLM oder der belgisch-niederländische Gesundheitsdienstleister Arseus – zumindest einen erheblichen Teil ihres operativen Topmanagements in den Niederlanden.

Mit Blick auf die Internationalität der Boards wirft das eine entscheidende Frage auf. Handelt es sich bei den Board-Mitgliedern, die als Executives überhaupt nicht in Großbritannien bzw. den Niederlanden tätig sind, überhaupt um Ausländer? Sie arbeiten ja in der Regel in ihrem Heimatland, im Fall von Antofagasta in Santiago de Chile, in dem von Carnival in Miami, in dem von CRH und

DCC in Dublin, in dem von Fresnillo in Mexiko City, in dem von Polymetal in St. Petersburg und in dem von Unibail-Rodamco in Paris. Nimmt man noch jene Non-executives dazu, auf die dasselbe zutrifft, kommt man allein bei den sechs genannten, in Großbritannien angesiedelten Konzernen auf 36 Board Members. Addiert man dazu jene Board-Mitglieder, die bei weiteren vier binationalen Unternehmen (International Airlines, Hikma Pharmaceuticals, Royal Dutch Shell und WPP) aus dem Land des jeweils anderen Firmensitzes kommen, sind es schon 55. Das sind bei nur zehn von insgesamt 150 im FTSE gelisteten Unternehmen bereits mehr als zehn Prozent der Ausländer, die im Board eines dieser 150 Konzerne sitzen. Sie arbeiten und leben alle in ihrem Heimatland und nicht als Ausländer in Großbritannien. Dasselbe trifft auch auf die 30 Belgier, Briten, Franzosen, Luxemburger und Inder zu, die allein in den Boards von Air France-KLM, ArcelorMittal, Arseus und Unibail-Rodamco zu finden sind, das heißt auf mehr als jedes siebte ausländische Board-Mitglied. Nimmt man noch die acht Briten in den Boards von Reed Elsevier, Royal Dutch Shell und Unilever hinzu, ist es schon fast jedes fünfte.

Würde man all diese in ihrem Heimatland lebenden und arbeitenden Ausländer beim Ausländeranteil für die Board Members nicht mitzählen, reduzierte sich dieser im Falle der niederländischen Konzerne um ungefähr acht Prozentpunkte, im Falle der britischen Unternehmen immerhin noch um vier. Die Prozentsätze fielen auf gut 34 bzw. gut 28 Prozent.[26] Sie blieben zwar nach wie vor hoch, der Abstand zu den Schweizer Konzernen wäre aber deutlich größer und der zu den deutschen oder kanadischen spürbar kleiner. Noch stärker als bei den Board Members insgesamt würde sich das bei den Executives unter ihnen niederschlagen. Die britischen und niederländischen Konzerne würden sich dem Niveau der deutschen annähern und die Sonderstellung der Schweizer Unternehmen würde noch einmal verstärkt.

Auch bei den französischen Unternehmen des CAC 40 resultiert der überraschend hohe Anteil ausländischer Board-Mitglieder zu einem erheblichen Prozentsatz daraus, dass die sechs binationalen bzw. sogar ausländischen Konzerne unter diesen 40 (Arcelor/Mittal, Gemalto, Solvay, Airbus, Unibail Rodamco und LafargeHolcim) allesamt einen weit überdurchschnittlichen Ausländeranteil aufweisen und die Liste mit den meisten Ausländern pro Board anführen. Sie vereinen 56 von 188 ausländischen Board-Mitgliedern auf sich, das heißt 30 Prozent, obwohl sie nur 13,8 Prozent aller Board-Mitglieder stellen. Allein die Nichtberücksichtigung der drei definitiv nichtfranzösischen Unternehmen Arcelor/Mittal, Gemalto und Solvay würde den Anteil der Ausländer in den Boards von 33 auf 29 Prozent reduzieren.

3.2.2. Die Vorstandsmitglieder der hundert größten deutschen Unternehmen

Bei den Werten für die deutschen Konzerne ist allerdings zu berücksichtigen, dass ihre Zahl im Board Index von Spencer Stuart in Relation zur Wirtschaftskraft des Landes und der Gesamtzahl der dort angesiedelten Großunternehmen deutlich kleiner ausfällt als im Falle Großbritanniens und der Niederlande. Vergrößert man das Sample auf die hundert größten deutschen Unternehmen, zeigt sich das sofort (s. Tabelle 3.5). Der Anteil der ausländischen Vorstandsmitglieder sinkt um ein gutes Drittel von knapp 23 auf nur noch knapp 15 Prozent. Ob man die gesamten Vorstände inklusive Vorsitzenden betrachtet oder nur die einfachen Vorstandsmitglieder, macht dabei keinen Unterschied. Auch hier bestätigt sich wieder die Regel, dass der Ausländeranteil mit der Größe eines Unternehmens und seiner Listung an der Börse zunimmt. Allerdings, darauf deutet der nur um einen Prozentpunkt höhere Wert für die 30 DAX Konzerne im Vergleich zu allen 66 börsennotierten Unternehmen hin, scheint es hier so etwas wie eine Obergrenze zu geben, oberhalb derer sich die Firmengröße nicht mehr sonderlich bemerkbar macht.

Tabelle 3.5: Die Internationalität der Vorstandsmitglieder der größten deutschen Unternehmen (in Prozent)

	Deutsche	Ausländer	davon aus ähnlichem Sprachraum	davon aus fremdem Sprachraum
Top 100 (mit Vorstandsvorsitzenden)	85,2	14,8	7,3	7,5
Top 100 (nur einfache Vorstandsmitglieder)	85,0	15,0	7,0	8,0
Spencer Stuart 66	77,2	22,8	8,9	13,9
DAX 30[27]	76,1	23,9	5,3	18,6

Quelle: Spencer Stuart 2014f und eigene Recherchen[27]

Außerdem erhöht sich unter den Ausländern auch der Prozentsatz der Personen, die aus einem fremden Sprach- und Kulturraum stammen. Ist das Verhältnis zwischen ihnen und den Ausländern aus einem ähnlichen Sprach- und Kulturraum (Österreich, Schweiz, Luxemburg, Niederlande, Dänemark) bei den Vorstandsmitgliedern der hundert größten Unternehmen noch weitgehend ausgeglichen, liegen sie bei den 66 Unternehmen aus DAX, MDAX, SDAX und TecDAX mit einem um 50 Prozent höheren Anteil schon ganz deutlich vorn. Bei den 30 DAX-Konzernen ist der Vorsprung dann noch weit stärker ausgeprägt. Auf einen Vorstand aus dem benachbarten Ausland kommen mehr als drei aus einem sprachlich und kulturell fremden Land. Die bei weitem größte nationale Einzelgruppe bilden mittlerweile die US-Amerikaner mit 15 von 45 ausländischen Vorständen, das heißt jedem dritten. Es folgen die Briten mit fünf Vorstandsmitgliedern, die Spanier mit vier sowie die Österreicher, Dänen, Niederländer und Inder mit jeweils drei. Betrachtet man die DAX-Unternehmen genauer, so zeigen sich noch zwei bemerkenswerte Tatsachen. Erstens gibt es nur noch fünf Konzerne (Commerzbank, E.ON, Lufthansa, ThyssenKrupp und Vonovia), in denen überhaupt kein Ausländer im Vorstand sitzt. Alle anderen haben zumindest ein ausländisches Mitglied. Zweitens weist mit Fresenius Medical Care ein Unternehmen mit fünf von sieben Vorstandsmitgliedern, darunter gleich vier US-Amerikanern, den mit Abstand höchsten Ausländeranteil auf. Das Unternehmen hat diese Besonderheit in erster Linie der Übernahme eines weit größeren US-amerikanischen Konkurrenten inklusive dessen Spitzenmanagement zu verdanken.

Wenn man die Verteilung der Ausländer auf die verschiedenen Herkunftsländer mit derjenigen der CEO wie auch Aufsichtsratsvorsitzenden vergleicht, wird eines sofort deutlich: Die kulturelle und sprachliche Nähe spielt bei den einfachen Vorstandsmitgliedern trotz der gezeigten deutlichen Unterschiede eine erheblich geringere Rolle als bei den Vorsitzenden. Während bei den DAX-Unternehmen nicht einmal ein Viertel der ausländischen Vorstands- und auch nur ein Drittel der ausländischen Aufsichtsratsmitglieder aus sprachlich wie kulturell ähnlichen Ländern kommt, ist das bei den Vorstands- und Aufsichtsratsvorsitzenden eher umgekehrt. Die Hälfte der ausländischen DAX-Vorstandschefs und sogar drei Viertel der ausländischen DAX-Aufsichtsratsvorsitzenden stammen aus Österreich, den Niederlanden oder Dänemark. Bei den hundert größten Unternehmen gilt das für zwei Drittel der Vorstands- und ebenfalls drei Viertel der Aufsichtsratsvorsitzenden verglichen mit nur der Hälfte der einfachen Vorstandsmitglieder. Ganz offensichtlich ist sprachliche und kulturelle Nähe von größerer Bedeutung, wenn es um die zwei entscheidenden Machtpositionen in einem Unternehmen geht.

Wirft man noch einen Blick auf die Auslandserfahrung der deutschen Vorstandsmitglieder, so zeigt sich ein in dieser Beziehung ebenfalls deutlicher Unterschied zwischen den einfachen Mitgliedern der Vorstände und deren Vorsitzenden. Zwar weisen auch erstere einen im internationalen Vergleich außerordentlich hohen Anteil an Auslandsaufenthalten auf, sie bleiben diesbezüglich aber nichtsdestotrotz um einiges hinter den Vorstandsvorsitzenden zurück. Während 38 Prozent der einfachen Vorstandsmitglieder über solche Erfahrungen verfügen, liegt der Anteil bei den Vorstandschefs mit 46,6 Prozent um fast neun Prozentpunkte höher. Die Relation zwischen einem insgesamt mehr als zwei Jahre umfassenden und einem kürzeren Aufenthalt im Ausland ist dagegen bei beiden Gruppen fast gleich, mit einem nur leichten Vorsprung für die Vorsitzenden. Mit um die 55 Prozent war jeweils gut die Hälfte länger im Ausland.

Analysiert man die Vorstandsmitglieder näher hinsichtlich Alter und Branchenzugehörigkeit, lassen sich interessante und teilweise auch unerwartete Unterschiede erkennen. Bildet man zwei Altersgruppen, die Vorstände, die 50 Jahre und jünger sind, und die, die älter als 50 sind, dann zeigt sich entgegen den allgemeinen Erwartungen, dass unter den älteren in Relation mehr Ausländer zu finden. Bei ihnen beträgt der Ausländeranteil 16 Prozent, bei den jüngeren dagegen nur 11,5 Prozent. Einmal stammt fast jeder sechste, das andere Mal nur gut jeder neunte Vorstand aus dem Ausland. Ob diese Differenz auf einen Generationseffekt schließen lässt oder nur auf das höhere Karrieretempo der einheimischen jüngeren Manager zurückzuführen ist, lässt sich – wie auch in dem noch eindeutiger gelagerten Fall der britischen CEO – mit den zur Verfügung stehenden Daten nicht klären, muss folglich letztlich offen bleiben. Dasselbe gilt auch im Hinblick auf die unterschiedlichen Anteile an auslandserfahrenen Vorständen. Auch hier liegen die älteren, über 50-jährigen Vorstandsmitglieder mit 39,5 Prozent wieder deutlich vor den jüngeren, die es nur auf 33,6 Prozent bringen.

Die Branchenzugehörigkeit wirkt sich auf die Internationalität der Vorstandsmitglieder nur in einer Hinsicht aus. Überraschenderweise findet man im Finanzsektor mit einem Anteil von nur gut zehn Prozent die wenigsten Ausländer, und zwar bei den Banken mit nur knapp neun Prozent sogar noch seltener als bei den Versicherungen. Die anderen drei großen Branchen, Dienstleistungen, Handel und Industrie, liegen mit Anteilen von 14,7 bis 17,3 Prozent dagegen relativ nah beieinander. Unterschiede gibt es bei ihnen nur in Bezug auf die nationale Herkunft der Ausländer. Während in den Dienstleistungsunternehmen die fremdsprachigen Ausländer im Verhältnis von mehr als zwei zu eins eindeutig überwiegen, ist es im Handel genau umgekehrt. In der Industrie wiederum liegen beide Gruppen fast exakt gleichauf. Dass der am stärksten auf den Heimatmarkt konzentrierte Handel die wenigsten fremdsprachigen Ausländer aufweist, verwundert allerdings nicht besonders. Dementsprechend überrascht es auch nicht, dass er mit weniger als 30 Prozent auch den geringsten Anteil an auslandserfahrenen Vorständen hat. In diesem Fall kommen allerdings nicht nur die Industriekonzerne, von deren Vorstandsmitgliedern gut die Hälfte im Ausland tätig war, auf eine deutlich höhere Quote, sondern im Gegensatz zum Ausländeranteil auch die Banken. Sie liegen mit über 60 Prozent Auslandserfahrung – wie schon bei den CEO – sogar noch von den Industrieunternehmen.

Die Versicherungen bringen es immerhin noch auf knapp 36 Prozent. Das Schlusslicht bilden diesmal die Dienstleistungsunternehmen, die eine noch etwas niedrigere Quote als die Handelskonzerne aufweisen. Inter- und Transnationalität zusammen genommen, führt unter den Branchen ganz eindeutig die Industrie. In beiderlei Beziehung zeigen sie deutlich überdurchschnittliche Werte. Bei den Banken wird der ausgesprochen niedrige Ausländeranteil immerhin durch den höchsten Prozentsatz an auslandserfahrenen Vorständen kompensiert. Handel und Dienstleistungen dagegen und vor allem die Versicherungen fallen demgegenüber deutlich ab. Entweder gehen durchschnittliche Anteile an Ausländern mit besonders geringen Auslandserfahrungen Hand in Hand oder ein unterdurchschnittlicher Prozentsatz an Ausländern wird von einem gerade einmal durchschnittlichen Prozentsatz bei den Auslandsaufenthalten begleitet.

3.3. Die Entwicklung zwischen 2005 und 2015

Um die Entwicklung im Zeitverlauf beurteilen zu können, kann man leider nur auf wenige Vergleichsdaten zurückgreifen. Die Board Indices von Spencer Stuart geben darüber nur vereinzelt und auch nur unsystematisch Auskunft. Am umfangreichsten sind noch die Angaben für Großbritannien. Bei den Chairmen der im FTSE 100 gelisteten Unternehmen wird für den Zehnjahreszeitraum von 2004 bis 2014 eine Zunahme der Ausländer von 19 auf 26[28] angegeben. Bei den Chairmen der Unternehmen des FTSE 150 werden nur die Werte für die Jahre von 2011 bis 2015 präsentiert. Danach ist in diesen vier Jahren der Ausländeranteil stabil geblieben, jeweils 32 Prozent für 2011, 2013, 2014 und 2015 sowie 34 Prozent für 2012 (Spencer Stuart 2014d: 13, 18; Spencer Stuart 2015f: 26). Ansonsten hat Spencer Stuart nur noch für Indien und Kanada einige Zahlen veröffentlicht. Für Indien gibt der entsprechende Board Index an, dass sich der Anteil der ausländischen Board Members seit 2009 von 4,5 auf 7,5 Prozent erhöht habe (Spencer Stuart 2015c: 16). Bei den kanadischen Unternehmen werden nur Daten für die Non-executive Directors genannt. Danach hat sich der Prozentsatz der Ausländer unter ihnen zwischen 2009 und 2015 wie bei einer Achterbahnfahrt von Jahr zu Jahr ganz erheblich verändert. Von 26 Prozent 2009 ist er auf 40 Prozent im darauf folgenden Jahr regelrecht hochgeschnellt, um dann in den nächsten beiden Jahren mit 24 Prozent sogar unter das Ausgangsniveau zu sinken, um darauf in wieder nur zwei Jahren bis 2014 das Niveau von 2010 mit 42 Prozent leicht zu überschreiten und 2015 wieder auf 31 Prozent abzurutschen (Spencer Stuart 2014g: 13; Spencer Stuart 2015h: 20). Eine klare Tendenz lässt sich aus all dem jedenfalls nicht ableiten. Die rapiden Schwankungen in den kanadischen Großkonzernen lassen aber darauf schließen, dass die ausländischen Board Members für die Unternehmen keine substanzielle Bedeutung haben. Sonst wären derart große Differenzen nicht zu erklären.

Die eigene Erhebung für 2005 ermöglicht zumindest für die Top 100 der deutschen Großunternehmen einen Vergleich; denn sie enthält neben den Angaben für die CEO – in allerdings weit begrenzterem Umfang – auch solche für die Aufsichtsratsvorsitzenden und die Vorstandsmitglieder. Daraus lässt sich ersehen, dass der Anteil der Ausländer unter den Aufsichtsratsvorsitzenden im letzten Jahrzehnt von sechs auf vier zurückgegangen ist, das schon 2005 sehr niedrige Niveau also noch einmal gesunken ist. Während es bei drei Aufsichtsratsvorsitzenden aus dem deutschsprachigen Raum geblieben ist, kommt aus anderen Ländern nur noch ein Vorsitzender statt drei wie noch 2005. Bei den Vorstandsmitgliedern ist die generelle Entwicklung gegenläufig. Der Ausländeranteil ist zwischen 2005 und 2015 von zehn auf 15 Prozent gestiegen. Die Relation zwischen denen, die aus dem deutschsprachigen Ausland oder sprachlich und kulturell benachbarten Ländern wie den Niederlanden und Dänemark stammen, und denen aus der übrigen Welt hat sich allerdings wie bei den Aufsichtsratsvorsitzenden auch zugunsten der ersteren verändert. Kam 2005 nur gut ein Drittel (15 von 42) der ausländischen Vorstandsmitglieder aus Österreich, der Schweiz und so weiter, so ist es zehn Jahre später fast jeder zweite (Hartmann 2009a: 300 und unveröffentlichte Daten von 2005). Von einer tiefgreifenden Internationalisierung kann man angesichts dieser Zahlen ebenfalls nicht sprechen.

Einen umfassenderen Vergleich zwischen der Situation 2005 und der heutigen Lage erlauben nur zwei Studien, die Kees van Veen und seine Mitarbeiterinnen Ilse Marsman bzw. Janine Elbertsen 2008 für die größten europäischen Unternehmen des Jahres 2005 durchgeführt haben. Bei der Untersuchung von van Veen und Elbertsen, die alle Mitglieder der Boards der (je nach Land) 25 bis 30 größten Unternehmen Deutschlands, Großbritanniens und der Niederlande erfasst (van Veen/Elbertsen 2008), zeigt sich in Bezug auf die Internationalität der Board-Mitglieder, dass es 2005 große Unterschiede sowohl zwischen den Executive Members und den Non-executive Members als auch zwischen den einzelnen Ländern gab.

So betrug der Prozentsatz der ausländischen Board Members damals 13,3 Prozent für die deutschen, 36,7 Prozent für die britischen und 44,3 Prozent für die niederländischen Unternehmen. Während bei den niederländischen aber kaum Unterschiede zwischen Executive und Non-executive Members existierten, stellten sich die Verhältnisse bei den deutschen und britischen Konzernen genau entgegengesetzt dar. In den britischen lagen die Non-executives mit 41,9 zu 25,2 Prozent weit vor den Executives, in den deutschen die Executives mit 21,4 Prozent klar vor den Non-executives mit nur 13,3 Prozent. Der wesentliche Grund hierfür, so van Veen und Elbertsen, sei in der Hälfte der Aufsichtsratsmitglieder zu suchen, die von der Arbeitnehmerseite kommen. Sie stellten gerade einmal zwei der 56 Ausländer. Von den 275 Vertretern der Anteilseigner in den Aufsichtsräten seien damit immerhin 19,6 Prozent Ausländer. Dieser Prozentsatz liegt nur noch geringfügig niedriger als bei den Vorstandsmitgliedern.

In einer zweiten Studie, die van Veen gemeinsam mit Marsmann im selben Jahr durchgeführt hat, standen nur die Executive Members im Focus. Dafür wurden aber die großen Unternehmen aller 15 alten EU-Mitglieder einbezogen, insgesamt 363 Firmen mit 2 229 Executives. Das Ergebnis demonstriert die riesigen Unterschiede zwischen den 15 Ländern. Die Konzerne aus den drei Ländern der ersten Untersuchung weisen, abgesehen von dem Sonderfall Luxemburg mit über 76 Prozent Ausländern, die höchsten Anteile an ausländischen Executives auf. Demgegenüber kommt Frankreich – ähnlich wie auch Dänemark oder Finnland –nur noch auf einen Anteil von 12,7 Prozent und die südeuropäischen Staaten Spanien, Portugal und Italien bringen es sogar nur auf Anteile zwischen 2,5 und 7 Prozent. Alle Unternehmen zusammen weisen einen Anteil an ausländischen Executives von 14,9 Prozent auf.

Ein direkter Vergleich dieser Zahlen mit denen von 2015 ist nur für die deutschen Unternehmen möglich, weil nur bei ihnen die einzubeziehenden Firmen wie Personen klar definiert sind. Es sind die Vorstandsmitglieder der 30 DAX-Unternehmen (s. Tabelle 3.6).

Mitte 2015 lag der Anteil der Ausländer in diesem Personenkreis bei 24,6 Prozent, nach der Ersetzung von Lanxess durch Vonovia am 19. September 2015 dann bei 23,9 Prozent.[29] Gegenüber 2005 ist das eine Zunahme um gerade einmal zweieinhalb Prozentpunkte, keine besonders deutliche Steigerung für ein ganzes Jahrzehnt. Bei den niederländischen Konzernen liegt der Anteil der Ausländer mit 36 zu 46,4 Prozent 2015 sogar deutlich niedriger als 2005. Das dürfte hier aber zum Teil auf das größere Sample zurückzuführen sein, 50 gegenüber 25 Unternehmen und 145 gegenüber 110 Personen.[30] Bei den britischen ist überraschend, dass das deutlich größere Sample von 150 zu 29 Firmen sich nicht auf den Prozentsatz der Ausländer unter den Executives auswirkt, der praktisch stabil bei gut einem Viertel geblieben ist. Das dürfte in erster Linie auf den hohen Ausländeranteil in den Boards derjenigen binationalen Unternehmen zurückzuführen sein, die aus steuerlichen oder anderen Gründen an der Londoner Börse gelistet sind, ihre tatsächlichen Headquarters aber außerhalb Großbritanniens behalten haben. Sie zählen sämtlich nicht zu den Top 30. Es dürfte daher bei den 30 größten Konzernen ähnlich wie bei ihren deutschen Pendants vermutlich eine leichte Zunahme in der Zahl der Ausländer gegeben haben. Wie stark diese Zunahme ausfällt, ist jedoch nicht genau zu sagen.

Die Prozentsätze für die ausländischen Executives in den italienischen und spanischen Firmen variieren etwas. Bei den italienischen sinkt der Anteil von sieben auf fünf Prozent, bei den spanischen steigt er von 2,5 auf sechs Prozent. In beiden Fällen dürfte das sowohl mit der unterschiedlichen Samplegröße als auch mit kleineren Veränderungen zu tun haben, die sich bei so geringen Prozentsätzen deutlicher bemerkbar machen. Stärker auf die Sample-Auswahl zurückzuführen sein dürfte dagegen der erhebliche Rückgang der ausländischen Executives bei den führenden französischen Konzernen von 12,7 auf nur noch 6,4 Prozent. Denn während in der Studie von Spencer Stuart für die 40 im CAC gelisteten Unternehmen eine Gesamtzahl von 93 Executives inklusive PDG angegeben wird, nennen van Veen und Marsmann für dasselbe Sample 361 Executives. Sie rechnen viermal so viele Personen zu diesem Kreis. Da in beiden Studien weder die Kriterien für die Auswahl noch die einbezogenen Positionen klar benannt werden, kann man die Werte nicht unmittelbar vergleichen.[31] Es spricht aber viel dafür, dass es zwischen 2005 und 2015 allenfalls zu geringen Veränderungen gekommen ist.

Tabelle 3.6: Die Internationalität der Vorstandsmitglieder und Executive Board Members 2005 und 2014/15

	Jahr	Anzahl Unternehmen	Anzahl Personen	Davon Ausländer	
Deutschland DAX 30	2005	30	196	42	(21,4 %)
DAX 30	2015	30	188	45	(23,9 %)
Großbritannien FTSE 29	2005	29	123	31	(25,2 %)
FTSE 150	2014	150	422	112	(26,5 %)
Niederlande AEX	2005	25	110	51	(46,4 %)
AEX/AMX	2014	50	146	52	(36,0 %)
Frankreich CAC	2005	38	361	46	(12,7 %)
CAC	2014	40	93	6	(6,4 %)
Italien MIB	2005	29	143	10	(7,0 %)
MIB und 62 weitere	2014	100	–		(5,0 %)
Spanien IBEX	2005	33	201	5	(2,5 %)
IBEX und 57 weitere	2014	92	–		(11,0 %)

Quelle: van Veen/Elbertsen 2008, Spencer Stuart 2014a, 2014c, 2014d, 2014h, 2014i und eigene Recherchen

Was sich demgegenüber spürbar verändert hat, das ist das Gewicht der einzelnen Herkunftsländer bei den ausländischen Vorstandsmitgliedern in den deutschen Konzernen. Die Zahl der US-Amerikaner unter ihnen hat sich von acht auf 15 fast verdoppelt, die der

Briten ist leicht von vier auf fünf gestiegen. An dritter Stelle kommen jetzt die Spanier, die ihre Anzahl von zwei auf vier erhöhen konnten. Im Gegenzug ist bei den Österreichern ein Rückgang von sechs auf drei und bei den Italienern sogar einer von vier auf nur noch eine Person zu verzeichnen. Bei den übrigen Nationalitäten gibt es keine nennenswerten Veränderungen.

Allgemein kann man sagen, dass Manager aus den beiden führenden angelsächsischen Wirtschaftsmächten in den Vorständen der deutschen Großunternehmen heute deutlich stärker vertreten sind als vor einem Jahrzehnt, solche aus dem deutschsprachigen Österreich demgegenüber erheblich schwächer. Da die anderen Nachbarstaaten von den Niederlanden bis Dänemark aber leicht zugelegt haben, kann daraus keine grundsätzliche Abkehr von Managern aus benachbarten Ländern abgeleitet werden. Dafür spricht auch, dass die drei prominentesten Fälle, bei denen in den letzten Jahren österreichische Topmanager Vorstände verlassen haben, keinerlei Anzeichen für einen Wechsel in der Internationalisierungsstrategie der jeweiligen Unternehmen bieten. Der Abschied von Peter Löscher als Vorstandsvorsitzender bei Siemens, der von Wolfgang Mayrhofer als Vorstandschef bei der Lufthansa und der Wechsel von Hans Dieter Pötsch vom Vorstandsmitglied zum Aufsichtsratsvorsitzenden von VW haben ungeachtet aller sonstigen Unterschiede eines gemeinsam: Alle drei sind von Deutschen ersetzt worden und nicht von einem Ausländer einer anderen Nationalität. Dasselbe trifft auch auf den Wechsel an der Spitze der Deutschen Börse zu, wo der Schweizer Reto Francioni durch den Deutschen Carsten Kengeter abgelöst worden ist. Somit dürfte einzig der Bedeutungszuwachs bei den angelsächsisch geprägten Managern eine tatsächlich wirksame Tendenz repräsentieren.

3.4. Die Internationalität der Boards –
Skepsis ist angesagt

Lässt man zum Schluss alle präsentierten Einzelbefunde Revue passieren, wird schnell klar, dass diejenigen Autoren, die die Zusammensetzung der Boards multinationaler Konzerne als Beleg für ihre These von der globalen Elite oder Transnational Business bzw. Capitalist Class nehmen, die Wirklichkeit nur auszugsweise oder zumindest unzureichend zur Kenntnis nehmen. Zwar findet sich bei den Mitgliedern dieser Boards in den meisten, wenn auch nicht in allen Fällen, ein höherer Anteil von Ausländern als unter den CEO, das täuscht aber über die tatsächliche Bedeutung dieses Befundes hinweg. Vor allem drei Fakten sprechen gegen eine Überbewertung.

Erstens ist bei der entscheidenden und mächtigsten Person in den Boards, dem Chairman bzw. dem Aufsichtsratsvorsitzenden im dualistischen Modell, genau das Gegenteil zu konstatieren. Unter ihnen sind fast durchweg weniger Ausländer zu finden als unter den CEO. In der Mehrzahl der Länder ist die Differenz sogar ausgesprochen groß, reicht in manchen wie bei den australischen Top 20 oder den deutschen Top 100 Unternehmen sogar bis zu einer Größenordnung vom 70 Prozent und mehr. Zudem kommen die Ausländer deutlich häufiger als die CEO aus einem ähnlichen Sprach- und Kulturraum, selbst in den Schweizer Großkonzernen. Hier dürfte sich zum einen die Tatsache niederschlagen, dass die meisten Eigentümer der Unternehmen für diese zentrale Kontrollposition Personen der eigenen Nationalität oder zumindest der gleichen Sprache und Kultur bevorzugen, zum anderen die immer noch existierende Wichtigkeit nationaler Kontakt- und Informationsnetze.

Zweitens ist der Ausländeranteil nicht bei allen Mitgliedern der Boards gleichermaßen höher als bei den CEO. Das trifft stets nur auf die Non-executives zu, die, wenn sie aus dem Ausland kommen, nur einige Male pro Jahr kurz in das Heimatland des Unternehmens reisen müssen, um an den Sitzungen teilzunehmen. Manchmal entfällt sogar dieser geringe Aufwand, weil, worauf die große, weltweit aktive Headhunting-Firma Russell Reynolds in einem Beitrag auf ihrer Homepage (Russell Reynolds 2015) zu Recht hinweist, ein Teil dieser Konferenzen auch per Videoschaltung abgehalten werden kann. Hier von Internationalität zu sprechen, muss zumindest mit einem kleinen Fragezeichen versehen werden, zumal wenn man berücksichtigt, dass ein nicht unerheblicher Teil dieser Non-executives vor allem in Großbritannien und in den Niederlanden, aber auch in Frankreich in den Boards binationaler bzw. eigentlich ausländischer Unternehmen sitzt und aus dem oder einem der zwei Heimatländer des Unternehmens kommt. Dasselbe gilt in noch stärkerem Maße für die Executives, die das operative Alltagsgeschäft führen und bei denen die einheimischen Manager in der Regel sowieso ganz eindeutig dominieren, noch stärker sogar als bei den CEO allein.

Drittens schließlich lässt die Entwicklung der letzten zehn Jahre vermuten, dass bei den führenden Großkonzernen so etwas wie eine Sättigungsgrenze erreicht sein könnte. Dafür sprechen die recht stabilen Werte, die man bei den DAX-Unternehmen für das letzte Jahrzehnt feststellen kann, ebenso wie die sich nur noch wenig verändernden Prozentsätze bei den großen kanadischen oder britischen Konzernen und die sogar etwas rückläufigen bei den französischen und niederländischen. Im Falle Großbritanniens wird dieser Eindruck noch durch die Werte bekräftigt, die Cronin für die Boards der 250 größten Unternehmen in den Jahren 2006 und 2010 recherchiert hat. Der Prozentsatz der Ausländer unter den über 2 000 Board Members lag in beiden Jahren bei 32 Prozent (Cronin 2012: 184f.), also fast genau auf dem Niveau, das heute für die 150 im FTSE gelisteten Firmen gültig ist. Offensichtlich hört Unternehmensgröße ab einem bestimmten Level auf, eine Rolle zu spielen, und eine weitere Steigerung des Ausländeranteils ist nur noch schwer zu erreichen. All das ist in der Summe nicht gerade ein Beleg dafür, dass in den Boards eine internationale Klasse von Topmanagern aktiv ist.

4. DIE TAUSEND REICHSTEN MENSCHEN DER WELT

Als Beleg für die Existenz einer globalen Elite oder einer Transnational Business Class werden stets auch die Milliardäre dieser Welt herangezogen. So etwa Lakshmi Mittal, einer der hundert reichsten Menschen der Welt, der auch von Chrystia Freeland als besonders typisches Beispiel für die von ihr diagnostizierte globale Superelite angeführt wird. In Indien als Sohn eines Kaufmanns geboren ist er in Kalkutta aufgewachsen. Er hat dort auch studiert und ist dann mit Mitte zwanzig nach Indonesien gegangen, um dort ein marodes Stahlwerk zu sanieren. Heute lebt er in London in der Nähe des Kensington Palace, von wo aus er als CEO den Stahlkonzern ArcelorMittal leitet, der seinen juristischen Hauptsitz zwar in Luxemburg hat, sein tatsächliches Headquarter aber in London. Außerdem ist er Mitglied der Boards von Goldman Sachs und der Airbus Group, er sitzt im Global Advisory Council des indischen Premierministers, im International Business Council des Weltwirtschaftsforums und im Beirat der Kellogg School of Management.

Ein ebenso gutes Beispiel wie Mittal bietet der reichste Brasilianer, Jorge Paulo Lemann, ebenfalls unter den Top 100 der Milliardäre. In Rio de Janeiro als Sohn eines Schweizer Auswanderers geboren und dort aufgewachsen, hat er seinen BA in Harvard gemacht und anschließend ein Jahr in Genf bei der Credit Suisse gearbeitet. Dann ist er nach Brasilien zurückgekehrt und hat dort den Grundstein für den heute weltweit größten Bierkonzern gelegt. Zunächst wurden die beiden größten brasilianischen Brauereien zu AmBev fusioniert und dann 2004 mit der belgischen Brauerei Interbrew zu InBev zusammengeschlossen. Dieses Unternehmen übernahm 2008 den US-Konkurrenten Anheuser-Busch und firmierte fortan als Anheuser-Busch InBev. Mitte Oktober 2015 wurde schließlich bekannt gegeben, dass auch der letzte große Konkurrent, der südafrikanisch-britische Konzern SABMiller, einem Kaufangebot von Anheuser-Busch InBev zugestimmt hat. Das neue Unternehmen kontrolliert ein Drittel des weltweiten Biermarkts. Lemann, der mit seiner Familie 1999 nach einem Entführungsversuch von Rio de Janeiro nach Raperswil-Jona am Zürichsee übergesiedelt ist, pendelt bislang zwischen Raperswil, Sao Paulo und St. Louis, dem früheren Hauptsitz von Anheuser-Busch. In Zukunft dürften noch London und Johannesburg dazu kommen. Mittal und Lemann sind tatsächlich Weltbürger. Ob sie charakteristisch für die reichsten Menschen der Welt sind, ist damit aber noch nicht gesagt. Sie könnten auch die berühmte Ausnahme von der Regel darstellen.

Vor der Klärung dieser Frage lohnt sich zunächst ein Blick auf die regionale Verteilung der Milliardäre. Dabei fällt die Konzentration dieser Personen auf relativ wenige Staaten auf. Die elf Länder mit den meisten Milliardären pro Land vereinen fast drei Viertel aller Milliardäre auf sich (s. Tabelle 4.1).

Tabelle 4.1: Die regionale Verteilung der Milliardäre

Land	Milliardäre unter den Top 1 000	Milliardäre insgesamt
USA	353	536
China	76	213
Deutschland	67	103
Indien	49	90
Russland	45	88
GB	33	53
Hongkong	33	55
Brasilien	27	54
Schweiz	24	29
Frankreich	23	47
Italien	23	39

Land	Milliardäre unter den Top 1000	Milliardäre insgesamt
Kanada	20	39
Schweden	20	23
Singapur	19	19
Taiwan	17	33
Japan	13	24
Südkorea	13	30
Spanien	13	21
Australien	12	27
Mexiko	12	16
Israel	11	17
Philippinen	10	11
Türkei	9	32
Chile	9	12
Indonesien	7	23
Malaysia	7	12
Ägypten	6	8
Österreich	5	7
Niederlande	4	9
Belgien	3	3
Griechenland	3	3
Venezuela	3	3
Andere Länder	72	157
insgesamt	1041	1826

Quelle: *Forbes The World's Billionaires 2015*

Die Konzentration auf wenige Staaten gilt sowohl für alle in der Forbes Liste aufgeführten gut 1800 Milliardäre als auch für die Top 1000 unter ihnen. Sie ist bei den Top 1000 überraschenderweise nicht höher als in der Gesamtheit. Die Verteilung auf die Länder weist demgegenüber schon größere Differenzen auf. Zwar ist die Reihenfolge auf den ersten fünf Plätzen im Vergleich der Top 1000 mit allen Milliardären dieselbe, die USA vor China, Deutschland, Indien und Russland, danach aber kommt es zu mehr oder weniger deutlichen Veränderungen. So wird bei den Top 1000 Großbritannien von Hongkong und Brasilien überholt und die Schweiz fällt sogar hinter sechs andere Länder auf Platz 15 zurück. In einigen Ländern erhöht sich die Anzahl der Milliardäre sehr stark (Australien, Brasilien, Frankreich, Indonesien, Malaysia, Südkorea, Taiwan, Türkei), während sie in anderen (Ägypten, Belgien, Griechenland, Philippinen, Schweden, Schweiz, Singapur, Venezuela) nahezu oder sogar vollkommen stabil bleibt. All diese Differenzen liegen in dem Umstand begründet, dass die Milliardäre nicht überall gleich reich sind. Länder wie Deutschland, Großbritannien, Hongkong, Schweden und die Schweiz weisen einen überdurchschnittlich hohen Prozentsatz an sehr reichen Milliardären auf, während in Ländern wie Indonesien, Malaysia oder der Türkei eher die nicht ganz so reichen Milliardäre anzutreffen sind.

4.1. Die Wohnorte der Milliardäre

Wirft man zunächst einen ersten Blick nur auf die Wohnorte jener 25 Personen, die vor Jorge Paolo Lemann auf den Plätzen eins bis 25 der Forbes Liste rangieren,[1] so zeigt sich, dass Lakshmi Mittal, der zu diesen 25 gehört, und Lehman unter ihresgleichen eine Ausnahme darstellen. Von diesen 25 hat außer Mittal nur ein einziger seinen Wohnsitz zumindest zu einem größeren Teil außerhalb seines Heimatlands. Das ist Georg Friedrich Wilhelm Schäffler, Erbe der Schäffler-Gruppe und nach dem Tod der Albrecht-Brüder reichster Deutscher. Schäffler ist schon nach dem Tod seines Vaters, nachdem er zuvor in St. Gallen studiert und sechs Jahre in der Schäffler-Gruppe gearbeitet hatte, in die USA gegangen. Er hat dort zunächst Jura an der Duke University bis zum Abschluss eines Master of Law studiert und danach als Wirtschaftsanwalt in Dallas gearbeitet, hat eine US-Amerikanerin geheiratet und mit ihr und seinen Kindern dort gelebt. Er wohnt trotz zweier Scheidungen auch heute noch mehrheitlich in Dallas, muss allerdings, seit er Aufsichtsratsvorsitzender des Konzerns geworden ist, knapp die Hälfte seiner Zeit in Herzogenaurach verbringen, so dass als Wohnsitz in Medienberichten und Nachschlagewerken abwechselnd Dallas, Herzogenaurach oder beides angegeben wird.[2]

Bei einer weiteren dieser 25 Personen war zumindest zeitweise unklar, ob sie in ihrem Heimatland wohnen bleibt. Bernard Arnault, Mehrheitseigentümer des Luxusgüter-Konzerns LVMH, wollte Frankreich 2013 aus steuerlichen Gründen Richtung Belgien verlassen, hat diesen Plan nach heftigen öffentlichen Protesten und Problemen bei dem Versuch, die belgische Staatsbürgerschaft zu erwerben, dann aber doch wieder fallen lassen und lebt weiterhin in Paris. Dort wohnt auch Liliane Bettencourt, die mit Platz zehn noch drei Plätze vor Arnault liegende Erbin von L'Oreal. Wie die reichsten Franzosen, so leben auch die zu den Top 25 der Forbes Liste zählenden US-amerikanischen Milliardäre allesamt in ihrer Heimat, den USA, und zwar unabhängig von ihrem Alter oder der Quelle ihres Reichtums. Das gilt für die Erben großer Vermögen wie die Angehörigen der Familien Walton und Mars ebenso wie für die über achtzigjährigen Koch-Brüder und den genauso alten Warren Buffett oder die vergleichsweise jungen Internet-Milliardäre Jeff Bezos, Mark Zuckerberg, Larry Page und Sergey Brin. Auch die übrigen vier unter den Top 25, der reichste Mexikaner, Carlos Slim, der reichste Spanier, Amancio Ortega, der reichste Hong-Kong-Chinese, Li Ka-Shing, und der reichste Kanadier, David Thomson, 3. Baron Thomson of Fleet, leben in ihren Heimatländern.

Erweitert man das Blickfeld und bezieht alle 1 041 reichsten Menschen in die Analyse ein, so bietet sich dasselbe Bild wie bei den Top 25. Sie sind weit sesshafter, als man gemeinhin vermutet. Gerade einmal 90 der insgesamt 1 041 Milliardäre haben ihren Hauptwohnsitz außerhalb ihres Heimatlandes (s. Tabelle 4.2). Das ist nur gut jeder zwölfte, praktisch derselbe Prozentsatz wie bei den reichsten 25. Die Internationalität der tausend Reichsten, wenn man sie anhand ihres Wohnsitzes misst, liegt damit sogar um ein Drittel niedriger als bei den CEO an der Spitze der tausend größten Unternehmen der Welt. Allerdings ist ähnlich wie bei den CEO auch bei ungefähr zwei Dutzend dieser Milliardäre die Zuordnung, wie schon das Beispiel Georg Schäffler gezeigt hat, nicht ganz einfach. Es gibt Personen, die man bei genauer Betrachtung eigentlich nicht zu den im Ausland wohnenden zählen dürfte, genauso aber auch welche, bei denen der umgekehrte Fall denkbar wäre. Zur ersten Gruppe zählt ganz ohne Zweifel der belgische Staatsbürger Patokh Chodiev, der fast durchweg in der größten Stadt Kasachstans, Almaty, lebt. Er hat die belgische Staatsbürgerschaft 1997 mit Hilfe eines Bekannten, des aus Tschechien stammenden Bürgermeisters von Waterloo, erwerben können, obwohl er eine entscheidende Voraussetzung, die Beherrschung einer der drei Landessprachen, nicht erfüllt hatte und von der Polizei wegen mafiöser Verbindungen verdächtigt wurde. Für ihn ist die Staatsbürgerschaft im Wesentlichen nur als Absicherung gegen politische Verfolgung wichtig. Faktisch lebt und arbeitet er weitgehend in seiner eigenlichen Heimat Kasachstan. Bei seinem Partner Alexander Maschkewitsch verhält es sich ganz ähnlich. Es besitzt die israelische Staatsbürgerschaft, wird deshalb von Forbes zu den israelischen Milliardären gezählt, lebt und arbeitet aber wie Chodiev überwiegend in Almaty und hat zudem auch noch einen kasachischen Pass.

Bei drei indischstämmigen Milliardären ist es, auch wenn die konkreten Umstände andere sind, ebenfalls nicht eindeutig, ob sie tatsächlich zu den Milliardären mit Wohnsitz im Ausland zu zählen sind. Vivek Chaand Sehgal besitzt zwar die australische Staatsbürgerschaft und wohnt in Indien, insofern scheinbar ein klarer Fall. Er ist aber schon in Indien geboren, hat dort im Alter von nur 18 Jahren zusammen mit seiner Mutter das Unternehmen Samvardhana Motherson Group gegründet und leitet dieses bis heute von Indien aus.

Auch bei einem zweiten aus Indien stammenden Milliardär ist die Sachlage nicht eindeutig. Pallonji Mistry besitzt die irische Staatsbürgerschaft, wird deshalb von Forbes zu den irischen Milliardären gerechnet, hat die irische Staatsbürgerschaft 2003 aber nur angenommen, weil er damals eine Irin geheiratet hat und das indische Recht keine doppelte Staatsbürgerschaft erlaubt. Mistry hält sich nach wie vor ganz überwiegend in Mumbai auf, wo auch seine Tochter mit ihrem Mann, einem Mitglied der schwerreichen Tata-Familie, und sein Sohn Cyrus wohnen. Cyrus Pallonji Mistry ist dort als Chairman der in Mumbai angesiedelten Tata Group aktiv, obwohl auch er wie sein Vater rein rechtlich gesehen irischer Staatsbürger ist. Beim indischen Milliardär Sunny Varkey ist es umgekehrt. Er ist mit seinen Eltern schon im Alter von zwei Jahren nach Dubai gezogen, dann vier Jahre später wieder zurück nach Indien gegangen, um dann mit elf Jahren endgültig nach Dubai zu übersiedeln, wo er seither lebt, obwohl er nach wie vor indischer Staatsbürger ist. In allen drei Fällen muss man hinter die Bezeichnung »im Ausland lebender Milliardär« zumindest ein Fragezeichen machen. Die beiden indischen Brüder Srichand und Gopichand Hinduja, zusammen mit zwei weiteren Brüdern Eigentümer der Hinduja Group, sind demgegenüber aufgrund der Tatsache, dass sie bereits seit 1979 in London leben, die Hinduja Group dort ihr Headquarter hat und die beiden außerdem seit über einem Jahrzehnt die britische Staatsbürgerschaft besitzen,[3] nicht zu den Personen mit Wohnsitz im Ausland gerechnet worden, zumal sie auch bei Forbes als in London wohnende Briten geführt werden.

Auch bei zwei der drei US-Amerikaner, die im Ausland wohnen, ist die tatsächliche Einordnung nicht so unproblematisch wie es zunächst den Anschein hat. Der eine der beiden ist Roger Wang. Er ist US-Staatsbürger und wohnt in China. Soweit eigentlich klar. Allerdings ist er 1948 in China geboren, kurz darauf mit seinen Eltern nach Taiwan geflohen, ist in den frühen 1970er Jahren dann in die USA gegangen und hat diese 22 Jahre später wieder in Richtung seines Geburtslandes verlassen, um in Nanjing die Golden Eagle International Group zu gründen, der er seinen heutigen Reichtum verdankt. Der andere ist Len Blavatnik. Er ist in der Sowjetunion geboren und dann mit 21 Jahren in die USA ausgewandert. Heute hält er sich zwar mehrheitlich in London auf, verbringt einen nicht unerheblichen Teil seines Lebens aber immer noch in New York.

Bei den sechs britischen Milliardären, die im Ausland leben, ist die Zuordnung ebenfalls nicht immer wirklich eindeutig. So lebt und arbeitet zum Beispiel Philip Green, der Chef des britischen Handelskonzerns Arcadia die ganze Woche in London. Für das Wochenende fliegt er dann aber nach Monaco, wo seine aus Südafrika stammende Ehefrau, die auch die Eigentümerin des Konzerns ist, mit seinen zwei Kindern wohnt. Ähnlich sieht es bei einer guten Handvoll der 33 russischen Milliardäre aus. Definitiv überwiegend im Ausland lebt eigentlich nur einer von ihnen, Dmitri Rybolowlew. Er wohnt tatsächlich außerhalb Russlands, das er 1996 nach einer – später revidierten – zehnmonatigen Haftstrafe wegen Anstiftung zum Mord verlassen hat. Er hält sich seither in erster Linie in Monaco auf, aber auch am Genfer See und in New York.

Bei Gennadi Timtschenko und Roman Abramowitsch ist es schon komplizierter. Timtschenko arbeitet und wohnt überwiegend in Moskau und gilt zudem als guter Bekannter von Präsident Putin. Seine Familie lebt aber in Genf und er verfügt neben dem russischen auch noch über einen finnischen Pass. Daher ist er in die Kategorie »Wohnsitz im Ausland« eingruppiert worden. Bei Abramowitsch ist es ebenfalls nicht ganz klar, wo er wirklich lebt, ob in London, wo er neben Luxusimmobilien auch noch den Fußball-Club Chelsea besitzt, oder doch in Moskau. Dort arbeitet und lebt nicht nur seine Lebensgefährtin, Darja Schukowa, mit den beiden gemeinsamen Kindern, sondern in Moskau befindet sich auch das Headquarter seines Konzerns Millhouse LLC, das ursprünglich in London lag und 2008 endgültig nach Moskau verlagert worden ist. Forbes gibt bei ihm im Unterschied zu Rybolowlew und Timtschenko denn auch Moskau als Wohnsitz an. Deshalb ist die Entscheidung hier anders herum gefallen als bei Timtschenko. Dasselbe gilt auch für drei andere russische Milliardäre: Artjom Anissimow, German Khan und Viktor Vekselberg. Sie besitzen zwar auch große Immobilien in London bzw. der Schweiz und residieren dort auch zeitweise, ihr Lebensmittelpunkt liegt aber in Moskau. So baut etwa Vekselberg, der wegen eines Wohnsitzes in Zug von den Medien oft zu den Schweizer Milliardären gezählt wird, seit 2010 in der Nähe von Moskau als Präsident der Skolkovo-Stiftung das gleichnamige Technologiezentrum auf, das ein russisches Gegenstück zum Silicon Valley werden soll, und hält sich dementsprechend vorwiegend in Moskau auf.

Umgekehrt liegt der Fall bei Tatiana Casiraghi. Sie besitzt zwar die monegassische Staatsbürgerschaft und hat ihren Hauptwohnsitz laut Forbes in Monaco, ist demnach also eigentlich keine im Ausland residierende Milliardärin. Dennoch ist sie eine typische Vertreterin der kosmopolitischen Superreichen. Ihr Vater stammte aus einer kolumbianischen Milliardärsdynastie und war einer der reichsten Männer des Landes. Geboren ist sie in New York, aufgewachsen in Genf und Paris. Nach ihrer Heirat mit Andrea Casiraghi, dem Sohn von Prinzessin Caroline, wechselt sie nun regelmäßig zwischen ihren Wohnsitzen in Monaco, Gstaad, Paris und London. Ihre beiden Kinder sind in London zur Welt gekommen. Deshalb ist sie zu den Personen mit ausländischem Wohnort gezählt worden.[4] Lässt man die Tatsache, dass nicht alle Fälle ganz zweifelsfrei zu klären sind, für die weiteren Erörterungen außer Betracht, weil es das Gesamtergebnis nicht verändern würde, träfe man die eine oder andere Zuordnungsentscheidung anders, so zeigen sich zunächst wie schon bei den Topmanagern große Unterschiede zwischen den einzelnen Ländern. Das gilt sowohl für die großen Staaten als auch für die kleineren, für die klassischen Industriestaaten ebenso wie für die Schwellenländer, für solche mit vielen Milliardären ebenso wie für solche mit wenigen. Es gibt keinen eindeutigen Zusammenhang zwischen dem Prozentsatz der im Ausland lebenden Milliardäre auf der einen und der Größe eines Landes, der Anzahl seiner Milliardäre oder seiner industriellen Tradition auf der anderen Seite.

Tabelle 4.2: Die Wohnsitze der tausend reichsten Menschen der Welt

Land	Milliardäre insg.	Wohnsitz im Ausland	Auslandswohnsitz in Prozent
USA	353	3	0,8
China	76	0	0,0
Deutschland	67	19	28,4
Indien	49	5	10,2
Russland	45	2	4,4
GB	33	5	15,1
Hongkong	33	0	0,0
Brasilien	27	2	7,4
Schweiz	24	2	8,3
Frankreich	23	8	34,8
Italien	23	5	21,7
Kanada	20	5	25,0
Schweden	20	7	35,0
Singapur	19	1	5,3
Taiwan	17	1	5,9
Japan	13	0	0,0
Südkorea	13	0	0,0
Spanien	13	1	7,7
Australien	12	2	16,7
Mexiko	12	1	8,3
Israel	11	3	27,3
Philippinen	10	0	0,0
Türkei	9	0	0,0
Chile	9	0	0,0
Indonesien	7	1	14,3
Malaysia	7	1	14,3
Ägypten	6	1	16,7
Österreich	5	1	20,0
Niederlande	4	1	25,0
Belgien	3	1	33,3
Griechenland	3	3	100,0

Venezuela	3	1	33,3
Andere Länder	72	8	11,1
insgesamt	1041	90	8,6

Quelle: Forbes The World's Billionaires 2015 und eigene Recherchen

Schaut man sich zunächst die großen Länder mit einer zweistelligen Zahl an Milliardären an, so ist eine klare Vierteilung zu erkennen. Es gibt eine Gruppe mit einem hohen Anteil von nicht in ihrem Heimatland wohnenden Milliardären, eine mit einem sehr niedrigen Anteil und zwei Mittelgruppen. Zur ersten Gruppe zählen Frankreich, wo mehr als ein Drittel der Milliardäre den Hauptwohnsitz ins Ausland verlegt hat, Deutschland, Kanada und Italien, wo dasselbe auch noch auf gut jeden vierten bis gut jeden fünften zutrifft. Den entgegengesetzten Pol bilden die drei großen ostasiatischen Staaten China,[5] Japan und Südkorea, die Philippinen sowie die USA, deren Milliardäre so gut wie ausnahmslos in ihren Heimatländern leben. Dazwischen liegen zum einen Länder wie Großbritannien, Australien oder Indien, die es auf Werte zwischen 10 und knapp 17 Prozent bringen, zum anderen Länder wie Brasilien, Mexiko, Spanien, Taiwan und überraschenderweise auch Russland, bei denen es nur vier bis acht Prozent sind.

Bei den vier kleineren Staaten, die vergleichsweise viele Milliardäre unter ihren Bürgern aufweisen, der Schweiz, Schweden, Singapur und Israel bietet sich ausgenommen die Tatsache, dass in keinem einzigen von ihnen sämtliche Milliardäre im Heimatland wohnen, ein ähnliches Bild. Von den schwedischen Milliardären lebt über ein Drittel im Ausland und von den israelischen gut jeder vierte, von denen aus der Schweiz und Singapur dagegen nur zwischen fünf und acht Prozent. Unter den übrigen Ländern existieren ebenfalls erhebliche Unterschiede. So residieren die 18 türkischen und chilenischen Milliardäre allesamt in ihren Heimatländern, während bei ihren indonesischen, malaysischen und ägyptischen Pendants schon jeder sechste bis siebte im Ausland wohnt, bei denen aus Österreich und den Niederlanden jeder vierte bis fünfte, bei den belgischen und venezolanischen bereits jeder dritte und von den griechischen sogar alle drei außerhalb Griechenlands leben.

Zwar muss man bei diesen Prozentsätzen einschränkend anmerken, dass es sich fast durchweg nur um jeweils eine einzige Person handelt, die ihren Hauptwohnsitz außerhalb ihres Heimatlandes hat, und die geringe Anzahl der Milliardäre pro Land die Prozentsätze nach oben treibt. Aber auch wenn man alle 128 Milliardäre der Staaten zusammen nimmt, die auf den ersten tausend Plätzen der Forbes Liste nur mit einer einstelligen Anzahl von Milliardären vertreten sind, kommt man im Durchschnitt auf einen Anteil von gut 13 Prozent im Ausland lebender Milliardäre. Das ist deutlich mehr als bei den Staaten mit zehn oder mehr Milliardären. Allerdings sind es im Wesentlichen vier kleinere europäische Länder, die für diesen überdurchschnittlichen Prozentsatz verantwortlich sind. Lässt man die Milliardäre aus Belgien, den Niederlanden, Österreich und vor allem Griechenland außen vor, sinkt der Prozentsatz sofort unter die Zehn-Prozent-Marke.

Schaut man sich nun an, wohin es jene Milliardäre gezogen hat, die ihren Wohnsitz ins Ausland verlegt haben, bietet sich ein eindeutiges Bild. Es dominieren die zwei Länder, auf die man wohl auch ohne nähere Kenntnisse getippt hätte, die Schweiz und Großbritannien. Von den 90 außerhalb ihres Heimatlandes wohnenden Milliardären leben 30 in der Schweiz, fast alle am Zürichsee oder am Genfer See, und weitere 19 in Großbritannien, davon allein 15 in London. Zusammen ist das mehr als die Hälfte. Bei den anderen als Wohnsitz in Frage kommenden Ländern liegt Monaco mit acht Milliardären an der Spitze. Die restlichen 33 Milliardäre verteilen sich über die gesamte Welt, von den USA und der Dominikanischen Republik über die karibischen Inseln, Spanien, Frankreich, die Golfstaaten, Kasachstan und Indien bis hin nach China, Hongkong, Taiwan und Singapur. Eine gewisse Konzentration ist allerdings auch hier festzustellen. Auf die vier ostasiatischen Länder mit acht und die USA mit sieben Personen entfällt zusammen auch fast die Hälfte dieser 33 Milliardäre.

Der hohe Prozentsatz von in die Schweiz, nach Großbritannien oder nach Monaco übergesiedelten Milliardären lässt schon erahnen, welches Motiv für solch einen Umzug entscheidend ist. Geht man den Ursachen für den Wohnortwechsel ins Ausland genauer auf den Grund, so sind es ganz offensichtlich drei Argumente, die Milliardäre zu so einem Schritt bewegen. Es ist erstens, und das ist der mit Abstand wichtigste Grund, die Möglichkeit Steuern zu sparen, zweitens die Bindung an das eigene Unternehmen und drittens die sprachliche, kulturelle und teilweise auch räumliche Nähe zum Heimatland. Alle anderen möglichen Motive rangieren weit dahinter.

4.2. Die Steuerparadiese Schweiz, Großbritannien und Monaco

Was 30 der 90 im Ausland lebenden Milliardäre veranlasst hat, ihren Wohnsitz in der Schweiz zu suchen, ist nicht die schöne Landschaft dort oder die Schweizer Lebensart. Es sind vielmehr, und daraus machen die meisten auch gar keinen Hehl, in erster Linie die außerordentlich günstigen Steuerkonditionen, die viele Schweizer Kantone Ausländern anbieten. Wenn man als Ausländer in einem dieser Kantone wohnt, in der Schweiz aber keiner Erwerbsarbeit nachgeht, kann man mit den lokalen Steuerbehörden eine Pauschalsteuer verhandeln. Sie richtet sich nicht nach dem Einkommen oder Vermögen der jeweiligen Person, sondern nach den Kosten ihrer Lebenshaltung in der Schweiz und im Ausland. Da die entsprechenden Angaben aber nur schwer zu überprüfen sind, das Nachforschungsinteresse der Finanzbehörden auch nicht besonders ausgeprägt ist und viele Milliardäre sie angesichts dieser Sachlage zu niedrig ansetzen, werden die Lebenshaltungskosten zumeist gleich anhand der Wohnkosten errechnet oder geschätzt. Das Minimum ist dabei das Fünffache der Wohnkosten. Verglichen mit den Steuern, die beispielsweise in Deutschland, Frankreich oder gar in den skandinavischen Ländern, aber auch fast überall sonst gezahlt werden müssten, ist das lächerlich wenig. Im Durchschnitt müssen die Milliardäre und Multimillionäre in der Schweiz nicht mehr als gut 123 000 Schweizer Franken pro Jahr entrichten. 2012 waren es genau 695 Millionen Schweizer Franken für gut 5 600 derart besteuerte Reiche.[6] Da lohnt sich der Umzug schon.

4.2.1. Ausländische Milliardäre in der Schweiz

Dieser Ansicht sind vor allem die deutschen Milliardäre. Gleich 14 haben die Schweiz als ihr Domizil ausersehen. Das sind mehr als zwei Drittel derer, die ihren Wohnsitz ins Ausland verlegt haben, und immerhin noch mehr als jeder fünfte von den 67 auf der Forbes-Liste unter den Top 1 000 rangierenden deutschen Milliardären. Unter ihnen findet man viele bekannte Namen. Es beginnt mit vier mehrfachen Milliardären, dem Logistik-Unternehmer Klaus-Michael Kühne, dem ehemaligen Bankier August von Finck, und den früheren Eigentümern des Pharma-Konzerns Boehringer Mannheim und der Massa-Märkte, Curt Engelhorn und Karl-Heinz Kipp; es setzt sich fort über einen Teil der Reimann-Familie,[7] die über ihre JAB Holding ein Imperium, bestehend aus Luxusmarken wie Bally, dem Parfüm- und Kosmetikkonzern Coty und Teilen von Reckitt Benckiser, kontrollieren, zwei weitere Mitglieder der Familie Engelhorn sowie den Eigentümer des gleichnamigen Lebensmittelkonzerns, Theo Müller, und es endet beim früheren Besitzer des GEA-Konzerns, Otto Happel, und beim Opel-Erben Georg von Opel, die es auch noch auf zwei bis drei Milliarden Dollar Vermögen bringen.

Von den übrigen, auf den Plätzen ab 1 000 noch folgenden 36 deutschen Milliardären lebt einzig die Wella-Erbin Erika Pohl-Ströher in der Schweiz. Es ist ganz offensichtlich so, dass die Schweiz auf die Milliardäre eine umso höhere Attraktivität ausübt, über je mehr Vermögen sie verfügen. Das triff nicht nur auf die Schweiz als Wohnsitz zu, sondern auch ganz generell. Während von den 67 deutschen Milliardären, die unter den Top 1 000 zu finden sind, 19 im Ausland leben, gilt das bei den 36, die danach folgen, nur noch für ganze vier. Neben der schon erwähnten Erika Pohl-Ströher sind das Christoph Henkel, einer der Henkel-Erben, der in London wohnt und dort für einen von ihm selbst mitgegründeten und mitbesessenen Hedgefonds tätig ist, der schon seit Jahrzehnten in Hongkong lebende Horst Pudwill, der dort Chairman der von ihm gegründeten TTI Group ist, und Bruno Steinhoff, der seit zwei Jahrzehnten von Südafrika aus den von ihm gegründeten gleichnamigen Möbelkonzern führt.

Wirft man einen Blick auf zwei andere, jährlich erscheinende Listen von Reichen, die des *ManagerMagazins* über die 500 reichsten Deutschen und die der Schweizer Wirtschaftszeitschrift *Bilanz* über die 300 reichsten in der Schweiz wohnenden Personen, so wird dort sogar eine noch höhere Zahl an Milliardären und bei *Bilanz* auch ein deutlich höherer Prozentsatz von in der Schweiz lebenden deutschen Milliardären angegeben. Beim *ManagerMagazin* werden allein hundert Deutsche mit einem Mindestvermögen von eineinhalb Milliarden Euro gezählt, von denen 23 im Ausland residieren, ein der Forbes Liste vergleichbarer Wert. *Bilanz* kommt demgegenüber allein für die Schweiz auf 28 deutsche Milliardäre.[8] Die höheren Werte sind in erster Linie darauf zurückzuführen, dass beide Zeitschriften im Unterschied zu Forbes auch ganze Familien mit ihrem Gesamtvermögen auflisten und nicht nur Einzelpersonen oder allenfalls Ehepaare oder Geschwister. So führt *Bilanz* allein neun Familien unter den 28 deutschen Milliardären auf, unter anderem die Familien Jacobs, Cloppenburg, Scheufele und Wagner. Dazu kommen unterschiedliche Zuordnungen bei der Nationalität. *Bilanz* wie *ManagerMagazin* rechnen zum Beispiel Willi und Isolde Liebherr, die Erben und Leiter des Liebherr-Konzerns, zu den deutschen, Forbes rechnet sie dagegen zu den Schweizer Milliardären.[9] *Bilanz* zählt auch Heinz Baus, den Gründer der Bauhaus-Märkte und von

Duscholux, zu den in der Schweiz lebenden deutschen Milliardären. Er hat seinen offiziellen Wohnsitz aber schon vor über zehn Jahren nach Monaco verlegt.

Baus zeigt exemplarisch, wie intensiv das Bedürfnis, keine Steuern zu zahlen, bei einem Teil der Milliardäre verankert ist. Er ist schon in den 1970er Jahren aus diesem Grund von Mannheim nach Thun in der Schweiz übergesiedelt, wo bis heute die Holding seiner Bauhaus-Kette ihren Sitz hat. 2004 hat er seinen Wohnsitz dann nach Monaco verlegt. Grund soll eine Nachfrage der Thuner Steuerbehörde wegen seiner niedrigen Steuerüberweisungen gewesen sein. Heute zahlt er in Thun nicht einmal 5 000 Franken Steuern für ein geschätztes Einkommen in eben dieser Höhe und ein Vermögen von 1,4 Millionen Franken. Obwohl er immer noch als Verwaltungsratspräsident dieser Holding fungiert, behauptet er, nur noch selten in der Schweiz zu sein. Die Steuerbehörde akzeptiert das bis heute ohne nähere Überprüfung. In Monaco bleibt er als »résident privilégié« sogar völlig steuerfrei, weil er dort drei Monate pro Jahr residiert und eine eigene Wohnung nachweisen kann (Vontobel 2014). Denselben Schritt hat im Übrigen 2013 auch Spiros Latsis, als Erbe des Familienimperiums zweitreichster Grieche nach Philipp Niarchos, unternommen. Er, der bis dahin im Nobelort Bellevue am Genfer See lebte, ist ebenfalls nach Monaco umgezogen. Das hat ihn im Übrigen aber nicht daran gehindert, im Rahmen der Bankenkrise der größte Einzelempfänger von EU-Hilfsgeldern in Griechenland zu sein. Ganze 4,2 Milliarden Euro bekam er 2012 als Eigentümer der zweitgrößten griechischen Bank EFG Eurobank für deren Rettung aus Brüssel überwiesen.

Ähnlich geschickt in der Vermeidung von Steuern wie Baus ist auch die Familie Engelhorn. Vor allem Curt Engelhorn, Urenkel des BASF-Gründers Friedrich Engelhorn und Enkel von Friedrich Engelhorn Jr., dem Gründer von Boehringer Mannheim, hat dafür gesorgt, dass der deutsche Fiskus möglichst wenig an den Einkünften der Familie partizipieren konnte. Schon 1985 hat er aus diesem Grund für Boehringer Mannheim in Hamilton auf den Bermudas eine Holdinggesellschaft namens Corange[10] gegründet, seinen eigenen Wohnsitz dorthin verlegt[11] und von den Bermudas aus den ganzen Konzern erst als CEO, dann als Chairman geleitet. 1997 wurde das Unternehmen dann für 19 Milliarden D-Mark an Hofmann-La Roche verkauft. Da der Firmensitz auf den Bermudas lag, fielen für die Familie keinerlei Steuern auf den Verkaufserlös an. Mit seinem Anteil von circa acht Milliarden D-Mark ist er dann genauso wie viele andere Mitglieder der Familie, zum Beispiel seine Vettern Christoph und Peter Engelhorn, deren Witwen Ursula und Traudl heute mit einem Vermögen von jeweils knapp 3,5 Milliarden Euro zu den 500 reichsten Menschen der Welt gehören, in die steuergünstige Schweiz gezogen. Dieser Wohnsitzwechsel hat allerdings später steuerliche Probleme nach sich gezogen, als Engelhorn Teile seines Vermögens im Wert von mehreren Hundert Millionen Euro, darunter anderen auch ein Gestüt in Bayern und eine Villa am Starnberger See, an seine beiden jüngsten Töchter verschenken wollte. Dabei sollen anfallende Schenkungs- und Kapitalertragssteuern in Höhe von ungefähr 440 Millionen Euro nicht gezahlt worden sein.

Nach einer kurzfristigen Verhaftung der Töchter und ihres Finanzverwalters, des bekannten Steuerrechtsprofessors und Aufsichtsratsvorsitzenden von Beiersdorf und Maxingvest, Rainhard Pöllath, haben sich die Finanzbehörden und die Familie nach Angaben des *Spiegel* Anfang 2016 auf eine Nachzahlung von 145 Millionen Euro und eine Strafe von gut zwei Millionen Euro für die beiden Töchter geeinigt (Neumann/Richter 2016). Die Töchter sind kurz nach dem Ende ihrer Untersuchungshaft in die Schweiz übergesiedelt und haben inzwischen auch die Schweizerische Staatsbürgerschaft angenommen. Das vor allem dürfte dafür gesorgt haben, dass es zu keiner Haftstrafe gekommen ist; denn verglichen mit Uli Hoeneß, der für eine erheblich geringere Summe zu drei Jahren Haft verurteilt worden ist, sind die beiden Frauen sehr glimpflich davon gekommen.

Steuerliche Erwägungen dürften auch bei vier französischen und zwei italienischen Milliardären ausschlaggebend für ihre Übersiedlung in die Schweiz gewesen sein. Nimmt man sie noch hinzu, stammen zwei Drittel der 30 in der Schweiz residierenden ausländischen Milliardäre aus den drei großen Nachbarländern. Schaut man sich genauer an, wo all diese Personen wohnen, so zeigt sich ein klares Muster. Sie wohnen fast durchweg dort, wo ihre Muttersprache gesprochen wird. Die Deutschen bevorzugen eindeutig den deutschsprachigen Teil der Schweiz, vor allem den Zürichsee. Alle vier Franzosen wohnen im französischsprachigen Teil der Schweiz. Patrick Drahi, der Gründer und Chairman des Telekom-Konzerns Altice, Pierre Castel, Eigentümer des gleichnamigen Konzerns, und Gerard Wertheimer, zusammen mit seinem Bruder Alain Eigentümer von Chanel, wohnen sämtlich in Genf, Hermes-Erbe Nicholas Puech in Martigny.

Die beiden italienischen Brüder Augusto und Giorgio Perfetti, Eigentümer von Perfetti Van Melle, wohnen in Lugano, wo italienisch gesprochen wird. Auch bei Jorge Paolo Lemann wird die Tatsache, dass seine Eltern gebürtige Deutschschweizer aus dem Emmental sind, eine wesentliche Rolle bei der Entscheidung gespielt haben, nach dem Entführungsversuch bei einem seiner drei Kinder 1999 aus Brasilien an den Zürichsee umzusiedeln. Von den übrigen in der Schweiz residierenden ausländischen Milliardären werden eindeutig der Genfer See oder exklusive Wintersportorte wie St. Moritz oder Gstaad als Wohnort bevorzugt. Das gilt für Philip Niarchos, den reichsten Griechen, der zusammen mit seinem jüngeren Bruder Spyros in St. Moritz lebt, genauso wie für Bahaa Hariri, den Sohn des ehemaligen libanesischen Ministerpräsidenten, den schwedischen Milliardär Frederik Paulsen, der in Lausanne wohnt und von dort seinen Pharma-Konzern Ferring lenkt, oder den britischen Luxusjuwelier Laurence Graff. Er lebt in Gstaad und kann dort das »Angenehme«, nämlich Steuern sparen, mit dem »Nützlichen«, seiner Geschäftstätigkeit als Edeljuwelier nachzugehen, verbinden; denn in Gstaad konzentriert sich seine Klientel in einem Maße wie wohl an nicht sehr vielen anderen Orten dieser Welt.

4.2.2. Ausländische Milliardäre in Großbritannien und Monaco

Ähnliche steuerliche Vorteile wie viele Schweizer Kantone bieten auch Großbritannien und Monaco, die beiden Länder, die bezogen auf die Anzahl der dort residierenden ausländischen Milliardäre gleich nach der Schweiz kommen. Großbritannien versteuert dort lebende reiche Ausländer als sogenannte »Non Doms«, das heißt als Personen, die zwar in Großbritannien wohnen (»resident«), dort aber nicht sesshaft (»non domiciled«) sind. Bei ihnen bleiben Einkommen und Vermögen steuerfrei, die im Ausland erzielt werden und dort verbleiben. Einzig die Gelder, die aus britischen Quellen stammen oder nach Großbritannien transferiert und dort ausgegeben werden, unterliegen der Besteuerung. Wer binnen neun Jahren für sieben Jahre Auslandseinkommen in Großbritannien für sich vereinnahmt, muss danach eine allmählich steigende Pauschalsteuer von mindestens 30 000 und maximal 90 000 Pfund entrichten. Diese Regelung macht Großbritannien und vor allem London für ausländische Milliardäre attraktiv, und zwar sowohl für solche, die aus dem angelsächsischen Sprachraum und dem früheren Commonwealth kommen, als auch für Milliardäre aus Europa, Asien oder Südamerika.

Zu ersten Gruppe gehören neben Lakshmi Mittal sowie dem US-Amerikaner Len Blavatnik unter anderem der Kanadier Mark Scheinberg, Mitgründer von Poker Stars, und der die Staatsbürgerschaft von Swaziland besitzende Nathan Kirsh, einer der reichsten Männer Afrikas. Zur zweiten zählen die vier Mitglieder der schwedischen Familie Rausing, allesamt Erben des Tetra-Pak-Gründers Ruben Rausing, die Niederländerin Charlene de Carvalho-Heineken, Alleinerbin des Heineken-Konzerns, der Franzose Philippe Foriel-Destezet, ehemaliger Mitinhaber von Adecco, der Ägypter Mohamed Al-Fayed, als Besitzer des Nobelkaufhauses Harrods und Vater von Dodi Al-Fayed bekannt geworden, der Israeli Idan Ofer, unter anderem Eigentümer der weltweit größten Tankerflotte, der in Indien geborene und aufgewachsene indonesische Staatsbürger

Sri Prakash Lohia, Inhaber des Lohia-Konzerns, oder der Kolumbianer Jaime Galinski Bacal, Besitzer einer der größten südamerikanischen Banken und größte Einzelaktionär der spanischen Großbank Banco Sabadell. Sie alle schätzen die steuerlichen Rahmenbedingungen in Großbritannien und die meisten von ihnen außerdem den Weltstadt-Flair von London.

Monaco bietet in steuerlicher Hinsicht von den drei Ländern das günstigste Modell. Es gibt dort weder eine Steuer auf Einkommen noch eine auf Vermögen. Um von dieser Regelung zu profitieren, genügt der Nachweis, dass man ein Haus oder eine Wohnung im Land sein eigen nennen kann und sich drei Monate pro Jahr dort aufhält. Auch Erbschaftsteuer fällt nur dann an, wenn es sich nicht um Erben in direkter Linie, Ehepartner oder Kinder, handelt. All das gilt allerdings nicht für französische Staatsbürger, die aufgrund eines bilateralen Abkommens weiterhin in Frankreich steuerpflichtig sind. Für sie wäre Monaco ansonsten extrem attraktiv. Dass Heinz Baus, Philip Green und Spiros Latsis nach Monaco umgesiedelt sind, wird auf diesem Hintergrund verständlich. Bei der Ferrero-Erbin Maria Franca Fissolo und bei Stefano Pessina, dem Mitinhaber und CEO von Walgreen Alliance Boots, dürfte neben den steuerlichen Anreizen aber noch ein weiteres Argument eine Rolle gespielt haben, die Nähe zur italienischen Heimat.

4.3. Steuervergünstigungen, Unternehmensnähe und sprachliche wie kulturelle Verwandtschaft

Wie wichtig der Faktor Steuern bei der Wahl eines Auslandswohnsitzes ist, demonstriert unübersehbar der enorme Unterschied, der diesbezüglich zwischen den deutschen und den US-Milliardären besteht. Die Tatsache, dass von den 353 reichsten US-Milliardären gerade einmal drei im Ausland wohnen, von den hundert reichsten Deutschen demgegenüber allein in der Schweiz mehr als jeder siebte residiert, hat neben der schieren Größe der USA und dem ausgeprägten Nationalstolz vieler US-Amerikaner nämlich vor allem einen entscheidenden Grund. Die US-Steuergesetzgebung geht mit im Ausland wohnenden US-Bürgern sehr viel rigoroser um als die deutsche. Sie werden nach den in den USA herrschenden Regeln besteuert, wobei im Ausland gezahlte Steuern angerechnet werden. Der letztendliche Steuersatz ist aber der in den USA gültige. Man gewinnt also steuerlich nichts durch einen Wegzug ins Ausland. Sollte man die US-Staatsbürgerschaft deshalb aufgeben wollen, greifen die US-Steuerbehörden ebenfalls hart durch. Wenn man im Durchschnitt der letzten fünf Jahre mehr als gut 150 000 Dollar verdient hat oder über mehr als zwei Millionen Dollar Vermögen verfügt, muss man sein gesamtes Vermögen – außer einem Freibetrag von circa 670 000 Dollar – mit einem Satz von 20 Prozent auf den aktuellen Verkehrswert versteuern. Außerdem unterliegt man auch weiterhin der US-Schenkungs- und Erbschaftssteuer, soweit das Erbe oder Teile davon an US-Bürger gehen. Für die eventuell dort lebenden Kinder bedeutete das im Erbschaftsfall sogar eine höhere Belastung, weil für sie jetzt der Freibetrag von gut fünf Millionen Dollar entfällt.

Dass sich so wenige US-Milliardäre von den steuerlichen Vorzügen Großbritanniens, der Schweiz, Monacos oder der näher gelegenen Karibikinseln zu einem Wechsel des Wohnsitzes bewegen lassen, dürfte viel mit diesen scharfen Steuerbestimmungen zu tun haben. Das andere mögliche und auch oft vorgebrachte Argument, die steuerliche Belastung der Reichen in den USA sei so gering, dass ein Wegzug ins Ausland nicht lohne, ist dagegen im Kern falsch. In New York, der Stadt mit den meisten, vor allem US-amerikanischen, Milliardären weltweit, liegt der Spitzensteuersatz für Einkommen natürlicher Personen mit 47,28 Prozent gerade einmal 0,2 Prozentpunkte niedriger als in Deutschland. Für Zinseinkünfte liegt er sogar über 20 Prozentpunkte höher als in Deutschland, weil in den USA der persönliche Spitzensteuersatz greift statt der hierzulande gültigen Quellensteuer (BMF 2015: 34).

An zweiter Stelle, was die Argumente für einen Wohnort im Ausland angeht, steht die Nähe zum eigenen Unternehmen. Sie spielt schon bei einigen der in der Schweiz residierenden Milliardäre eine Rolle, so beispielsweise bei Fredrik Paulsen, Gerard Wertheimer, Laurence Graff oder dem Schweden Törbjörn Törnqvist, der von der Schweiz aus den von ihm zusammen mit dem russischen Milliardär Gennadi Timtschenko gegründete Ölhandelskonzern Gunvor leitet.[12] Ausschlaggebend ist sie aber auf jeden Fall bei jenen vier indischen Milliardären, die in den Golfstaaten ansässig sind, und beim Franzosen Michel Chalhoub, der ebenfalls dort lebt. Chalhoub, dessen Familie aus dem Libanon stammt, leitet in Dubai den dort angesiedelten gleichnamigen Luxusgüterkonzern, der sich auf Kundschaft aus dem Nahen Osten spezialisiert hat. Da ist die Wahl von Dubai als Wohnort verständlich. Dasselbe trifft auf die vier Inder Micky Jagtiani, M. A. Yousuf Ali, B. Ravi Pillai[13] und Sunny Varkey zu, deren Unternehmen Landmark, LuLu, RP Group und GEMS Education ihre Firmensitze in Dubai bzw. Abu Dhabi haben und/oder, wie im Falle der RP Group, in der Golfregion den wesentlichen Teil ihres Geschäfts abwickeln.

Vergleichbare Fälle sind auch der Österreicher Helmut Sohmen, der in Hongkong wohnt, der Schweizer Thomas Meyer, der in Barcelona residiert, und der Deutsche Andreas von Bechtolsheim, der im Silicon Valley lebt. Sohmen führte, nachdem er 1967 die Tochter eines in Hongkong ansässigen reichen Reeders geheiratet hatte, dessen Unternehmen, als BW Group mittlerweile eine der weltweit größten Reedereien, für fast drei Jahrzehnte, bevor er die Leitung 2014 seinem Sohn übergab. Meyer hat im Alter von nur 20 Jahren auf Ibiza den heute in Barcelona angesiedelten Modekonzern Desigual gegründet, dessen Mehrheitseigner er nach wie vor ist. Von Bechtolsheim ist schon als Zwanzigjähriger zum Studium in die USA gegangen, hat dann dort Sun Microsystems mitgegründet und mit Unterbrechungen bis 2010 auch mitgeleitet, war zudem einer der ersten Investoren bei Google und ist heute Chefentwickler und Chairman bei Arista Networks. Sie alle wohnen dort, wo ihre Firmen beheimatet sind.

Dass in Monaco keine größere Zahl an Milliardären lebt, dürfte daher auch damit zu tun haben, dass es dort im Gegensatz zu Großbritannien und der Schweiz für Unternehmen keine vergleichbar günstigen steuerlichen Konditionen gibt. Wer dort wohnen will, wo auch sein Unternehmen seinen Sitz hat, muss woanders hin gehen. Außerdem, und das ist das zweite Argument gegen Monaco, weist die Stadt für deutsch- oder englischsprachige Reiche im Unterschied zur Schweiz oder Großbritannien den Nachteil auf, dass die Verkehrssprache dort Französisch ist, was nur von relativ wenigen Milliardären außerhalb Frankreichs fließend gesprochen wird. Trotz der zahlreichen ausländischen Einwohner in Monaco spielt das offensichtlich eine Rolle. Deshalb bevorzugen die deutschen Milliardäre, wollen sie ins Ausland verziehen, die Schweiz, ihre angelsächsischen Pendants Großbritannien und die Milliardäre aus den Ländern ohne entsprechende sprachliche Verwandtschaft ebenfalls Großbritannien, weil Englisch die ihnen geläufigste Fremdsprache ist.

Wie wichtig die sprachliche und kulturelle Nähe für die Wahl des Wohnsitzes ist, kann man auch in Ostasien sehen. Die fünf in China bzw. Hongkong wohnenden Ausländer sind allesamt Auslandschinesen. Das gilt für den US-Amerikaner Roger Wang ebenso wie für seinen in Taiwan geborenen kanadischen Kollegen Joseph Tsai, den Vice-Chairman von Alibaba, den Taiwanesen Wei Yin-Heng, der zusammen mit seinen drei in Taiwan verbliebenen Brüdern den Tingyi-Konzern leitet, oder den reichsten Malaysier Robert Kuok, Eigentümer des in Hongkong angesiedelten Unternehmens Shangri-La Hotels and Resorts. Sie sind umgezogen, weil sie ihre Unternehmen auf den großen chinesischen Markt ausgerichtet und deren Headquarters dementsprechend gleich dorthin verlegt haben. Auch der aus Singapur stammende und heute in Taiwan lebende Jason Chang bewegt sich weiterhin im chinesischen Sprach- und Kulturraum. Ähnliches gilt im angelsächsischen Sprach- und Kulturraum für die zwei Kanadier, die in den USA leben, und die zwei Briten, die ihren Wohnsitz natürlich vorwiegend aus steuerlichen Gründen, auf die Cayman Islands und die Bahamas verlegt haben.

Wirft man einen Blick auf all die Milliardäre, die ihren Wohnsitz im Ausland genommen haben, fällt ein klares Muster auf. Bei den meisten europäischen Milliardären spielen steuerliche Erwägungen die entscheidende Rolle für den Umzug in ein anderes Land. Bei ihren asiatischen Pendants ist es demgegenüber mehrheitlich die Nähe zum eigenen Unternehmen. Ein Vergleich zwischen Deutschen und Indern macht das sehr deutlich. Während von den 19 deutschen im Ausland residierenden Milliardären nur von Bechtolsheim in die zweite Kategorie fällt, trifft das bei den indischen Milliardären auf vier der fünf zu. Umgekehrt haben 16 der 19 Deutschen aus steuerlichen Gründen ihre Heimat verlassen,[14] aber mit Lakshmi Mittal allenfalls ein einziger der Inder; denn auch bei ihm dürfte für die Wahl des Wohnorts neben den steuerlichen Vorzügen Londons auch die räumliche Nähe zu dem von ihm geleiteten Stahlkonzern ArcelorMittal, der juristisch in Luxemburg angesiedelt ist, nicht unwichtig gewesen sein. Dieses Muster wiederholt sich auch bei den meisten anderen Milliardären aus Europa und Asien. Zwar gibt es auf beiden Seiten Ausnahmen wie etwa den Österreicher Helmut Sohmen bei den Europäern und den Indonesier Sri Prakash Lohia bei den Asiaten, eine eindeutige Mehrheit aber folgt einer der beiden Logiken. Deshalb besitzt Singapur, das mit einem Spitzensteuersatz von nur 20 Prozent und einer völlig fehlenden Kapitalertragssteuer für Reiche ähnlich günstige Steuerkonditionen anzubieten hat wie die europäischen Steuerparadiese Schweiz, Großbritannien und Monaco, auch bei weitem nicht deren Bedeutung. Der einzige Milliardär, der sich für Singapur als ausländischen Wohnsitz entschieden hat, kommt denn auch nicht aus einem asiatischen Land, sondern aus Brasilien. Es ist Eduardo Saverin, der Mitgründer von Facebook. Saverin, der aus einer reichen brasilianischen Unternehmerdynastie stammt, ist 1993 als Elfjähriger mit seinen Eltern in die USA gegangen, hat dort dann fünf Jahre später die US-Staatsbürgerschaft angenommen und während seines Studiums zusammen mit Mark Zuckerberg, Dustin Moskovitz und Chris Hughes Facebook gegründet. Nachdem Zuckerberg ihn – wie die beiden anderen – mit Hilfe von Investoren wie Peter Thiel aus der Firma gedrängt hatte, ist er 2009 nach Singapur gezogen. Zwei Jahre später hat er dann die US-Staatsbürgerschaft zurückgegeben und hat seither den Status eines »permanent resident« in Singapur. Allgemein vermutet wird, dass der wesentliche Grund für diesen Schritt der bevorstehende Börsengang von Facebook war. Durch die Rückgabe der US-Staatsbürgerschaft soll Saverin ungefähr 700 Millionen Dollar an Kapitalertragssteuern gespart haben, weil er den Wechsel vor dem Börsengang vollzogen hat. Damit musste er die bei Aufgabe der US-Staatsbürgerschaft anfallende Wegzugssteuer (*exit tax*) nur auf den Wert seines (geschätzt) fünfprozentigen Anteils an Facebook am Tag vor dem Ende der Staatsangehörigkeit, das heißt in diesem Fall noch vor dem Börsengang von Facebook, begleichen. Die Kursgewinne danach aber blieben steuerfrei, weil Singapur keine Kapitalertragsteuer für dort als »permanent resident« lebende Ausländer erhebt.

4.4. Auslandswohnsitz und Alter der Milliardäre

Da Saverin mit seinen 33 Jahren einer der jüngsten Milliardäre der Welt ist, liegt die Vermutung nahe, dass das Alter bei der Wahl eines Auslandswohnsitzes ebenfalls eine wesentliche Rolle spielen könnte. Die in vielen Medienberichten vertretene Meinung, dass die Globalisierung gerade bei der jüngeren Generation der Superreichen zu einem rastlosen Jetten um die Welt und einem Leben als Kosmopoliten geführt habe, könnte ihre Berechtigung haben. Ein genauerer Blick auf die tausend reichsten Menschen der Welt zeigt aber, dass dem nicht so ist (s. Tabelle 4.3).

Tabelle 4.3: Die Wohnsitze der Milliardäre nach Altersgruppen[15]

Altersgruppe	Wohnsitz im Heimatland	Wohnsitz im Ausland	Auslandswohnsitz in Prozent
bis einschließlich 50	120	9	7,0
51 bis einschließlich 60	213	21	9,0
61 und älter	580	61	9,5

Quelle: Forbes The World's Billionaires 2015 und eigene Recherchen

Von den 129 Milliardären, die ab 1965 geboren sind, 2015 also höchstens 50 Jahre alt waren, wohnen nur ganze neun überwiegend im Ausland. Das sind gerade einmal knapp sieben Prozent. Neben Saverin handelt es sich dabei um die drei Deutschen Georg Schäffler, Georg von Opel und Matthias Reimann-Andersen, den jüngsten unter den Erben des Reimann-Imperiums, die beiden Kanadier Mark Scheinberg und Garrett M. Camp, den CO-Gründer und Chairman von Uber, den Russen Dmitri Rybolowlew, den Libanesen Bahaa Hariri und die kolumbianische Milliardenerbin Tatiana Casiraghi, geb. Santo Domingo. Nicht im Ausland wohnen dagegen 93 Prozent der jüngeren Milliardäre. Dazu gehören auf der einen Seite zahlreiche Personen, die eigene Unternehmen gegründet haben und führen, auf der anderen aber ebenso auch viele Erben großer Vermögen. Zur ersten Kategorie zählen sowohl eine ganze Reihe von Internetmilliardären wie Mark Zuckerberg und Dustin Moskovitz, zwei der – neben Saverin – drei anderen Gründer von Facebook, der Mitbegründer von WhatsApp, Jan Koum, der Mitbegründer von Uber, Travis Kalanick, der Gründer von Alibaba, Jack Ma, der Gründer von ebay, Pierre Omidyar, oder die Gründer von Google, Larry Page und Sergey Brin, als auch in anderen Branchen erfolgreiche Unternehmer wie die Russen Roman Abramowitsch und Oleg Deripaska, der Ukrainer Rinat Achmetow oder Isabel dos Santos, die

Tochter des seit 1979 amtierenden angolanischen Staatspräsidenten José Eduardo dos Santos und reichste Frau Afrikas.

Unter den Erben der Milliardenvermögen findet man ebenfalls viele bekannte Namen wie den Schweden Stefan Persson, Sohn des H&M-Gründers Erling Persson, Sandra Ortega, die Tochter des spanischen Gründers des Zara-Konzerns, Amancio Ortega, Rahel Blocher, die Tochter des Schweizer Milliardärs und Politikers Christoph Blocher, Yvonne Bauer, die Tochter des deutschen Verlegers Heinrich Bauer, die französischen Geschwister Besnier, die Schweizer Geschwister Bertarelli, den US-Amerikaner Jay Robert Pritzker aus der großen Pritzker-Dynastie oder den Chef des Storck-Süßwarenkonzerns, Axel Oberwelland. Insgesamt aber sind die Erben in der Minderheit, weil vor allem in China und Russland zahlreiche der jüngeren Milliardäre ihre Konzerne und Vermögen in der Umbruchzeit in den 1990er Jahren selbst aufgebaut haben, häufig allerdings mit nicht ganz legalen oder sogar eindeutig illegalen Mitteln.

Bei den beiden älteren Generationen von Milliardären, der im Alter von 51 bis 60 Jahren und der von 61 Jahren an aufwärts, liegt der Anteil der im Ausland lebenden Personen deutlich höher. In der ersten sind es mit 21 von 234 Milliardären genau neun Prozent, in der zweiten mit 61 von 641 sogar 9,5 Prozent. Unter ihnen befinden sich auch die meisten der deutschen Milliardäre, die es ins Ausland gezogen hat. Diejenigen, die in der Schweiz residieren, gehören fast alle dazu, in der Regel, wie etwa die Mitglieder der Familie Engelhorn, Klaus-Michael Kühne, August von Finck, Karl-Heinz Kipp oder Otto Happel, zur Gruppe der über 60-Jährigen. Den größten Prozentsatz an ins Ausland verzogenen und dort auch dauerhaft wohnenden Personen weisen nicht die jüngeren Milliardäre auf, sondern im Gegensatz zu den allgemeinen Erwartungen die älteste Kohorte all derer, die vor 1955 geboren sind.

4.5. Milliardäre – ortsgebundene Firmeninhaber oder nicht ortsgebundene Rentiers?

Der relativ niedrige Anteil von im Ausland lebenden Milliardären in der jüngsten der drei Altersgruppen weist ebenso wie das hohe Durchschnittsalter der deutschen Milliardäre, die in der Schweiz leben, auf ein entscheidendes, wenn nicht sogar *das* entscheidende Kriterium für die Wahl des Wohnorts hin. Es ist die Tatsache, in welchem Maße die jeweilige Person noch aktiv an der Leitung eines Unternehmens beteiligt ist.

Am Beispiel von Georg Schäffler kann man die Bedeutung dieses Kriteriums gut erkennen. Er lebt zwar vermutlich immer noch vorwiegend in den USA, ist seit seinem Amtsantritt als Aufsichtsratsvorsitzender der Schäffler-Gruppe aber zunehmend gezwungen, sich am Hauptsitz des Konzerns in Herzogenaurach aufzuhalten. Solange er nicht weiter in die Leitung des Unternehmens involviert war, konnte er problemlos weitgehend in Texas bleiben. Jetzt geht das nicht mehr. Die vielfältigen Aufgaben, die die neue Position mit sich bringt, lassen das einfach nicht zu. Wahrscheinlich wird er sogar in absehbarer Zukunft seinen Hauptwohnsitz wieder nach Franken zurückverlegen müssen. Wann das sein wird, dürfte in erster Linie vor der wirtschaftlichen Situation des Konzerns abhängen. Je angespannter sie ist, umso eher wird Schäffler seinen Lebensmittelpunkt wieder in Deutschland haben.

Wie charakteristisch das Beispiel von Schäffler ist, zeigt ein Blick auf die Top 1000 Milliardäre der Forbes Liste. Der Zusammenhang zwischen der eigenen Aktivität und der Wahl des Wohnsitzes ist unübersehbar (s. Tabelle 4.4). Je stärker die Milliardäre noch in die Führung des eigenen Unternehmens bzw. Konzerns involviert sind, umso häufiger leben sie auch in ihrem Heimatland. Von jenen 431, die als CEO noch ganz unmittelbar die Leitung wahrnehmen, lebt nicht einmal jeder fünfundzwanzigste im Ausland. Bei den 367, die »nur« als Chairman oder Vice-Chairman fungieren, ist es mit 8,7 Prozent schon ein mehr als doppelt so hoher Anteil.

Er entspricht dem Durchschnittswert für alle Milliardäre. Bei jenen 243 schließlich, die keine Funktion in der Leitung eines Unternehmens mehr ausüben, die eine regelmäßige Anwesenheit erfordert, also entweder nur noch einfaches Board-Mitglied sind bzw. ein Ehrenamt im Unternehmen bekleiden oder aber, wie die Mehrzahl, als Erbe bzw. nach dem Verkauf ihres Unternehmens mit den Erträgen ihres Vermögen ein komfortables Leben genießen, ist es ein nochmal fast doppelt so hoher Prozentsatz. Von ihnen hat bereits jeder sechste seinen Wohnsitz im Ausland.

Tabelle 4.4: Wohnsitz und Aktivitäten der Milliardäre

	Milliardäre	davon CEO	davon Chairman	davon Rentier
Wohnsitz im Heimatland	951	414	335	202
Wohnsitz im Ausland	90	17	32	41
Anteil der im Ausland wohnenden Milliardäre	8,6%	3,9%	8,7%	16,9%

Quelle: Forbes The World's Billionaires 2015 und eigene Recherchen

Zur ersten Gruppe, die gut 40 Prozent aller Milliardäre ausmacht, zählen Personen wie die meisten der schon erwähnten Internet-Milliardäre, von Zuckerberg bis Page, genauso wie Warren Buffett, die Koch-Brüder, Carlos Slim Helu, Bernard Arnault, Giorgio Armani, Axel Oberwelland, Mikhael Fridman, der Hauptgründer und Chairman der Alfa Group, der Japaner Tadashi Yanai, Chef des Handelskonzerns Uniqlo oder der Chinese Lei Jun, Gründer und CEO des Technologiekonzerns Xiaomi. Sie alle leben in ihren Heimatländern. Im Ausland wohnen von den CEO neben Lakshmi Mittal nur relativ wenige andere wie etwa Stefano Pessina und Roger

Wang. In der zweiten Gruppe, die ein gutes Drittel der Milliardäre umfasst, gehören zu denen, die in ihrer Heimat geblieben sind, Personen wie Michael Otto, Susanne Klatten, Stefan Persson, Larry Ellison, Eric Schmidt, Li Ka-shing, Rupert Murdoch oder Oleg Deripaska. Im Ausland wohnen neben Georg Schäffler unter anderem Jorge Paolo Lemann, Len Blavatnik oder Patrick Drahi. Zur dritten Gruppe schließlich, mit einem knappen Viertel die kleinste der drei, zählen neben einer ganzen Reihe der in der Schweiz residierenden deutschen Milliardäre, von August von Finck, Curt Engelhorn und Karl Heinz Kipp bis Erich Kellerhals und Georg von Opel, und vielen US-amerikanischen Erben wie etwa den Mitgliedern der Mars-Familie auch alle Mitglieder der schwedischen Rausing-Familie.

Am Beispiel der schwedischen Milliardärsfamilie Persson, den Eigentümern von H & M, kann man sehr gut erkennen, welche Bedeutung die Bindung an ein Unternehmen hat. Stefan Persson, der Sohn des Firmengründers, und einer seiner beiden Söhne, Karl-Johan, führen als Chairman und CEO das Unternehmen. Sie leben beide in Stockholm. Der andere Sohn, Tom, lebt dagegen in London, wo er nach einem Studium an einer Filmhochschule in der Filmindustrie tätig ist. Karl-Johan hat zwar auch in London studiert, bis 2002 an der European Business School, er ist dann aber nach Schweden zurückgekehrt, um im Management von H & M zu arbeiten und 2009 die Leitung der Firma zu übernehmen.

Auffällig ist, dass Frauen in der Gruppe der Erben mit über einem Drittel weit überrepräsentiert sind. Das demonstriert aber auch, dass dieses Kriterium zwar zentral, aber nicht allein ausschlaggebend ist. Unternehmerisch aktiv ist mit ganzen 37 von insgesamt 114 weiblichen Mitgliedern der Top 1000 nicht einmal jede dritte. Der große Rest gehört zur Erbenfraktion. Typische Beispiele sind neben Tatiana Casiraghi die zwei reichsten Frauen der Welt, die mit jeweils über 40 Milliarden Dollar Vermögen auf den Plätzen neun und zehn der Forbes Liste rangierenden Christy Walton, Haupterbin von John T. Walton, einem der drei Eigentümer von Wal-Mart, und Liliane Bettencourt, Erbin des L'Oreal-Konzerns. Auch auf den

Plätzen drei, vier, fünf und sechs der reichsten Frauen kommen mit Alice Walton und Jacqueline Mars zunächst zwei Erbinnen großer US-Konzerne und dann mit Maria Franca Fissolo und Beate Heister die Erbinnen des Ferrero- und eines Teils des Aldi-Imperiums. Erst auf Platz sieben folgt mit Laurene Powell Jobs eine Frau, die auch selbst unternehmerisch tätig ist, ihren Reichtum allerdings nicht diesen Aktivitäten verdankt, sondern der Tatsache, dass sie ihren Mann Steve Jobs, den Gründer von Apple, beerbt hat.

Mit Anne Cox Chambers und Susanne Klatten kommen dann erstmals zwei Frauen, die in einem ihrer großen Unternehmen tatsächlich Führungsfunktionen ausüben bzw. ausgeübt haben. Beide sind zwar auch reiche Erbinnen, Cox Chambers von einem der größten Medienkonzerne der USA, Klatten von der Hälfte des Quandt-Imperiums, sie waren bzw. sind aber innerhalb ihrer Konzerne auch als Chairwoman (Atlanta Newspaper und Cox Enterprises) bzw. als Aufsichtsratsvorsitzende (SGL Karbon) aktiv. Mit Gina Rinehart, der Inhaberin des australischen Hancock-Bergbaukonzerns, folgt bei den Milliardärinnen erst auf dem dreizehnten Platz eine das eigene Unternehmen wirklich führende Frau. Dennoch leben nur zehn der 114 Milliardärinnen im Ausland. Das hat in erster Linie damit zu tun, dass mit 32 von 77 über 40 Prozent der Erbinnen aus den USA stammen, aber nur acht der 37 unternehmerisch aktiven Frauen. Hier macht sich die nahezu hundertprozentige »Heimattreue« der Superreichen aus den USA in Verbindung mit der überwiegenden Heimatbindung der im eigenen Unternehmen tätigen Reichen aus den anderen Staaten bemerkbar.

4.6. Verbindungen zu staatlichen Institutionen – ein wesentlicher Faktor

Das Bekleiden einer Führungsposition im eigenen Unternehmen wirkt sich dort ganz besonders auf die Wahl des Wohnsitzes aus, wo enge Verbindungen zu staatlichen Stellen von großer Bedeutung für die Geschäfte sind. In diesen Fällen ist der Druck, vor Ort zu leben, außerordentlich hoch. Das trifft aktuell vor allem auf die Milliardäre in Russland und China zu. Unter den russischen Milliardären gibt es kaum jemanden, der seinen Reichtum oder zumindest die Grundlagen dieses Reichtums nicht derartigen Verbindungen verdankt, sei es unter dem früheren Präsidenten Jelzin, sei es unter dem heutigen Putin. Bei ihren chinesischen Kollegen ist es nicht so eindeutig. Viele von ihnen profitieren aber ebenfalls von Kontakten zum Staatsapparat.

Die Mehrzahl der 16 Russen, die in der Forbes Liste unter den Top 200 rangieren, hat den Kern ihres Vermögens mit mehr oder minder fragwürdigen Geschäften in der Jelzin-Ära erworben. Typisch dafür ist Vladimir Potanin, der reichste Russe. Er war von August 1996 bis März 1997 stellvertretender Ministerpräsident unter Jelzin. Als Eigentümer der Onexim-Bank profitierte er von einem Programm »loans for shares«, das er selbst entworfen hatte. Es sah vor, dass der russische Staat die Aktien großer Rohstoffproduzenten gegen günstige Kredite an Banken verlieh. Nach Ablauf einer bestimmten Frist sollten die Aktien dann gegen Rückzahlung des Kredits an den Staat zurückfallen. Falls der Kredit nicht zurückgezahlt würde, sollte der Aktienbesitz allerdings an die jeweilige Bank gehen. Für einen Kredit von gut 170 Millionen Dollar konnte Potanins Bank auf diesem Wege 38 Prozent des Metallkombinats Norilsk Nickel übernehmen. Diese Transaktion bildet die Basis seines Imperiums. Seine Interros-Holding, die er seit 1998 als CEO und Chairman führt, hält bis heute 30 Prozent an Norilsk Nickel. So wie bei Norilsk Nickel führte das Programm »loans for shares« auch zur für die Käufer äußerst vorteilhaften Privatisierung der anderen großen staatlichen Rohstoffunternehmen wie YUKOS, LUKoil oder Sibneft und schuf damit die Basis der großen Vermögen vieler der heutigen russischen Milliardäre (Treisman 2010).

Zwar haben nicht alle Privatisierungsgewinner, wie die Beispiele Chodorkowski und Beresowski zeigen, ihr Vermögen über die Zeitläufte bewahren können, den meisten ist das aber gelungen. Wesentliche Voraussetzung dafür war ein Arrangement mit der neuen Machtkonstellation seit dem Regierungsantritt von Wladimir Putin. Wem das, wie Chodorkowski und Beresowski, nicht glückte, der verlor in der Regel große Teile seines Vermögens. Der entscheidende Grund dafür ist in der Tatsache zu suchen, dass der Kern der Vermögen immer noch im Eigentum an Unternehmen besteht, deren Basis Rohstoffvorkommen in Russland sind und/oder die ihre Geschäfte vorwiegend in Russland betreiben. Das Vermögen der Milliardäre ist also nach wie vor ganz unmittelbar mit dem russischen Territorium verbunden.

So liegen die Hauptgeschäftsfelder der Alfa Group, die sich mehrheitlich im Besitz von drei der 20 reichsten Russen, Mikhail Fridman, German Khan und Alexei Kuzmitschew, befindet, überwiegend in Russland. Neben Öl, Gas und dem Handel mit Rohstoffen sind das auch die größte russische Bank, die Alfa Bank, der zweitgrößte Mobilfunkanbieter und eine der größten Handelsketten des Landes. Auch bei Gennadi Timtschenko verhält sich das ähnlich. Obwohl seine Familie in Genf lebt, muss er selbst die meiste Zeit in Moskau verbringen; denn sein Vermögen besteht nach dem Verkauf seiner Anteile an Gunvor nun in erster Linie aus der Volga Beteiligungsgesellschaft, deren Engagements sich vor allem auf russische Rohstoffunternehmen wie beispielsweise den zweitgrößten Gasproduzenten Novatek, von dem sie knapp ein Viertel der Anteile hält, und auf russische Infrastrukturprojekte beziehen.

Timtschenko ist für seine engen Beziehungen zu Putin bekannt und deshalb im Rahmen der Krim-Krise auch auf die Sanktionsliste der US-Regierung gekommen. Beim drittreichsten russischen Milliardär, Alisher Usmanow, ist es noch eindeutiger. Er besitzt nicht nur 48 Prozent der Aktien des größten russischen Eisenerzproduzenten Metaloinvest und ist Eigentümer des großen russischen Medienkonzerns Kommersant, er ist gleichzeitig auch noch Generaldirektor der Gazprom-Tochter Gazprom Invest Holdings. Obwohl er auch Eigentümer von Luxusimmobilien in London und außerdem von mehr als 30 Prozent der Aktien des FC Arsenal ist, dürften all diese geschäftlichen Verbindungen nach Russland ausschlaggebend dafür sein, dass er weiterhin in Moskau wohnt. Für God Nisanow, der seinen Reichtum auf russischen Immobilien aufbaut, darunter auch zwei Luxushotels in Moskau, ist es sicher auch kein Nachteil, dass einer seiner Geschäftspartner Klassenkamerad von Putin war. Bei jenen wenigen Milliardären, die wie Viktor Raschnikow nicht in Moskau leben, sondern in der Provinz, in diesem Fall in Magnitogorsk, ist die Verknüpfung des Wohnsitzes mit ihren Unternehmen sogar noch eindeutiger.

Einige der russischen Milliardäre bekleiden, nicht zuletzt aus geschäftlichen Interessen heraus, immer wieder auch politische Ämter. Das gilt nicht nur für die Vergangenheit wie bei Potanin und auch Abramowitsch, der von 2000 bis 2008 immerhin acht Jahre lang Gouverneur der sibirischen Provinz Tschuchotka war, sondern auch heute. So ist etwa Andrei Skoch, Miteigentümer von Metaloinvest, seit 2000 Abgeordneter der Duma und Alexey Mordaschow, fünftreichster Russe und Eigentümer des zweitgrößten russischen Stahlproduzenten Severstal wie Besitzer eines 25-prozentigen Anteils an TUI, ist ebenfalls schon seit 2000 Mitglied der russisch-deutschen Regierungskommission für strategische Kooperation in Wirtschaftsfragen. Alles in allem sind die geschäftlichen Beziehungen fast aller russischen Milliardäre zu ihrem Heimatland so eng, dass sie auch abgesehen von anderen Motiven wie etwa dem ausgeprägten russischen Nationalstolz oder ihrer Verbundenheit mit der russischen Kultur allein aus rein geschäftlichen Gründen ihren Hauptwohnsitz in Russland behalten dürften. Ab 2016 ist noch ein weiteres Argument dazu gekommen. Die russische Regierung hat beschlossen, ab diesem Jahr alle Unternehmen, die sich in Ländern befinden, die wie Großbritannien, die Schweiz, Österreich und 116 andere Staaten auf einer russischen Liste von Steueroasen stehen, und sich zu mindestens einem Viertel in russischem Besitz befinden, in Russland einer zusätzlichen Besteuerung zu unterwerfen.

Was für die russischen Milliardäre gilt, trifft auch auf viele ihrer chinesischen Pendants zu. Sie verdanken ihren Reichtum zwar nicht in demselben Maße fragwürdigen Transaktionen, dürften aber mehrheitlich ebenfalls von guten Kontakten zu staatlichen Stellen profitiert haben. Ein Indiz dafür bieten die immer wieder stattfindenden Verhaftungen von Milliardären, denen im Rahmen der Anti-Korruptionskampagne der chinesischen Regierung Korruption vorgeworfen wird. Der spektakulärste Fall in den letzten Jahren war sicherlich der von Xu Ming, dem zeitweise achtreichsten Mann Chinas. Er geriet im Zusammenhang mit den Ermittlungen und dem anschließenden Prozess gegen den Spitzenpolitiker Bo Xilai wegen seiner engen Beziehungen zu Bo Xilai in den Kreis der Verdächtigen und wurde danach ebenfalls zu einer Haftstrafe verurteilt. Ende 2015 starb er im Gefängnis unter etwas mysteriösen Umständen. Auch Zhou Zhengyi, der elftreichste Mann Chinas, ist im Rahmen der Anit-Korruptionskampagne verhaftet worden. Anfang Dezember 2015 sorgte das Verschwinden von Guo Guanchang, auf Platz 17 der Reichenliste, für großes Aufsehen. Er tauchte wenige Tage später zwar wieder auf, man vermutet aber, dass er in einem Korruptionsverfahren als Beschuldigter oder als Zeuge vernommen worden ist (Voigt 2015). Die Regelmäßigkeit und Häufigkeit, in der solche Fälle sich ereignen, lässt darauf schließen, dass gute Kontakte zu staatlichen Institutionen auch für die chinesischen Milliardäre eine große Rolle spielen. Dies gilt umso mehr, als Staat und Partei in China auch unabhängig von eventueller direkter Begünstigung ganz generell weit mehr Einfluss auf die Wirtschaft nehmen können als in Russland. Wer in China Geschäfte machen will, muss das immer einkalkulieren. Zusammen mit anderen Faktoren wie dem in China ebenfalls sehr ausgeprägten Nationalbewusstsein dürfte dieser Faktor für die Sesshaftigkeit der chinesischen Milliardäre verantwortlich sein.

Verbindungen zu staatlichen Stellen sind bei den russischen und chinesischen Milliardären zwar besonders ausgeprägt, sie gibt es aber auch in vielen anderen Ländern. So verdankt der Anfang 2015 noch zweitreichste Mann der Welt, der Mexikaner Carlos Slim Helu, den Großteil seines heutigen Vermögens einer Entscheidung der konservativen Regierung Salinas, die 1990 die staatliche Telefongesellschaft Telmex einer von Slim geleiteten Investorengruppe für ungefähr ein Sechstel ihres tatsächlichen Werts übereignete. Telmex besaß dann über lange Jahre quasi ein Monopol auf Telekommunikationsleistungen in Mexiko und war dank hoher Preise der größte Konzern des Landes. Die teilweise Öffnung dieses Markts im Verlauf des letzten Jahres hat Slim 2015 denn auch gleich fast 20 Milliarden Dollar an Vermögen gekostet, weil sein 57-prozentiger Anteil an Telmex deutlich an Wert verloren hat. Er ist damit von Platz zwei auf Platz fünf der Superreichen zurückgefallen. Auch Italiens ehemaliger Präsident Silvio Berlusconi wäre nicht zu einem der reichsten Männer des Landes geworden, hätte ihm nicht der sozialistische Ministerpräsident Bettino Craxi in den 1980er Jahren durch medienpolitische Entscheidungen den Weg für den Aufbau seines privaten Medienimperiums geebnet.

Bei anderen Milliardären ist die Verbindung noch offensichtlicher. Die reichste Frau Afrikas, Isabel dos Santos, verdankt ihr Vermögen der Tatsache, dass ihr Vater, der Angola seit 1979 ununterbrochen regiert, mit einer kleinen Gruppe weiterer Personen die Gewinne aus dem Ölreichtum des Landes zum größten Teil in seine und ihre Taschen geleitet hat. Julio Ponce Lerou, mit einem Vermögen von über zwei Milliarden Dollar einer der reichsten Männer Chiles, hätte diesen Reichtum niemals erreichen können, hätte er nicht als junger Mann die Tochter von Diktator Pinochet geheiratet. Dieser hatte ihn dann noch vor dem Ende der Diktatur in den 1980er Jahren zum Präsidenten jener staatlichen Agentur gemacht, die die Privatisierung der großen staatlichen Unternehmen überwachen sollte. Da Ponce gleichzeitig auch im Board eines der größten Bergbau- und Chemiekonzerne des Landes, Soquimich, saß, konnte er zusammen mit einigen Investoren dieses Unternehmen bei dessen Privatisierung zu einem Schnäppchenpreis erwerben. Ihm selbst gehört seither knapp ein Drittel des Konzerns (Carlyle 2013).

Bei Timur Kulibajew ist es ähnlich. Er hat Ende der 1980er Jahre eine Tochter des kasachischen Präsidenten Nursultan Nasarbajew geheiratet und ist danach als CEO, President oder Chairman gleich in mehrere Spitzenpositionen bei den großen statlichen Unternehmen vor allem im Öl- und Gassektor gelangt. Das war die Grundlage seines heutigen Reichtums. Auch der mit einem Vermögen von über 22 Milliarden Dollar auf Platz 34 der Forbes Liste stehende reichste saudische Milliardär, Prinz Alwalled Bin Talal Alsaud, fällt in dieselbe Kategorie. Er hätte dieses Kapital, das er in der 1980 gegründeten Kingdom Holding Company konzentriert, nicht anhäufen können, wäre er nicht Mitglied der saudischen Herrscherfamilie. Sein Vater Prinz Talal war in den frühen 1960er Jahren saudischer Finanzminister, seine Mutter Mona Al Solh zudem die Tochter des ersten libanesischen Ministerpräsidenten.

4.7. Internationalität – eher rar gesät

Wirft man einen abschließenden Blick auf die tausend reichsten Menschen der Welt, so ist keine globale kosmopolitische Elite oder Klasse zu sehen. Nicht einmal jeder zehnte dieser Milliardäre lebt außerhalb seines Heimatlandes.[16] In den USA und den großen ostasiatischen Staaten von China über Japan bis Südkorea gibt es sogar so gut wie niemanden, auf den das zutrifft. Nur in einem guten halben Dutzend jener größeren Länder, die wenigstens sieben Milliardäre in ihren Grenzen beherbergen, wird überhaupt die Zehn-Prozent-Marke geknackt. Zwar muss man berücksichtigen, dass einige der Milliardäre, die ihren Hauptwohnsitz in ihrem Heimatland haben, internationaler sind, als der Wohnsitz zunächst vermuten lässt. Das gilt zum Beispiel für German Khan oder Jack Ma. Der generelle Eindruck verändert sich dadurch aber nicht, weil im Gegenzug einige andere Milliardäre nicht wirklich im Ausland wohnen, obwohl es offiziell so ist. In zwei Ländern mit einem besonders hohen Anteil von im Ausland residierenden Milliardären fällt außerdem auf, dass es an den Mitgliedern von gerade einmal drei Familien liegt, die ihren Reichtum zudem überwiegend geerbt haben. Im deutschen Fall sind das die Familien Reimann und Engelhorn mit zusammen sieben Personen, in Schweden ist es die Familie Rausing mit vier Personen. Ohne sie reduzierte sich der Prozentsatz der im Ausland lebenden Milliardäre in beiden Fällen massiv. In Deutschland ging er um fast ein Drittel auf nur noch 20 Prozent, in Schweden sogar um fast die Hälfte auf nur noch knapp 19 Prozent zurück.

Noch dürftiger fällt das Ergebnis aus, wenn man unter den Milliardären nach wirklichen Kosmopoliten sucht. Dann müssen nämlich auch jene unberücksichtigt bleiben, die nur einmal ihren Wohnsitz geändert haben, sei es aus privaten Gründen wie beim Österreicher Helmut Sohmen, der aus Liebe zu seiner chinesischen Frau nach Hongkong umgesiedelt ist, sei es aus beruflichen Gründen wie beim Kanadier Garrett M. Camp, der nach Kalifornien gegangen ist und dort Uber mitgegründet hat, sei es aus steuerlichen Gründen wie bei vielen Deutschen, die in die Schweiz gezogen sind. Tatsächlich kosmopolitisch sind nur wenige Milliardäre. Dazu zählen ohne Zweifel neben Lakshmi Mittal und Jorge Paolo Lemann auch Tatiana Casiraghi, Bahaa Hariri und Curt Engelhorn. Aber nur in einem einzigen Land dominiert dieser Typus unter den Milliardären. Das ist Griechenland.

Griechenland ist ein absoluter Ausnahmefall. Seine reichsten Milliardäre wohnen nicht nur sämtlich im Ausland, sie sind auch tatsächlich kosmopolitisch. Das gilt für die zwei Erben der berühmten Reederfamilien, Philip Niarchos und Spiros Latsis, aber auch für Aristoteles Mistakidis, den Topmanager und Miteigentümer von Glencore. Er arbeitet und lebt nicht nur aktuell in der Schweiz und zeitweise auch in Großbritannien, hat die Staatsbürgerschaft von Griechenland und Großbritannien, er ist auch schon außerhalb Griechenlands geboren, in Rom, wo sein Vater als Meeresbiologe für die UN tätig war. Studiert hat er dann an der London School of Economics. Das kann man schon als kosmopolitischen Lebensweg bezeichnen. Bei den beiden anderen ist es sogar fast eine Familientradition. Philips Vater Stavros war nicht nur mit zwei Töchtern des griechischen Reeders Livanos verheiratet, sondern auch mit einer Tochter von Henry Ford II. Im Alter zog er sich nach St. Moritz zurück, wo dann auch Philip geboren wurde und aufwuchs. Philip Niarchos wohnt heute abwechselnd in St. Moritz, Paris und Griechenland. Bei Spiros Latsis ist es etwas anders. Sein Vater Yiannis hat seinen Hauptwohnsitz stets in Griechenland behalten, war dafür aber unter anderem mit der saudischen Königsfamilie und Prinz Charles befreundet. Spiros ist dementsprechend in Athen geboren und aufgewachsen, hat dann aber ebenfalls an der London School of Economics studiert und ist später nach Genf gezogen, um von dort nach dem Tod des Vaters die Geschäfte der Familie zu leiten, vor allem die in Luxemburg angesiedelte EFG Bank. Sein Hauptwohnsitz ist inzwischen Monaco.

Der kosmopolitische Charakter der griechischen Milliardäre dürfte seinen wesentlichen Ursprung in der besonderen Rolle haben, die die reichen Reederfamilien wie Onassis, Niarchos, Latsis oder Livanos seit Jahrzehnten in Griechenland spielen. Sie repräsentieren nicht nur die reichsten Familien des Landes, sie sind aufgrund des enormen Kontrastes zwischen den wesentlichen Merkmalen ihres Geschäfts und denen ihres Heimatlandes auch seit langem international und nicht national orientiert. Auf der einen Seite ist die internationale Handelsschifffahrt wohl die Branche, die am frühesten und am stärksten der Globalisierung unterworfen war und bis heute ist, und die griechischen Reeder behaupten seit Jahrzehnten die Spitzenposition in diesem Bereich. Auf der anderen Seite ist Griechenland nicht nur ein kleines, sondern im Vergleich mit ähnlich großen europäischen Ländern wie der Schweiz oder Dänemark auch wirtschaftlich wenig entwickeltes Land.

Diese Diskrepanz dürfte für die in jeder Hinsicht internationale Orientierung der reichen Reederfamilien verantwortlich sein. Sie macht aber gleichzeitig, so merkwürdig sich das zunächst anhört, auch den Besitz der griechischen Staatsbürgerschaft für sie attraktiv. Da die Handelsschifffahrt den einzigen Zweig der griechischen Wirtschaft darstellt, der international überhaupt von Bedeutung ist, verfügen sie in ihrer Heimat nämlich über einen außerordentlich großen politischen Einfluss und genießen enorme Privilegien, vor allem bei der Besteuerung ihres Geschäfts. Die für sie ausgesprochen günstige Tonnagesteuer, bei der nicht der Gewinn, sondern nur das Frachtvolumen (mit geringen Sätzen) besteuert wird, wurde in Griechenland bereits 1957 eingeführt, über vier Jahrzehnte früher als beispielsweise in Deutschland. Unter der Militärdiktatur wurde 1967 zudem die Steuerfreiheit für Investitionen in die Schifffahrt sogar in der Verfassung verankert. Die Folge war, dass die reichen Reeder bis heute so gut wie keine Steuern zahlen, im Übrigen eine der Ursachen der wirtschaftlichen und politischen Probleme des Landes. Es macht für die griechischen Milliardäre also durchaus Sinn, ihre Staatsbürgerschaft beizubehalten, auch wenn sie im Ausland wohnen und einen kosmopolitischen Lebensstil pflegen.

5. BERÜHMTE BUSINESS SCHOOLS UND ELITEHOCHSCHULEN – BRUTSTÄTTEN EINER GLOBALEN ELITE?

Ende der 1980er Jahre versah Jane Marceau ihre Studie über das französische INSEAD (Marceau 1989) mit dem markanten Untertitel »The making of an international business élite«. Ihre Analyse der neben der London School of Economics (LSE) wohl renommiertesten europäischen Business School endet mit dem Fazit, dass die Absolventen des INSEAD gute Aussichten hätten, eine neue »international business élite« zu formen (ebd.: 209). Auch wenn Marceau mit international eigentlich nur europäisch meint und ihre Prognose sich in erster Linie auf die Transformation der nationalen Bourgeoisien zu einer einheitlichen europäischen Bourgeoisie bezieht, so wird ihre Einschätzung des MBA und damit der Business Schools als Brutstätten einer neuen internationalen Elite doch von vielen Beobachtern geteilt.[1] Mit dem MBA als Titel und den Business Schools als Institutionen scheint sich ein international einheitlicher Typ von Managementausbildung gegenüber den spezifisch nationalen Bildungswegen und Bildungseinrichtungen durchzusetzen, eine wichtige Voraussetzung für die Herausbildung einer internationalen Wirtschaftselite oder Kapitalistenklasse.

5.1. Die Bedeutung der renommierten Business Schools

Ein näherer Blick auf die Abschlüsse der knapp 1 300 in dieser Studie untersuchten CEO lässt an dieser Einschätzung allerdings zweifeln.

Nicht einmal jeder zwanzigste von ihnen war an einer der angesehenen Business Schools. Am INSEAD haben acht und an der LSE sogar nur fünf ihren Abschluss gemacht. Sie kommen, soweit es das INSEAD betrifft, mit Ausnahme des französischen PDG von Essilor, Hubert Sagnières, aus kleineren Ländern wie Dänemark (Flemming Ørnskov von Shire), Griechenland (André Calantzopoulos von Philip Morris), Portugal (Antonio Ossorio von Lloyds Banking) oder der Elfenbeinküste (Tidjane Thiam von Credit Suisse). Bis auf den Niederländer van Dijk (CEO von Naspers) und den Hongkong-Briten Keswick[2] (CEO von Jardine Matheson) arbeiten sie alle im Ausland, in Großbritannien, Irland, der Schweiz, Südafrika oder den USA. Bei der LSE ist es nicht ganz so eindeutig, weil neben jeweils einem CEO aus Hongkong (Thomas Kwok, einer der drei Kwok-Brüder) und Malaysia (Mohammed Bin Salleh von Sime Darby) auch ein Deutscher (Carsten Kengeter von der Deutschen Börse), ein Franzose (Jacques Saade von CMA CGM) und ein Spanier (Juan Maria Nin Genova von der CaixaBank) dort studiert haben.

Auch die Business Schools der Ivy League (außer Harvard) oder von anderen US-Elitehochschulen wie Stanford oder Chicago sind unter den CEO nicht stärker repräsentiert. Bei letzteren ist außerdem einschränkend anzumerken, dass die Absolventen bis auf drei Ausnahmen sämtlich US-Amerikaner sind. Die Ausnahmen sind der Japaner Naomi Hirose, der President von Tokyo Electric Power, kurz Tepco, dem Betreiber des Unglücksreaktors von Fukushima, der Australier James Gorman, der CEO von Morgan Stanley, und der Brasilianer Carlos Brito, der CEO von Anheuser-Busch InBev. Von Brutstätten einer internationalen Elite zu sprechen, wirkt angesichts dieser Zahlen vollkommen realitätsfern.

Nur zwei Business Schools bieten, zumindest auf den ersten Blick, ein etwas anderes Bild. Die Harvard Business School und die französische HEC kommen immerhin auf je 20 Absolventen. Das ist mit zusammen gut drei Prozent zwar auch nicht überwältigend, aber doch deutlich mehr als bei allen anderen derartigen Einrichtungen. Allerdings ist bei ihnen dieselbe Einschränkung zu machen wie schon bei den Business Schools der anderen Hochschulen der Ivy League, von Stanford oder anderen US-Eliteuniversitäten. Von den 20 CEO, die einen MBA an der Harvard Business School gemacht haben, stammen 16 aus den USA und nur vier aus dem Ausland, der Deutsche Ulf Schneider von Fresenius, die beiden Italiener Vittorio Colao, CEO von Vodafone, und Paolo Rocca, CEO beim argentinisch-luxemburgischen Konzern Tenaris, sowie der Pole Andrzej Klesyk vom polnischen Versicherungsunternehmen PZU. Bei der HEC ist es noch eindeutiger. Alle 20 CEO, die dort ihren MBA erworben haben, sind Franzosen.[3] 17 von ihnen stehen zudem an der Spitze französischer Konzerne. Die drei anderen sind entweder in Großbritannien (Pascal Soriot bei Astra Zeneca und Olivier Bohuon bei Smith & Nephew) oder in den USA (Hubert Joly bei Best Buy) tätig. All diese CEO haben mit nur vier Ausnahmen keine internationale Kaderschmiede besucht, wie von Marceau angenommen, sondern eine im Bildungssystem des eigenen Landes fest verwurzelte Elitebildungseinrichtung. Das ist typisch für die CEO all jener Länder, die über traditionelle Elitehochschulen verfügen. Wie noch zu sehen sein wird, hat ein großer Teil der einheimischen CEO auf ihnen seinen Abschluss gemacht, aber nur sehr wenige ausländische.

Bei den Milliardären sieht es im Kern genauso aus. Am INSEAD war mit dem Deutschen Wolfgang Marguerre gerade einmal einer der insgesamt 1041 Milliardäre, und an der LSE waren auch nur fünf, die zwei US-Amerikaner David Rockefeller und George Soros, die zwei Griechen Spiros Latsis und Aristoteles Mistakidis, und der israelische Filmproduzent Arnon Milchan, der unter anderem den Film *Pretty Woman* produziert hat. Dazu kommt für die renommierten europäischen Business Schools noch Susanne Klatten, die ihren MBA am IMD in Lausanne gemacht hat. Für die in den USA gelegenen Business Schools, die der Ivy League und der anderen US-Elitehochschulen, und vor allem für die Harvard Business School sehen die Zahlen dagegen erst einmal deutlich besser aus. Die erstgenannten kommen immerhin auf insgesamt 36 Absolventen und die Harvard Business School sogar auf insgesamt 41. Allerdings gilt auch hier wieder die Einschränkung, dass die Mehrzahl dieser Milliardäre aus den USA selbst stammt. Das trifft besonders auf die Business Schools außerhalb von Harvard zu. Von den 36 Milliardären, die dort ihren Abschluss gemacht haben, sind 31 gebürtige US-Amerikaner, das heißt mehr als sechs von sieben, und nur fünf anderer Nationalität, darunter die Inder Anil Ambani, der an der Wharton School war, und Adi Godrej, der an der Sloan School des MIT war.

Bei der Harvard Business School fällt der Anteil der Ausländer demgegenüber deutlich höher aus. Sie stellen ein Dutzend von 41 Ehemaligen, sprich mehr als jeden vierten. Diese zwölf verteilen sich über die gesamte Welt. Jeweils zwei kommen aus der Schweiz (Ernesto Bertarelli und Hansjörg Wyss) und Hongkong (Raymond Kwok und Samuel Tak Lee) sowie jeweils einer aus Frankreich (Alain Merieux aus der Pharma-Dynastie), Großbritannien (der Bankier Bruno Schroder), Italien (Paolo Rocca), Schweden (Gustav Douglas aus der bekannten Douglas-Familie), der Türkei (Husnu Ozyegin), Brasilien (Hermann Telles, der Partner von Jorge Lemann), Malaysia (Ananda Krishnan) und Kolumbien (der Bankier Jaime Galinski Bacal). Auffällig an diesen Personen ist, dass sie mehrheitlich aus reichen Familien stammen. Dasselbe trifft im Übrigen auch auf die ausländischen Absolventen an den anderen bekannten Business Schools zu. In dieser Hinsicht hat Marceau in ihrer Analyse des IN-SEAD einen wichtigen Punkt zutreffend benannt.

In anderer Hinsicht aber liegt sie auch bei den Milliardären falsch. Die renommierten Business Schools stellen keine Brutstätte für eine internationale Wirtschaftselite, eine transnationale kapitalistische Klasse oder eine globale Geldelite dar. Gerade einmal 24 der über 1000 Milliardäre haben eine angesehene Business School außerhalb ihres Heimatlands besucht. Diese Aussage gilt auch für die Harvard Business School. Trotz der beachtlichen Breite in der regionalen Verteilung und der im Vergleich zu den anderen Business Schools ebenfalls beachtlichen Gesamtzahl an ausländischen Alumni stellen zwölf von insgesamt fast 700 nicht aus den USA kommenden Milliardären letztlich keinen wirklich beeindruckenden Prozentsatz dar. Dieser Eindruck bestätigt sich auch, wenn man einen kurzen Blick auf die gut 440 deutschen Vorstandsmitglieder in den 100 größten deutschen Unternehmen wirft. Ganze 15 von ihnen, das heißt, nur gut jeder dreißigste hat einen MBA an einer ausländischen Hochschule erworben, oft in St. Gallen unweit der deutschen Grenze.

5.2. Elitehochschulen – Bildungsstätten der Milliardäre

Auch wenn die Business Schools keine Ausbildungsstätten für eine internationale Wirtschaftselite darstellen, so könnte diese Funktion immer noch von den berühmten Elitehochschulen dieser Welt wie Harvard, Yale, Stanford, Oxford oder Cambridge wahrgenommen werden, und zwar von ihren Studiengängen außerhalb des MBA. Der weltweite Ruf, den diese Universitäten seit Jahrzehnten genießen, prädestiniert sie geradezu für diese Aufgabe. Wo, wenn nicht dort, könnte sich eine globale Elite zum gemeinsamen Studium treffen.

Schon ein kurzer Blick auf die Anzahl der Milliardäre, die als Ausländer die berühmtesten dieser Institutionen in den USA und Großbritannien besucht haben, zeigt, dass diese Annahme an der Realität doch deutlich vorbei geht (s. Tabelle 5.1). In Harvard waren, wenn man die Business School außen vor lässt, gerade einmal vier nicht aus den USA stammende Milliardäre, die beiden Brasilianer Jorge Paolo Lemann und Eduardo Saverin, der Chilene und ehemalige Präsident des Landes Sebastian Pinera und der norwegische Großreeder Arne Wilhelmsen. An den übrigen sieben Hochschulen der Ivy League sieht es mit insgesamt nur ganzen drei Ehemaligen, darunter der in Hongkong lebende Kanadier Joseph Tsai, Vice-Chairman von Alibaba, noch dürftiger aus. Die anderen führenden Eliteuniversitäten der USA wie Stanford, das MIT, Berkeley oder Chicago schneiden da schon etwas besser ab. Sie bringen es immerhin auf zehn frühere Studierende, die sich, was ihre Herkunft angeht, über die gesamte Welt verteilen. Zu ihnen zählen der zweitreichste Japaner, Masayoshi Son, der Gründer und Chairman des größten japanischen Telekommunikations- und Medienkonzerns SoftBank, der in Berkeley Informatik studiert hat, der Kanadier Bernard Sherman, Gründer und Chairman von Apotex, einem der größten Generika-Hersteller der Welt, der nach einem Studium in Toronto anschließend am MIT promoviert hat, und der reichste Ägypter, Nassef Sawiris, der sein Studium an der University of Chicago absolviert hat.

Eine vergleichbare Anzahl an Milliardären war – mit zusammen neun – auch an den beiden britischen Eliteuniversitäten Oxford und Cambridge. Oxford kann zu seinen Ehemaligen unter anderem den Medienmogul Rupert Murdoch, den Südafrikaner Nicky Oppenheimer, Spross der berühmten Diamanten-Dynastie, und den US-Amerikaner Reid Hoffman, Mitgründer und Chairman von Linkedin, zählen. In Cambridge waren David Thomson, 3. Baron Thomson of Fleet, der reichste Kanadier, Raymond Kwok, der Bruder von Thomas Kwok, und die Chinesin Zhang Xin, Mitgründerin und CEO von SOHO China, dem größten Gewerbeimmobilienunternehmen des Landes. Auch wenn man noch die beiden Südkoreaner Lee Kun-Hee und Jay Y. Lee, die an den beiden privaten japanischen Eliteuniversitäten Waseda und Keio studiert haben, den Ägypter Naguib Sawiris, der an der ETH Zürich war, und die Angolanerin Isabel dos Santos, die am King's College in London war,[4] dazu zählt, kommt man für alle Elitehochschulen inklusive der renommierten Business Schools insgesamt auf nicht mehr als 53 Milliardäre, die auf einer der berühmten Elitehochschulen ihren Abschluss gemacht haben. Das ist gerade einmal jeder zwanzigste von ihnen.

Die Bilanz fällt nur unwesentlich besser aus, berücksichtigt man auch all die Milliardäre noch, die an keiner bekannten Eliteuniversität, sondern an einer anderen Hochschule im Ausland studiert haben. Das trifft zum Beispiel auf Georg Schaeffler zu, der in St. Gallen und Austin studiert hat, den US-Amerikaner John Tu, der an der TU Darmstadt war, den Australier Harry Triguboff, der an der Universität Birmingham studiert hat, den Chinesen Robin Li, der sein Examen an der New York University gemacht hat, den Schweden Tom Persson, einen der Erben von H & M, der an der Met Film School in London war, oder die Schweizerin Dona Bertarelli, die ihr Studium an der Boston University abgeschlossen hat. Rechnet man sie alle noch hinzu, kommt man ebenfalls nur auf 98 von 1041 Milliardären, die eine Hochschule außerhalb ihres Heimatlandes besucht haben, das heißt weniger als zehn Prozent. Für eine Internationalisierung der Milliardäre durch gemeinsame Studienorte oder wenigstens ein Studium im Ausland spricht auch das nicht.

Hinzu kommt, dass man hinter einige dieser Auslandsstudien ein Fragezeichen machen muss. Das gilt zum Beispiel gleich für drei der neun US-Amerikaner. Elon Musk ist in Kanada aufgewachsen und hat daher nicht sonderlich überraschend an einer kanadischen Universität, der von Ontario, studiert. Dasselbe trifft auf die gebürtige Deutsche Dagmar Dolby, die ihren Abschluss in Heidelberg erworben hat, und den gebürtigen Südafrikaner und heutigen US-Bürger Patrick Soon-Shiong zu, der an der Universität von Witwatersrand war. Die australischen Milliardäre Kerr Neilson und Vivek Chaand Seghal sind ebenfalls auf Universitäten des Landes gegangen, in dem sie geboren sind und ihre Ausbildung absolviert haben, Neilson in Südafrika und Seghal in Indien. Der brasilianische Milliardär Eduardo Saverin hat in Harvard studiert, nachdem er schon einen Großteil seiner Schulzeit in den USA verbracht hatte. Dasselbe gilt für den Peruaner Carlos Rodriguez-Pastor, der in Berkeley und an der Tuck School of Business von Dartmouth war, aber mit seiner Familie bereits im Alter von acht Jahren in die USA gezogen war.

Tabelle 5.1: Studienorte der 1000 reichsten Menschen der Welt außerhalb ihres Heimatlands[5]

	Zahl	Harvard	MBA Harvard	Ivy-League	MBA Ivy-League	Stanford, MIT etc.	MBA Stanford etc.	Oxford/Cambridge	LSE	INSEAD	andere	Insgesamt
USA	353							3	2		4	9
CHN	76							1			2	3
DE	67					1				1	4	6
IND	49				1	1	1				4	7
RUS	45											
GB	33		1								1	2
HK	33		2	1	1	1		2			3	10
BRA	27	2	1	1		1					1	6
CH	24		2								4	6
FRA	23		1									1
IT	23		1									1
CAN	20			1		1		1				3
SWE	20		1								2	3
SG	19										2	2
RC	17										2	2
JAP	13					1						1
KOR	13										3	3
ESP	13											
AUS	12										3	3
MX	12											
ISR	11								1		1	2
PHI	10											
TUR	9		1			1					1	3

	Zahl	Harvard	MBA Harvard	Ivy-League	MBA Ivy-League	Stanford, MIT etc.	MBA Stanford etc.	Oxford/Cambridge	LSE	INSEAD	andere	Insgesamt
CHL	9	1				1						2
IDN	7											
EG	6					1					4	5
ML	5	1										1
NED	4											
BEL	3											
GRE	3								2			2
VEN	3						1					1
Rest	72	1	1		1	1		2			8	14
Insg.	1041	4	12	3	3	10	2	9	5	1	49	98

Quelle: Eigene Recherchen

Auch Margarita Louis-Dreyfus, die Erbin der Louis-Dreyfus Gruppe, passt in dieses Schema. Sie ist heute zwar Schweizerin, hat aber in Moskau und Leningrad studiert, weil sie in Leningrad geboren und erst kurz vor ihrer Bekanntschaft und Heirat mit Robert Louis-Dreyfus in die Schweiz übergesiedelt ist. Bei drei Milliardären aus Hongkong sieht es ähnlich aus. Die beiden Kwok-Brüder waren am Imperial College und einer anschließend noch in Cambridge, als Hongkong noch zu Großbritannien gehörte, und Pansy Ho, Hongkongs reichste Frau, ist in Kalifornien aufgewachsen und hat dann dort in Santa Clara studiert. Lässt man all diese Personen außen vor, weil sie ihr Studium eigentlich nicht an einer ausländischen Hochschule absolviert haben, dann reduziert sich die Gesamtzahl schon auf weniger als 90 von 1000.

Betrachtet man das Alter der Milliardäre, die im Ausland studiert haben, so zeigt sich das zu erwartende Ergebnis. Die jüngeren Alterskohorten sind unter ihnen in Relation etwas häufiger anzutreffen als die älteren. Von denen, die seit 1965 geboren sind, hat jeder achte eine Universität im Ausland besucht, von denen, die zwischen 1955 und 1964 geboren sind, trifft es auch immer noch auf 11,6 Prozent zu. Bei den beiden älteren Jahrgängen der zwischen 1945 und 1954 Geborenen und der vor 1945 Geborenen sind es dagegen nur noch 8,3 bzw. 8,9 Prozent. Hier ist ein ganz leichter Trend zu mehr Internationalität festzustellen. Angesichts der geringen absoluten Zahlen von gerade einmal 15 Personen in der jüngsten Alterskohorte, auf die das zutrifft, ist die Aussagekraft allerdings sehr eingegrenzt.

Anders sieht es aus, wenn man anschaut, wie viele der Milliardäre ihr Examen an einer Elitehochschule des eigenen Landes gemacht haben. Vor allem unter den US-Milliardären ist das eine hohe Zahl. Von den insgesamt 353 Milliardären hat mit 128 mehr als ein Drittel an einer der 20 Top-Universitäten studiert. Wenn man die Business Schools erst einmal unberücksichtigt lässt, waren 14 in Harvard, weitere 55 an den anderen Ivy League Hochschulen und noch einmal 26 an einer der übrigen zwölf führenden Eliteuniversitäten. Dazu gehören bei manchen reichen Familien gleich mehrere Mitglieder, die an ein und derselben Eliteuniversität waren. So haben fünf Mitglieder der Johnson-Familie in Cornell studiert, jeweils zwei aus den Familien Mars und Bass in Yale und zwei aus der Fisher-Familie in Princeton. Dazu kommen 29 Absolventen der Harvard Business School und 31 von den Business Schools der übrigen 19 Elitehochschulen, von denen ein Teil allerdings zuvor schon einen BA-Abschluss an einer anderen dieser 20 Universitäten erworben hatte.

In Japan hat immerhin auch noch ein knappes Viertel der 13 Milliardäre eine der fünf Top-Universitäten besucht. Von den 23 französischen Milliardären war demgegenüber nur noch gut jeder fünfte auf einer der drei berühmtesten Grandes Écoles. Die nach Liliane

Bettencourt drei reichsten Franzosen, Bernard Arnault, Patrick Drahi und Serge Dassault, haben sämtlich die École Polytechnique absolviert, der aus einer alten Adels- und Generalsfamilie stammende Marc Ladrait de Lacharriere die ENA und Philippe Foriel-Destezet die HEC. Bei den 33 britischen Milliardären spielen Oxford und Cambridge sogar so gut wie überhaupt keine Rolle. Einzig Bruno Schroder war als Mitglied einer der bekanntesten Privatbankiersfamilien standesgemäß erst in Eton und dann in Oxford.[6] Mit Michael Platt war noch einer an der LSE und weitere drei waren an den drei renommierten Londoner Universitäten. Das ist ein doch überraschend geringer Prozentsatz, vor allem wenn man ihn vergleicht mit dem Drittel, auf das es die ETH Zürich und die Wirtschaftsuniversität St. Gallen bei den 24 Schweizer Milliardären bringen.

Generell kann man sagen, dass in den meisten Ländern, in denen bestimmte Universitäten ein besonders hohes Ansehen haben, diese Hochschulen von den Milliardären überproportional frequentiert worden sind. Das trifft vor allem auf die ostasiatischen Staaten zu, wo die National Universities von Seoul und Taipeh für Südkorea und Taiwan eine zentrale Rolle spielen. In geringerem Umfang kann man dasselbe Phänomen auch bei den Moskauer Universitäten, denen aus Sao Paulo oder denen aus Istanbul beobachten. Für die deutschen und chinesischen Milliardäre kann eine derartige Konzentration dagegen nicht festgestellt werden.

5.3. Die Rolle der nationalen Elitehochschulen für die Karrieren der CEO

Bei den CEO der 1000 größten Unternehmen der Welt bietet sich, was die Bedeutung der nationalen Elitehochschulen angeht, vor allem für Frankreich, Großbritannien und Japan ein ganz anderes Bild. Während der Anteil der einheimischen CEO, die eine der jeweiligen Eliteuniversitäten besucht hat, unter den US-CEO in den

USA mit einem guten Drittel dem bei den Milliardären vergleichbar ist, liegen die Prozentsätze in den anderen drei Ländern doch erheblich höher. In Japan sind es knapp 70 Prozent verglichen mit einem Drittel bei den Milliardären, in Großbritannien knapp 43 Prozent verglichen mit 15 Prozent und in Frankreich sogar über drei Viertel verglichen mit einem guten Fünftel (s. Tabelle 5.2). Berücksichtigt man für die britischen CEO und Milliardäre nur Oxford und Cambridge, wird die Differenz noch größer. Von den CEO war fast jeder zweite dort, von den 33 Milliardären mit Schroder gerade einmal ein einziger.

Tabelle 5.2: Die Bildungsabschlüsse der einheimischen und (in Klammern) aller Topmanager (CEO, PDG und Presidents) der größten Unternehmen Frankreichs, Großbritanniens, Japans und der USA (in Prozent)[8]

	F n=43 (45)	GB n=28 (50)	USA n=279 (306)	JAPAN n=97 (99)
Top-Eliteuni-versitäten[7]	72,1 (68,9)	42,9 (24,0)	26,5 (24,2)	52,6 (51,5)
Übrige Eliteuni-versitäten[8]	7,0 (6,7)	0,0 (0,0)	12,2 (11,1)	16,5 (16,2)

Quelle: eigene Recherchen[7]

Erstaunlicherweise gilt die Vorliebe für die einheimischen Elitehochschulen auch bei den CEO, die im Ausland tätig sind. Von den 26 außerhalb der USA als CEO fungierenden US-Amerikanern haben elf eine der genannten Eliteuniversitäten (zwei Harvard, vier die anderen Ivy League Hochschulen und fünf Stanford, Berkeley etc.) absolviert. Von den neun französischen CEO im Ausland trifft es auf sechs zu – zwei waren auf der HEC und jeweils einer auf der ENA, der Sciences Po, der École des Mines, der ESSEC – und von den 14 britischen CEO im Ausland haben immerhin drei Oxford oder Cambridge und weitere zwei das Imperial College besucht. Umgekehrt gilt das allerdings nicht. Nur wenige ausländische CEO haben eine dieser Elitehochschulen durchlaufen. Zu den 19 von ihnen, die ihren MBA an einer der renommierten Business Schools gemacht haben, kommen noch fünf, die in Harvard ein anderes Studium absolviert haben, ein Däne, ein Franzose, ein Norweger, ein Kanadier und ein Inder. Sechs, zwei aus Hongkong sowie jeweils einer aus Belgien, den Niederlanden, Spanien und Thailand waren an einer der anderen Ivy League Hochschulen. Weitere elf, drei Japaner sowie jeweils ein CEO aus Großbritannien, Spanien, Kanada, Brasilien, Chile, Peru, Indien und Taiwan, haben in Stanford, Berkeley etc. studiert. Schließlich waren noch drei, in Kanadier, ein Neuseeländer und ein Chilene, in Cambridge, ein Däne an der ESSEC und der ENA sowie ein Ivorer an der Polytechnique. Das sind zusammen noch einmal 27 CEO.

Insgesamt haben also 46 der 1002 CEO im Ausland studiert, gerade einmal ungefähr jeder zweiundzwanzigste. Selbst Oxford und Cambridge, die früher auch die bevorzugten Universitäten für die Eliten aus den Ländern des Commonwealth bildeten, haben diese Rolle weitgehend verloren, zumindest für die Wirtschaftseliten, wie die Zahlen für die CEO und die Milliardäre deutlich demonstrieren.[9] Die weltweit bekannten Elitehochschulen bilden keine Keimzellen für eine internationale Business Elite oder Capitalist Class, sie haben vielmehr ganz überwiegend, wie bei den US-amerikanischen Eliteuniversitäten oder Oxford und Cambridge, oder sogar ausschließlich, wie bei den französischen und japanischen Pendants, die Funktion, die Reproduktion der jeweiligen nationalen Eliten und herrschenden Klassen zu sichern.

Dieser Eindruck bestätigt sich, wenn man den Blick auf die CEO der 100 größten Unternehmen Frankreichs, Großbritanniens, der USA und Japans richtet. Wie angesichts der veränderten Gesamtzahl der CEO je Land zu erwarten war, nimmt der Anteil derjenigen, die eine der Elitehochschulen des jeweiligen Landes absolviert haben, bei den US-amerikanischen CEO zu, bei ihren britischen und französischen Pendants ab und bei den japanischen Spitzenmanagern bleibt alles weitgehend gleich (s. Tabelle 5.3). Ihre Zahl ist ja auch so gut wie identisch geblieben, während sich die der US-CEO um fast zwei Drittel reduziert und die der französischen und britischen im Gegenzug mehr als verdoppelt hat. Hier bestätigt sich erst einmal die Regel, dass die Alumni der Eliteinstitutionen umso häufiger vertreten sind, je größer das Unternehmen und je machtvoller die Position dementsprechend ist.

Tabelle 5.3: Die Bildungsabschlüsse der einheimischen und (in Klammern) aller Topmanager (CEO, PDG, Presidents) der 100 größten Unternehmen Frankreichs, Großbritanniens, Japans und der USA (in Prozent)

	F n=96 (100)	GB n=67 (100)	USA n=93 (101)	JAPAN[10] n=99 (100)
Top-Elite-universitäten	52,1 (50,0)	34,3 (23,0)	32,3 (29,7)	54,5 (54,0)
Übrige Elite-universitäten	9,4 (9,0)	6,0 (4,0)	16,1 (14,9)	21,2 (21,0)

Quelle: Hartmann 1999, Hartmann 2009a und eigene Recherchen[10]

Vergleicht man die Prozentsätze genauer, ist jedoch erstaunlich, wie geringfügig die Veränderungen ausfallen; denn aufgrund der drastisch geänderten Samplegrößen hätte man mit mehr rechnen können. Fast jeder dritte US-CEO war an einer der Ivy League-Hochschulen, nur ein knappes Drittel mehr als bei den fast dreimal so zahlreichen CEO der Unternehmen aus der Forbes 2000 Liste. Gut jeder dritte britische CEO hat in Oxford oder Cambridge studiert und mehr als die Hälfte der französischen PDG weist weiterhin den Abschluss einer der drei renommiertesten Elitehochschulen, der ENA, der Polytechnique oder der HEC, auf, in beiden Fällen nur ungefähr ein Viertel weniger als bei den nicht einmal halb so vielen CEO aus der Forbes Liste. In den japanischen Unternehmen ist alles beim Alten geblieben. Gut jeder zweite President hat an einer der »Big Five« genannten fünf berühmtesten Eliteuniversitäten des Landes (Todai, Kyodai, Hitotsubashi, Keio und Waseda) studiert, fast jeder vierte allein an der Todai, der 1877 gegründeten kaiserlichen Universität von Tokio, der ältesten und renommiertesten der fünf.

Nimmt man noch weitere Elitehochschulen wie zum Beispiel Stanford, das MIT oder Berkeley für die USA, das King's oder das Imperial College für Großbritannien, die Sciences Po oder die Ecole Centrale für Frankreich bzw. Osaka oder Kyushu für Japan hinzu, kommt man auf Anteile von gut 40 bis über 75 Prozent. Auch dadurch ändert sich der Gesamteindruck nicht. Die Anteile der Elite-Absolventen variieren mit der Anzahl der erfassten Unternehmen, die Ausschläge fallen aber geringfügiger aus, als man erwartet hätte. In allen Ländern lässt sich allerdings eines feststellen: Diese nicht ganz an der Spitze stehenden Elitehochschulen sind jetzt stärker vertreten, vor allem unter den britischen CEO, wo sie den Rückgang der Oxbridge-Absolventen[11] sogar weitgehend wettmachen können.

Auch wenn man die Chairmen der britischen und US-Unternehmen hinzunimmt, verändert sich das Bild nicht wesentlich. Von den 70 britischen Chairmen waren jeweils neun in Oxford und Cambridge und weitere fünf an den beiden schottischen Traditionsuniversitäten Edinburgh und St. Andrews. Mit einem Anteil von einem Drittel sind die Ehemaligen der Eliteuniversitäten unter den Chairmen nicht nennenswert schwächer vertreten als unter den CEO.[12] In den 25 US-Unternehmen, die neben dem CEO zusätzlich einen Chairman haben, ist sogar eine eindeutig entgegengesetzte Entwicklung zu beobachten. Von den 23 aus den USA stammenden Chairmen haben jeweils sieben an einer der Ivy League Universitäten – inklusive Harvard – und den übrigen zwölf Topuniversitäten studiert, ein Prozentsatz von zusammen über 60 Prozent, ein Viertel mehr als bei den CEO.

Wirft man abschließend noch einen Blick auf die Vorstandsmitglieder der 100 größten deutschen Unternehmen, so bestätigt sich auch dabei der bisherige Eindruck. Von den über 440 deutschen Vorstandsmitgliedern haben nur ganze 16, gut dreieinhalb Prozent, an einer ausländischen Universität studiert, zumeist zudem im deutschsprachigen Teil der Schweiz. Von den sechs Vorstandsvorsitzenden, die den Abschluss einer ausländischen Universität aufweisen, waren beispielsweise gleich fünf in St. Gallen oder der ETH

Zürich. Auch der MBA als Abschluss spielt eine absolute Neben-
rolle. Von den Vorstandsmitgliedern deutscher Herkunft hat gerade einmal jeder fünfundzwanzigste diesen Titel erworben.[13] Alles
in allem kann man daher festhalten, dass die berühmten Business
Schools und noch stärker die berühmten Elitehochschulen in ihrer
Gesamtheit aufgrund ihrer Einbindung in die jeweiligen nationalen Elitebildungssysteme die Internationalisierung des Topmanagements eher bremsen als vorantreiben.[14]

Ein Blick auf die Entwicklung der letzten zwei Jahrzehnte zeigt
allerdings auch, dass die Bedeutung der Elitehochschulen nicht
in Stein gemeißelt ist, sondern im Zeitverlauf durchaus größeren
Veränderungen unterliegen kann. Vergleicht man, ein wie hoher
Prozentsatz der CEO der 100 größten Unternehmen Frankreichs,
Großbritanniens, der USA und Chinas in diesem Zeitraum die Eliteinstitutionen ihres Landes besucht haben, fällt sofort ins Auge,
dass es diesbezüglich große Unterschiede gibt (s. Tabelle 5.4). Vor
allem die britischen Eliteuniversitäten haben erheblich an Gewicht
eingebüßt. Hatten 1995 noch 55 Prozent der einheimischen CEO an
der Spitze eines der hundert größten Konzerne eine von ihnen besucht, allein über 45 Prozent Oxford oder Cambridge, so sind es 20
Jahre später nur noch gut 40 Prozent, über ein Viertel weniger. Noch
dramatischer ist der Einbruch, betrachtet man alle 100 CEO, also
auch die aus dem Ausland kommenden. Dann sinkt der Anteil der
Absolventen britischer Eliteuniversitäten von über der Hälfte auf gerade noch ein gutes Viertel, halbiert sich also fast. Oxford und Cambridge hat nur noch knapp jeder vierte besucht. 1995 waren es noch
mehr als zwei von fünf. Bei den Chairmen fällt der Rückgang noch
stärker aus, auf nicht einmal mehr einen von fünf. Das ist schon
eine gravierende Veränderung binnen nur zweier Jahrzehnte. Der
Bedeutungsverlust der nationalen Elitehochschulen und der deutliche Zuwachs hinsichtlich der Internationalität des Topmanagements gehen offensichtlich Hand in Hand.

Tab 5.4: Die Bildungsabschlüsse der einheimischen und (in Klammern) aller Topmanager (CEO, PDG, Presidents) der 100 größten Unternehmen Frankreichs, Großbritanniens, Japans und der USA im Zeitverlauf (in Prozent)

		F	GB	USA	JAPAN
	1995	n=98 (100)	n=93 (100)	n=97 (100)	n=100
	2005	n=98 (100)	n=82 (100)	n=95 (100)	n=99 (100)
	2015	n=96 (100)	n=67 (100)	n=93 (101)	n=99 (100)
Top-Elite-universitäten	1995	67,3 (66,0)	45,2 (42,0)	28,9 (28,0)	62,0 (62,0)
	2005	52,0 (51,0)	31,7 (27,0)	23,2 (22,0)	52,5 (52,0)
	2015	52,1 (50,0)	34,3 (23,0)	32,3 (29,7)	54,5 (54,0)
übrige Elite-universitäten	1995	6,1 (6,0)	9,7 (9,0)	11,3 (11,0)	11,0 (11,0)
	2005	12,2 (12,0)	9,7 (8,0)	27,4 (26,0)	12,1 (12,0)
	2015	9,4 (9,0)	6,0 (4,0)	16,1 (14,9)	21,2 (21,0)

Quelle: Hartmann 1999, Hartmann 2009a und eigene Recherchen

Für einen Zusammenhang zwischen der Internationalisierung des Topmanagements und der Bedeutung der nationalen Elitebildungsinstitutionen sprechen auch die Entwicklungen in den französischen und japanischen Großunternehmen. Dort haben die führenden Elitehochschulen ihre dominierende Stellung nämlich verteidigen können, was die Bildungsabschlüsse der CEO angeht. Bei den einheimischen PDG der französischen Konzerne ist zwar ein Rückgang um gut ein Siebtel, von gut 73 Prozent 1995 auf »nur« noch gut 62 Prozent 2015, zu verzeichnen, das ist im Vergleich zur Veränderung in den britischen Unternehmen jedoch nur ein geringfügiger Bedeutungsverlust. Immer noch jeder zweite PDG hat eine der drei berühmtesten Hochschulen durchlaufen, 25 die Polytechnique und jeweils 18 die ENA und die HEC. Da vier der Polytechniciens, wie die Ehemaligen der Polytechnique genannt werden, genauso wie sieben der HEC-Absolventen anschließend noch auf der ENA waren[15] und aufgrund des höheren Prestiges der ENA dort gezählt werden, kommt man für diese drei Grandes Écoles insgesamt auf 50 PDG.

An der Spitze der japanischen Großunternehmen fällt die Veränderung noch bescheidener aus. Die Top Five sind, betrachtet man den Zeitraum zwischen 1995 und 2015, unter den Presidents der 100 größten Konzerne mit 54,5 statt 62 Prozent nur um 7,5 Prozentpunkte, das heißt knapp ein Achtel, seltener vertreten. Nimmt man die Top 10 zusammen, gibt es aber sogar einen leichten Zuwachs, von gut 73 auf gut 75 Prozent. Was den Besuch der nationalen Elitehochschulen und die Internationalität der Topmanager angeht, springt die Parallele zu den britischen Konzernen ins Auge. Hier ist es offensichtlich nur umgekehrt. Die Eliteeinrichtungen haben ihre Position bewahren können und gleichzeitig hat es so gut wie keine Öffnung des Spitzenmanagements für ausländische Kandidaten gegeben.

Dass dieser auf den ersten Blick so eindeutige Zusammenhang ganz so einfach dann doch nicht ist, demonstriert ein Blick auf die 100 größten US-Unternehmen. Unter ihren CEO haben die Absolventen der führenden Eliteuniversitäten in den letzten zwei Jahrzehnten nämlich ebenfalls zugelegt, wenn auch nur leicht. Die Ivy League Hochschulen verzeichnen einen Zuwachs von sechs bis zwölf Prozent, je nachdem, ob man alle oder nur die einheimischen CEO einbezieht. Alle 20 Eliteuniversitäten zusammen genommen lauten die entsprechenden Werte sogar gut 14 bzw. gut 20 Prozent. Das ist schon ein spürbarer Zugewinn. Im gleichen Zeitraum hat es aber auch eine Zunahme an Ausländern an der Spitze der Unternehmen gegeben, wenn auch nur von drei auf acht Personen. Ganz so klar, wie es zunächst schien, ist die Verknüpfung zwischen dem Besuch nationaler Elitehochschulen und dem Anteil an ausländischen CEO also doch nicht. Berücksichtigt man allerdings, dass zum einen in Frankreich und Japan ein deutlich höherer Prozentsatz der Topmanager die führenden Eliteinstitutionen besucht hat als in den USA, die Ivy League-Universitäten sich diesbezüglich auf dem Niveau von Oxford und Cambridge bewegen und nicht auf dem der Big Five oder von ENA, Polytechnique und HEC, zum anderen auch in den US-Unternehmen der Anteil ausländischer CEO ausgesprochen niedrig ausfällt, so spricht letztlich doch viel dafür, dass den Elitehochschulen in dieser Beziehung eine nicht zu unterschätzende Bedeutung zukommt.

5.4. Der Einfluss der Elitehochschulen auf die Internationalisierung des Topmanagements

Wie stark die nationalen Elitehochschulen die Internationalität des Topmanagements beeinflussen können, zeigt ein erster Vergleich zwischen zwei in puncto Wirtschaftskraft und Exportstärke sehr ähnlichen, im Hinblick auf den Prozentsatz von Ausländern an der Spitze der großen Unternehmen jedoch sehr unterschiedlichen Ländern, Japan und Deutschland. In den japanischen Großkonzernen gibt es faktisch keine Ausländer als CEO, in den deutschen dagegen stammt jeder siebte CEO aus dem Ausland. Gleichzeitig ist unter den japanischen Topmanagern eine Konzentration auf wenige nationale Eliteuniversitäten festzustellen, für die es in Deutschland kein Pendant gibt. Mehr als die Hälfte von ihnen war auf einer der fünf führenden Hochschulen, drei von vier auf einer der Top 10. In Deutschland dagegen gibt es zwar auch eine Konzentration auf eine begrenzte Anzahl von Universitäten, sie fällt aber nur halb so stark aus wie in Japan und es existiert außerdem keine Tradition ausgesprochener Elitehochschulen. Auf die fünf in dieser Beziehung erfolgreichsten Hochschulen, die RWTH Aachen, die Universität Hamburg, die TH Karlsruhe, die Universität Köln und die LMU München, ist nur ein gutes Viertel der Vorstandvorsitzenden gegangen, auf die Top 10, zu denen auch die Universität Göttingen und die TU München gehören, ein gutes Drittel.[16] Der Unterschied wird noch sehr viel deutlicher, wenn man den Anteil von Ehemaligen unter den CEO in Relation setzt zum Anteil an der Gesamtzahl der Studierenden. Während die bei den CEO führenden fünf deutschen Hochschulen im für die heutigen Topmanager entscheidenden Zeitraum der späten 1970 und der 1980er Jahre ein Zehntel aller deutschen Studierenden in ihren Mauern beherbergt haben, waren es bei den »Big Five« mit gut fünf Prozent der japanischen Studierenden nur halb so viele (Schmidt 2005: 96; Teichler 1975: 172). Bezogen auf die Gesamtzahl der Hochschulabsolventen als Rekrutierungspool fällt die Selektivität beim Zugang zu den Spitzenpositionen in den großen Unternehmen in Japan also mehr als viermal so stark aus.

Für potenzielle ausländische Topmanagement-Kandidaten in Japan resultiert daraus ein ganz gravierendes Problem. Die japanischen Eliteuniversitäten waren und sind bis heute für Ausländer immer weit weniger zugänglich als die führenden deutschen Universitäten, auch die traditionsreichen unter ihnen. Das gilt vor allem für den Undergraduate-Bereich, dessen Abschlüsse für eine Managementkarriere entscheidend sind. So kommen trotz aller Internationalisierungsbemühungen seit der Jahrtausendwende von den gut 14 000 Undergraduate-Studierenden an der Todai heute gerade einmal 238 aus dem Ausland. Im Masterstudium sind es dann zwar 837 von 6 853, insgesamt aber auch nicht einmal 1 100 von fast 21 000, das heißt gut fünf Prozent. An der Kyodai sind es sogar nur circa 500 von insgesamt knapp 23 000 Studierenden, also nur gut zwei Prozent. An der privaten Waseda University sind es zwar immerhin circa 4 100 von gut 51 000, also acht Prozent,[17] verglichen mit deutschen Universitäten ist das aber immer noch ein relativ geringer Prozentsatz. An der LMU München sind knapp 7 400 von gut 50 000 Studierenden Ausländer. An der RWTH Aachen sind es über 7 000 von gut 42 000, an der Uni Heidelberg fast 5 400 von nur circa 30 000. Die Prozentsätze bewegen sich hier zwischen 15 und 18 Prozent, das heißt zweimal bis neunmal höher als bei ihren japanischen Pendants.

Außerdem ist das Studium an einer der renommierten Eliteuniversitäten wesentlicher Bestandteil einer weiteren für Ausländer schwer zu überwindenden Barriere, die so in Deutschland unbekannt ist. Für die große Mehrheit der japanischen Spitzenmanager ist der Besuch einer dieser Universitäten die wesentliche Voraussetzung für die Rekrutierung durch ein Großunternehmen; denn die führenden Großkonzerne rekrutieren ihre zukünftigen Führungskräfte weitgehend aus den Absolventen dieser Eliteuniversitäten und die Karrieren verlaufen anschließend fast ausschließlich innerhalb dieses einen Unternehmens (Ernst 1998; Okazaki-Ward 1993; Schmidt 2005: 193–197; Teichler/Teichler 1997; Watanabe/Schmidt 2004: 59). Die Erstrekrutierung findet schon ein halbes Jahr vor dem Abschluss des Studiums statt. Entscheidend ist also nicht das Abschlusszeugnis, sondern die Aufnahme an einer der berühmten Eliteuniversitäten. Danach wechselt man das Unternehmen nicht mehr, wenn es sich um ein großes angesehenes Unternehmen handelt. Nur so kann man Karriere bis ganz nach oben machen. Knapp 97 Prozent der aktuellen Presidents der 100 größten japanischen Konzerne haben nie für ein anderes Unternehmen gearbeitet als für das, dem sie heute vorstehen (s. Tabelle 5.5). Obwohl das früher gültige Prinzip des innerbetrieblichen Aufstiegs rein nach Seniorität in den letzten Jahrzehnten in den Großunternehmen weitgehend durch ein System abgelöst worden ist, in dem Seniorität und Leistung kombiniert werden, hat sich eines nicht verändert. Die berufliche Karriere bis ins Topmanagement wird weiterhin so gut wie ausschließlich innerhalb eines einzigen Unternehmens absolviert.[18] Der Zugang zu den unternehmensinternen Karrierewegen über das Studium an einer der Topuniversitäten und die anschließende Unternehmenstreue schließen Ausländer de facto von den hohen Führungspositionen in japanischen Großunternehmen aus. Trotz eines mit über 40 Prozent im internationalen Vergleich ebenfalls hohen Anteils von Hauskarrieren gibt es das in den deutschen Großunternehmen nicht. Wechsel zwischen Unternehmen im Verlauf einer Karriere sind üblich und die Rekrutierung der zukünftigen oberen Führungskräfte konzentriert sich auch nicht auf wenige Elitehochschulen.

Tab 5.5: Karrierewege der einheimischen Topmanager (CEO, Vorstandsvorsitzende, PDG, Presidents) der 100 größten Unternehmen Deutschlands, Frankreichs, Großbritanniens, der USA, Japans und Chinas im Zeitverlauf (in Prozent)

		D n=91 n=88	F n=92 n=92	GB n=77 n=67	USA n=91 n=93	JAPAN n=94 n=95	CHINA n=100 n=99
Haus-karriere[19]	2005	49,5	17,4	13,0	36,3	90,4	16,0
	2015	43,2	26,1	25,4	47,3	96,8	30,3
Branchen-karriere[20]	2005	19,8	28,3	45,5	33,0	3,2	28,0
	2015	21,6	14,1	32,8	23,7	1,1	33,3
Inter-branchen-karriere[21]	2005	28,6	5,4	41,5	28,6	6,4	14,0
	2015	30,7	17,4	35,8	20,4	1,1	3,0
Karriere mit Karriere-abschnitten außerhalb der Wirt-schaft[22]	2005	2,2	48,9	–	2,2	–	42,0
	2015	4,5	42,4	6,0	8,6	1,1	33,3

Quelle: Hartmann 2009a und eigene Recherchen[19][20][21][22]

In Frankreich bietet sich demgegenüber ein ähnliches Bild wie in Japan, was die Bedeutung der Elitehochschulen für Spitzenkarrieren im Management angeht. Der Mechanismus, der für den weitgehenden Ausschluss von ausländischen Managern sorgt, ist aber ein anderer. Zunächst muss man konstatieren, dass die Selektion qua Studium an einer Eliteeinrichtung sogar noch schärfer ausfällt als in Japan. Der Anteil der drei führenden Grandes Écoles an den CEO liegt mit 52 Prozent zwar ungefähr genauso hoch wie der der »Big Five«, aber die drei Einrichtungen haben nicht fünf Prozent der entsprechenden Studierendenjahrgänge in ihren Mauern beherbergt wie die »Big Five«, sondern gerade einmal fünf Promille bis knapp ein Prozent. Sie haben sich der allgemeinen Bildungsexpansion vollkommen entziehen können (Hartmann 2007b: 67). Die Unternehmen haben ihre Spitzenmanager also aus einem sehr viel kleineren Reservoir an Kandidaten rekrutiert. Diese gravierende Differenz bleibt auch bestehen, wenn man jeweils die fünf im Ranking folgenden Elitehochschulen hinzunimmt. Deshalb repräsentiert der mit gut 61 Prozent für die acht führenden französischen Elitehochschulen gegenüber gut 75 Prozent für die zehn führenden japanischen auf den ersten Blick deutlich niedriger liegende Wert effektiv ein höheres Maß an Selektivität bei der Auswahl der Topmanager.

Der Zugang für ausländische Studierende ist an den französischen Elitehochschulen ähnlich schwierig wie an den japanischen. Auf den ersten Blick sieht das allerdings völlig anders aus; denn von den Studierenden an ENA, Polytechnique und HEC kommen aufgrund massiver Internationalisierungsanstrengungen mittlerweile zwischen einem Fünftel und einem Drittel aus dem Ausland. Sie durchlaufen an den beiden staatlichen Elitehochschulen ENA und Polytechnique aber fast alle einen anderen Typus von Aufnahmeprüfung als den traditionellen Concours, der weitgehend für die Franzosen reserviert bleibt und aufgrund seiner spezifischen Prüfungsanforderungen für Nichtfranzosen auch kaum zu bestehen ist (van Zanten/Maxwell 2015: 85 ff).[23] Außerdem studieren sie an der ENA zumeist auch in einem anderen Studiengang, dem »long international cycle«. Da die französischen Studierenden an diesen beiden Grandes Écoles außerdem mit Studienbeginn Staatsbedienstete werden und dementsprechend ein begrenztes Gehalt von ungefähr 1 200 bis 1 400 Euro beziehen, ergibt sich für Ausländer, die für das dreijährige Studium an der Polytechnique zum Beispiel 24 000 Euro Studiengebühren zahlen müssen, ein weiteres Problem.

Am bedeutsamsten aber, und das macht den entscheidenden Unterschied zu Japan aus, ist die Art und Weise, in der das Examen einer dieser Grandes Écoles den Zugang zu Spitzenpositionen in der Wirtschaft ebnet. Der Königsweg verläuft nämlich nicht, wie in Japan, über den direkten Einstieg in ein Großunternehmen, sondern über die Eliteeinrichtungen der staatlichen Verwaltung, die zwischen 1713 und 1831 gegründeten Grands Corps. Es gibt mit dem Conseil d'Etat (Staatsrat und oberstes Verwaltungsgericht), dem Cour des Comptes (oberster Rechnungshof und oberstes Finanzgericht), der Inspection des Finances (Kontrollinstanz für alle öffentlichen Finanzen inklusive der staatlichen Unternehmen), den Affaires étrangères (auswärtiger Dienst) und dem Corps préfectoral (Regionalverwaltung) fünf administrative und mit dem Corps des Mines und dem Corps des Ponts et Chaussées zwei technische Grands Corps. Sie bleiben im Wesentlichen für die besten französischen Absolventen von ENA und Polytechnique reserviert. Je nach dem Rang beim Abschluss-Classement der Absolventen werden sie vergeben. Die Absolventen werden in der Reihenfolge ihrer Platzierung gefragt, wohin sie gehen wollen. Von wenigen Ausnahmen abgesehen, wählen sie dann Positionen in den Grands Corps. Die besten zehn der ENA gehen zumeist in die Inspection des Finances und die besten zehn der Polytechnique zumeist in das Corps des Mines, weil diese beiden Grands Corps die besten Aussichten auf einen Wechsel in Toppositionen der Wirtschaft bieten.[24] Gleich 24 der aktuellen PDG der 100 größten Unternehmen waren zuvor in einem solchen Grand Corps.

Ein zweiter Weg verläuft über hohe Ministerialstellungen. Weitere 12 PDG waren in einer solchen tätig, zumeist als Mitglied oder Direktor eines Cabinet Ministériel, des engsten Mitarbeiterstabs eines Ministers.[25] Für diese Posten gilt, wenn auch weniger formal festgelegt und unter stärkerer Einbeziehung anderer angesehener Grandes Écoles, im Wesentlichen dasselbe wie für die Grands Corps. Dazu kommt unter den PDG noch ein früherer Wirtschaftsminister, der in einer frühen Karrierephase zudem für vier Jahre im Erziehungsministerium tätig war. Mit über 42 Prozent ist fast jeder zweite PDG den Weg über die Verwaltung oder die Politik gegangen. Es existiert sogar ein spezieller Begriff dafür, der der Pantouflage.

Der für den Zugang zu Spitzenpositionen ausgesprochen wichtige Zutritt zu den Grands Corps oder in ein Cabinet Ministériel bleibt für Nichtfranzosen so gut wie vollkommen verschlossen. Erstens gelangen sie schon nicht in die entsprechenden Studiengänge der ENA und der Polytechnique. Zweitens dürfte es nicht nur in

Frankreich so gut wie unmöglich sein, als Ausländer hohe Positionen im Staatsapparat zu erreichen. Als Nichtfranzose muss man also gleich zwei hohe Barrieren überwinden, was so gut wie ausgeschlossen ist.[26] Die Wirkung ist ähnlich, wenn auch nicht ganz so hermetisch, wie in Japan, der Mechanismus ist aber ein anderer. Dementsprechend hat der einzige der CEO, der als Ausländer an einer der beiden Hochschulen, der Polytechnique, studiert hat, auch keine Spitzenposition in einem französischen Unternehmen erreicht, sondern erst bei zwei britischen und dann bei einem Schweizer Konzern. Tidjane Thiam hat aufgrund besonderer familiärer Voraussetzungen – er ist der Sohn eines senegalesischen Ministers und Neffe des langjährigen Premierministers, seine Mutter die Nichte des ersten ivorischen Staatschefs – als Mitglied der frankophonen Elite Westafrikas zwar noch den Zugang zur Polytechnique geschafft, eine Karriere in einem französischen Unternehmen blieb ihm aber dennoch versagt.

Zwar gibt es auch in Japan Wechsel zwischen den verschiedenen Sektoren, es gibt mit »Amakudari« (»vom Himmel herabsteigen«) sogar einen dem französischen Wort »Parachute« (»mit dem Fallschirm abspringen«) vergleichbaren Begriff, der ebenfalls für Wechsel hoher Beamter in eine hohe Positionen in der Wirtschaft verwendet wird, die Wechsel führen in der Regel aber nicht an die Spitze der großen Unternehmen. Unter den Presidents der 100 größten Unternehmen gibt es nur einen einzigen, der vorher eine hohe Stellung in der Verwaltung innehatte. Das ist der President der Bank of Yokohama, Tatsumaro Terazawa, Absolvent der Todai. Er war zuvor als hoher Beamter im Finanzministerium und als Botschafter tätig. Er ist und bleibt aufgrund des innerbetrieblichen Aufstiegssystems aber genauso eine absolute Ausnahme wie der President des Baustoffkonzerns Lixil, Yoshiaki Fujimori, der zuvor 25 Jahre lang für ein anderes Unternehmen tätig war.[27]

Die Eliteuniversitäten in Großbritannien zeitigen dagegen keine ihren französischen oder japanischen Pendants vergleichbare Wirkung. Nur gut jeder dritte britische CEO hat in Oxford oder

Cambridge studiert, das auch schon ein um ein Viertel geringerer Prozentsatz als 1995. Von allen CEO der 100 größten britischen Unternehmen trifft es aber sogar nur noch auf knapp jeden vierten zu. Selbst wenn man zusätzlich noch die fünf renommierten schottischen und Londoner Eliteuniversitäten berücksichtigt, sieht es nicht anders aus. Dann ist es mit 28 Prozent gut jeder vierte. Zwei Jahrzehnte zuvor war es noch mehr als jeder zweite. Offensichtlich spielt das Studium an einer britischen Eliteuniversität für den Zugang zum Topmanagement britischer Großkonzerne keine auch nur annähernd so große Rolle wie in Frankreich oder Japan. Vor allem sorgt es nicht von vornherein für den Ausschluss ausländischer Bewerber, wie der hohe Anteil von Ausländern unter den CEO zeigt.

Das hat zwei wesentliche Gründe. Zum einen sind die britischen Eliteuniversitäten internationaler als die französischen und vor allem als die japanischen. In Oxford kommt ein Drittel der Studierenden aus dem Ausland, im Undergraduate-Bereich immerhin noch ein Sechstel. In Cambridge liegt der Prozentsatz zwar etwas niedriger – bei den Untergraduate-Studierenden sind es 11 Prozent[28] –, verglichen mit Todai oder Kyodai sind das aber sehr hohe Werte. Die führenden Grandes Écoles kommen zwar auf ähnliche Prozentsätze, anders als dort gibt es an den britischen Eliteuniversitäten aber keine typischen speziellen Eingangsprüfungen und Studiengänge, die Ausländer von den für Spitzenkarrieren entscheidenden Examina so gut wie komplett ausschließen. Außerdem fällt die Selektivität von Oxford und Cambridge deutlich geringer aus. In den entsprechenden Studienjahrgängen waren an diesen beiden Universitäten immerhin acht bis zwölf Prozent aller Studierenden eingeschrieben und nicht nur ein halbes bis ein Prozent wie an den drei führenden Grandes Écoles. Zum anderen, und das ist der wichtigere Punkt, existiert kein direkter Zusammenhang zwischen dem Studium an einer der Elitehochschulen und dem Zugang zu Spitzenpositionen, so wie er in Frankreich und Japan zu beobachten ist. Weder gibt es in britischen Unternehmen eine der japanischen Rekrutierungs- und Beförderungspolitik ähnelnde Praxis, noch existiert ein System, das dem der Aufnahme in die Grands Corps oder dem Zugang zu den Cabinets Ministeriels entspricht. Zwar spielt der Abschluss in Oxbridge für den Zugang zu und die Karriere in der hohen Verwaltung nach wie vor eine große Rolle,[29] der Aufstieg in eine Spitzenstellung im Civil Service ermöglicht aber im Unterschied zu den Grands Corps nur ganz ausnahmsweise auch einen Wechsel in Toppositionen der Wirtschaft. Es gibt in Großbritannien keine Entsprechung zur Pantouflage oder auch nur zum »Amakudari«. Gerade einmal ganze sechs Prozent der CEO haben zuvor eine Stellung außerhalb der Wirtschaft bekleidet. Fast 70 Prozent weisen dagegen Karrieren auf, in deren Verlauf sie in verschiedenen Unternehmen tätig waren (s. Tabelle 5.5).

Obwohl der Grad der Internationalisierung des Topmanagements und dessen Entwicklung in den USA ähnlich wie in Frankreich ausfallen, kommt den Eliteuniversitäten bei der Rekrutierung des Topmanagements doch ein ganz anderes Gewicht zu. Erstens schöpfen die großen US-Konzerne aus einem deutlich größeren Rekrutierungspool als ihre französischen Pendants. Sie können aufgrund der ungleich höheren Bevölkerungs- und Studierendenzahl nicht nur ganz generell auf erheblich mehr Bewerber zurückgreifen, sie konzentrieren sich auch nicht so stark auf einzelne Elitehochschulen. So kommt, ähnlich wie in Großbritannien, nur jeder dritte CEO von einer der Ivy League-Hochschulen, mit Harvard an der Spitze. An diesen Universitäten waren in den entsprechenden Jahrgängen drei bis sechs Prozent der Studierenden eingeschrieben. Nimmt man die anderen Elitehochschulen wie etwa Chicago oder Stanford noch hinzu, kommt man in den USA auf knapp 50 Prozent der Topmanager bei ungefähr acht bis 15 Prozent der Studierenden. In Frankreich lauten die vergleichbaren Werte für die acht führenden Grandes Écoles dagegen gut 60 bis gut 70 Prozent der PDG bei einem bis zwei Prozent der Studierenden. Die Relationen unterschieden sich doch ganz erheblich.

Zweitens stehen die Eliteuniversitäten ausländischen Studierenden genauso offen wie die britischen. In Harvard und Berkeley kommen derzeit circa 22 Prozent der Studierenden aus dem Ausland, in Yale knapp 20, in Stanford knapp 24 Prozent und am MIT sogar über 30 Prozent, allerdings überwiegend im Graduate-Bereich. Im Undergraduate-Studium sind es durchweg um die zehn Prozent. Drittens schließlich gibt es keine Japan oder Frankreich vergleichbaren Verknüpfungen zwischen Hochschulbesuch und dem Zugang zu Topkarrieren. Die Elitehochschulen sind nicht nur fast durchweg private Einrichtungen mit jeweils eigenen, keinerlei staatlichen Einflüssen unterliegenden Aufnahmeprüfungen, es existieren auch keine institutionell festgelegten Zugangswege von den Eliteuniversitäten in unternehmensinterne Karrieresysteme wie in Japan oder in staatliche Spitzenpositionen wie in Frankreich. Zwar haben viele Spitzenpolitiker an den Eliteuniversitäten studiert, die letzten vier Präsidenten beispielsweise sämtlich in Harvard oder Yale, und es gibt regelmäßige Wechsel aus der Wirtschaft in die Politik und teilweise auch wieder zurück bzw. umgekehrt (Domhoff 2009; Hartmann 2009b). Staatlich geregelte oder zumindest stark beeinflusste Karrierewege zwischen den Spitzenpositionen in den einzelnen Sektoren existieren aber im Unterschied zu Frankreich nicht. Nur gut jeder zwölfte CEO war im Verlauf seiner beruflichen Laufbahn auch außerhalb der Wirtschaft tätig. Die übrigen verteilen sich fast gleichstark auf Hauskarrieren und Karrieren mit Unternehmenswechseln (s. Tabelle 5.5).

5.5. Elitehochschulen – ein Hindernis für die Internationalisierung

Die dargelegten Ergebnisse zeigen eines ganz eindeutig: Elitehochschulen erweisen sich für ausländische Manager nur unter zwei Voraussetzungen als schwer oder kaum zu überwindendes Hindernis beim Zugang zum Topmanagement. Entweder sind sie, wie in Frankreich, eng verzahnt mit einer anschließenden hohen Position im Staatsdienst, die dann wiederum den Weg an die Spitze großer Unternehmen ebnet,[30] oder sie sind, wie in Japan, mit einer sofortigen Rekrutierung durch das Unternehmen verknüpft, in dem man dann seine gesamte Berufslaufbahn verbringt. Ist beides nicht der Fall, wirkt sich ihr nach wie vor existentes Gewicht zwar hemmend auf die Aufstiegsambitionen ausländischer Kandidaten aus, mehr aber auch nicht.

Der Vergleich zwischen Frankreich und Großbritannien, den beiden ältesten noch existenten Nationalstaaten Europas, macht das sehr deutlich. In Frankreich haben die führenden Grandes Écoles ihre Stellung als entscheidende Karrierevoraussetzung für Spitzenpositionen nicht nur in der Wirtschaft behaupten können, sondern auch in den anderen wichtigen Sektoren. Ihre gesamtgesellschaftliche Funktion als zentrale nationale Elitebildungsstätten und verbindendes Element zwischen den Teileliten ist allen Internationalisierungsanforderungen zum Trotz bislang nicht ernsthaft in Frage gestellt. So sind Absolventen von ENA und Sciences Po im jetzigen Kabinett Valls genauso stark vertreten wie schon in den Kabinetten der zwei Jahrzehnte zuvor.[31] Sie stellen knapp die Hälfte der Minister. Auch der Staatspräsident kommt wie zwei seiner letzten vier Vorgänger (Giscard d'Estaing und Chirac) von der ENA. In den Cabinets Ministériels sind 21 von 42 Direktoren und stellvertretenden Direktoren ehemalige ENA-Studierende (Enarques). Weitere acht kommen von der Polytechnique und noch einmal drei von anderen renommierten Grandes Écoles. Auch das sind Prozentsätze, die sich seit den 1990er Jahren kaum verändert haben. Dasselbe gilt für zwei der höchsten Gerichte, das oberste Verwaltungsgericht Conseil d'État und das oberste Finanzgericht Cours des Comptes. Am ersten kommen 47 von 50 Gerichtspräsidenten und stellvertretenden Gerichtspräsidenten von der ENA, am zweiten immerhin sieben der acht Gerichtspräsidenten, einer der zwei Generalsekretäre und der Generalstaatsanwalt, also neun der elf zentralen Personen. Die beiden anderen haben ebenfalls an einer der renommierten Grandes Écoles studiert.

In Großbritannien sieht das anders aus, und zwar nicht nur in der Wirtschaft. Auch im Regierungskabinett Cameron lässt sich verglichen mit den beiden letzten konservativen Regierungen unter Thatcher und Major ein deutlicher Bedeutungsverlust konstatieren. Stellten Oxbridge-Absolventen damals noch vier von fünf Ministern, so trifft das heute nur noch auf einen von zwei zu. In der hohen Verwaltung und Justiz hat es deutlich weniger Veränderungen gegeben. Unter den 114 höchsten Richtern des Landes haben immer noch zwei Drittel an diesen beiden Universitäten studiert, allerdings auch weniger als in den 1990er Jahren, wo es noch gut drei Viertel waren. Bei den Staatsekretären ist demgegenüber mit um die 70 Prozent Oxbridge-Absolventen alles beim Alten geblieben.[32] Die die Sektoreliten verbindende Kraft von Oxbridge hat in den letzten zwei Jahrzehnten aber auf jeden Fall spürbar nachgelassen.

Vielleicht noch wichtiger aber ist, dass die in dieser Hinsicht früher noch bedeutsameren Privatschulen, vor allem die renommierten Public Schools unter ihnen, massiv an Einfluss eingebüßt haben. Letztere nämlich bildeten früher aufgrund ihrer, verglichen mit Oxbridge, viel geringeren Größe und zugleich höheren sozialen Selektivität[33] sowie ihrer sehr effektiven Ehemaligennetzwerke noch mehr als Oxbridge das zentrale Bindeglied zwischen den verschiedenen Sektoreliten, zumal sie auch für die Ausbildung der Spitzenmilitärs anders als Oxbridge eine zentrale Rolle spielten.[34]

1995 hatten noch gut drei Viertel der 93 britischen Unternehmenschefs in den Top 100 Unternehmen eine Privatschule besucht, im Finanzsektor sogar über vier Fünftel. Allein elf von ihnen waren in Eton, der berühmtesten Public School, mehr als jeder vierte auf einer der Clarendon Nine, den neun renommiertesten Public Schools, zu denen auch Eton zählt. Das hat sich in den beiden folgenden Jahrzehnten gravierend verändert. 2005 gab es nur noch vier Etonians und ein Dutzend ehemalige Clarendon-Schüler. Heute sind es sogar nur noch drei Etonians und sechs Clarendon-Absolventen. Der Anteil der früheren Privatschüler ist in diesen zwei Jahrzehnten von drei Vierteln über gut die Hälfte auf inzwischen nur noch ein knappes Drittel gesunken. Unter Einbeziehung der ausländischen CEO liegt er sogar bei weniger als einem Viertel. Die Privatschulen und vor allem die renommierten Public Schools haben ihre ehemals zentrale Bedeutung weitgehend eingebüßt.

Eine zentrale Rolle dabei dürfte vor allem die massive Umstrukturierung des die britische Wirtschaft seit über einem Jahrhundert dominierenden Finanzsektors gespielt haben. Die klassischen großen Privatbanken, an deren Spitze durchweg Clarendon-Absolventen, häufig Etonians, standen, sind bis auf Schroders, wo das auf den aktuellen CEO, Michael Dobson, auch immer noch zutrifft, verschwunden. Sie sind Mitte der 1990er Jahre von ausländischen Großbanken übernommen worden, wie etwa Kleinwort-Benson von der Dresdner Bank, SG Warburg durch die Schweizerische Bankgesellschaft oder die Barings Bank durch die niederländische ING-Gruppe. Aufgrund ihrer zentralen Stellung in der City of London und im Kern der britischen Upper Class hatten sie zuvor auch die Rekrutierung des Spitzenpersonals in den anderen Finanzkonzernen sowie, allerdings weniger stark, in der übrigen Wirtschaft merklich beeinflusst.[35] Das ist heute weitgehend vorbei und damit auch der ehemals dominierende Einfluss der renommierten Public Schools. Die aus Sicht der verantwortlichen Protagonisten in Wirtschaft und Politik für den Finanzplatz London unverzichtbare Deregulierung und internationale Öffnung hat dieser Tradition im Großen und Ganzen die Basis entzogen.

Das gilt zwar vor allem für die Spitzenpositionen in der Wirtschaft, trifft in abgeschwächter Form aber auch auf die anderen Teileliten zu. So waren in den Regierungskabinetten von Thatcher neun von zehn Ministern Schüler einer Privatschule, allein jeder vierte ein Absolvent von Eton. Unter Major lagen die Prozentsätze mit 64 bzw. neun Prozent zwar schon deutlich niedriger, waren aber immer noch beeindruckend. Eton hat seine Präsenz mit zwei von 22 Kabinettsmitgliedern – darunter Ministerpräsident Cameron – zwar behaupten können, die Privatschulen insgesamt haben aber einen weiteren Rückgang auf nur noch 40 Prozent hinnehmen müssen. Unter den Staatssekretären ist die Entwicklung im Kern vergleichbar. Von einer Privatschule kommen heute ebenfalls 40 Prozent statt 75 Prozent wie noch in den 1990er Jahren. Der Anteil der Clarendon Nine ist mit 12 gegenüber 14 Prozent allerdings recht stabil geblieben.[36] Auch bei den hohen Richtern sieht es alles in allem ähnlich aus. Der Anteil der Privatschüler ist von vier Fünfteln auf die Hälfte geschrumpft, der Anteil der Clarendon Nine sogar von über einem Viertel auf nur noch 14 Prozent. Auch wenn immer noch jeder siebte hohe Richter auf einer der Clarendon Nine war, hat sich die Bedeutung der Privatschulen und gerade die der renommierten Public Schools in den vergangenen zwei Jahrzehnten spürbar reduziert. Als verbindendes Glied zwischen den Teileliten sind sie im Falle der Wirtschaft weitgehend entfallen, im Falle der anderen drei Sektoren spürbar geschwächt, wenn auch immer noch präsent (Commission on Social Mobility and Child Poverty 2014).

Hinsichtlich der Internationalisierung der Wirtschaftselite bedeutet das, dass das französische Elitebildungssystem ihr nach wie vor entscheidende Hindernisse in den Weg legt, während das beim britischen nicht der Fall ist. Die Eliteschulen und -hochschulen Großbritanniens bleiben für die einheimischen Topmanager zwar von beträchtlicher Bedeutung, sie beeinflussen den Grad an Internationalisierung in der Wirtschaftselite aber nur sehr begrenzt. Für die beiden anderen Länder mit Elitehochschulen, Japan und die USA, lässt sich vergleichbares sagen. Japan ähnelt in dieser Beziehung Frankreich, weil die Eliteeinrichtungen durch die spezifische Form der Karrierewege die Wirtschaftselite für Ausländer weitgehend verschließen und zudem eine zentrale Rolle in der Verbindung der Teileliten spielen (Colignon/Usui 2003; Schmidt 2005). Die USA ähneln Großbritannien, weil den Eliteuniversitäten in beiderlei Beziehung keine derartige Bedeutung zukommt.

Was die zukünftige Entwicklung angeht, so spricht wenig dafür, dass sich an diesen Differenzen in absehbarer Zeit etwas nennenswert verändert. Zusätzlich zu den schon geschilderten Entwicklungen gibt es dafür ein weiteres interessantes Indiz, die sehr unterschiedlichen Einstellungen der heutigen Studierenden an den Elitehochschulen der beiden Länder. Wie eine aktuelle Vergleichsstudie über Studierende an der Sciences Po und in Oxford zeigt, ist die Orientierung der Studierenden an der Sciences Po im Kern immer noch die gleiche wie früher. Man orientiert sich weiterhin in erster Linie an der Nation bzw. dem französischen Staat und sieht auch seine berufliche Zukunft immer noch stark im öffentlichen Dienst. Die Studierenden in Oxford dagegen sehen sich als zukünftiger Bestandteil einer internationalen Elite und wollen ihre weitgehend außerhalb des öffentlichen Dienstes erfolgenden Karrieren durch stetige und auch grenzübergreifende Tätigkeitswechsel vorantreiben (Power et al. 2013). Unabhängig davon, ob diese Berufswünsche auch alle in Erfüllung gehen, zeigt die eindeutige Differenz in der Grundeinstellung auf jeden Fall, wie tief die nationale Tradition eines wesentlich vom Staat organisierten und auch auf ihn orientierten Elitebildungssystems in Frankreich bis heute verwurzelt ist und wie vergleichsweise wenig davon heute in Großbritannien noch zu sehen ist. Ähnliches gilt auch für Japan auf der einen sowie die USA auf der anderen Seite.

6. DIE GLOBALE WIRTSCHAFTSELITE – AUCH AM HORIZONT NICHT ZU SEHEN

Will man eine generelle Antwort auf die Ausgangsfrage nach der globalen Wirtschaftselite geben, so kann sie nur lauten: Nein, es gibt keine globale Wirtschaftselite und es wird auf absehbare Zeit auch keine geben. Die grenzüberschreitende Mobilität der dafür in Frage kommenden Personen ist einfach zu gering. Weder bei den CEO und Chairmen der 1000 größten Unternehmen der Welt noch bei deren Board-Mitgliedern ist der Anteil der Ausländer hoch genug, um von einer globalen oder transnationalen Elite oder Klasse oder auch nur von einem eindeutigen Trend in diese Richtung sprechen zu können. Auch die 1000 reichsten Milliardäre der Welt ändern an dieser Feststellung nichts. Sie sind keine um den Erdball jettenden »kosmopolitischen Nomaden«, sondern leben in den allermeisten Fällen in ihrem Heimatland. Schließlich erweist sich auch die Annahme, dass die führenden Business Schools und Elitehochschulen Brutstätten einer globalen oder transnationalen Elite oder Klasse darstellen, als nicht zutreffend. Diese Elitebildungsinstitutionen bleiben ganz überwiegend in den Traditionen nationaler Elitebildungssysteme verankert. Bei genauerem Hinsehen zeigen sich allerdings erhebliche Differenzen zwischen einzelnen Ländern und zum Teil auch zwischen den – hinsichtlich ihrer Stellung in den Unternehmen – unterschiedlichen Personengruppen.

6.1. Topmanager und Milliardäre – die empirischen Ergebnisse

Am stärksten internationalisiert – die Mitglieder der Boards

Wenn Vertreter der These von der globalen oder transnationalen Elite empirische Belege präsentieren, so beziehen diese sich so gut wie immer auf die Mitglieder der Boards großer multinationaler Konzerne. Das ist kein Zufall, denn diese Personen stellen tatsächlich die Gruppe im Management dar, die am stärksten internationalisiert ist. In den Großkonzernen der Industriestaaten kommt man auf einen durchschnittlichen Ausländeranteil von einem Sechstel. Das scheint auf den ersten Blick zumindest ein Indiz für die mögliche Entstehung einer solchen Elite oder Klasse zu sein. Auf den zweiten Blick erweist sich jedoch, dass dieser Durchschnittswert über drei ganz entscheidende Punkte hinwegtäuscht.

Erstens gibt es mehrere große Industriestaaten, die weit unterhalb dieses Durchschnittswerts liegen. Darunter sind auch die zwei größten Industrieländer, Japan und die USA. In den USA sitzen in den Boards der großen Unternehmen – ebenso wie auch in Italien – nur ganze acht Prozent Ausländer. In Japan sind es sogar gerade einmal gut zwei Prozent. Nimmt man noch die beiden größten Schwellenländer China und Indien hinzu, in deren Boards der Ausländeranteil noch etwas niedriger liegt als in Japan bzw. als in den USA, dann relativiert sich der Durchschnittswert von einem Sechstel doch sehr stark.

Zweitens bezieht sich dieser Wert in der Mehrzahl der Fälle nur auf die Non-executive Members, sprich die Mitglieder der Aufsichtsräte, und nicht auf die Executive Members, die Vorstandsmitglieder. Die Prozentsätze für die ausländischen Executives liegen mehrheitlich weit unter denen für die Non-executives. Sie bewegen sich dabei in einem Rahmen zwischen null und acht Prozent mit einem Durchschnitt von gerade einmal gut vier Prozent. Nur in vier europäischen Ländern – von der Schweiz über Deutschland und die Niederlande bis nach Großbritannien – und eventuell auch in Kanada wird noch ein Anteil von einem Viertel erreicht. Da die Executives das operative Geschäft führen, während die Non-executives sich nur für eine begrenzte Anzahl von kurzen, meist eintägigen Meetings – je nach Land im Schnitt zwischen sechs und zwölf pro Jahr – treffen, sind sie aber die für den Nachweis hinreichender grenzüberschreitender Mobilität entscheidende Gruppe. Wer nur ein paar Mal pro Jahr für ein oder zwei Tage in ein fremdes Land reisen muss, der ist nicht wirklich international mobil. Er verbleibt so gut wie vollkommen in den Grenzen seiner nationalen Identität, weil die kurzen Aufenthalte im Ausland ihn nicht zwingen, sich mental tatsächlich in fremde Kulturen einzufinden und seine eigene nationale Identität halbwegs ernsthaft zu hinterfragen. Das aber wäre eine Grundvoraussetzung für die Herausbildung einer transnationalen oder gar globalen Identität.

Drittens schließlich liegt der Ausländeranteil bei der mächtigsten Person unter den Non-executives und der einzigen, die regelmäßig auch für längere Phasen am Hauptsitz des Unternehmens anwesend sein muss, beim Chairman, deutlich unter dem der übrigen Non-executives. Das gilt in erster Linie für jene Länder, in denen sich die Executives nur vergleichsweise wenig von den Non-executives unterscheiden. In den niederländischen und Schweizer Großunternehmen liegt er ungefähr um ein Viertel, in den britischen und kanadischen um etwa ein Drittel und im Falle der deutschen Aufsichtsratsvorsitzenden sogar um fast zwei Drittel niedriger. Lässt man bei den britischen Unternehmen die Chairmen jener binationalen Unternehmen unberücksichtigt, deren Nationalität mit der des tatsächlichen Headquarters ihrer Firma identisch ist, reduziert sich der Anteil dort fast in ähnlichem Umfang wie in den deutschen Konzernen. Bei den im FTSE 150 gelisteten Unternehmen liegt er dann nur noch bei 16 Prozent. Auch hier zeigt sich wieder die Grundregel, dass der Anteil der Ausländer umso geringer ausfällt, je mehr es um wirkliche transnationale Mobilität geht. Berücksichtigt man zudem noch, dass sich die Prozentsätze für die ausländischen

Executives während des letzten Jahrzehnts in den sechs führenden europäischen Ländern – von Deutschland über Frankreich, Großbritannien und die Niederlande bis Italien und Spanien – so gut wie überhaupt nicht mehr verändert haben, spricht letztlich selbst bei den Mitgliedern der Boards nur noch wenig für eine entstehende globale oder transnationale Elite oder Business Class. Dafür spricht auch noch ein weiteres Argument. Anders als von manchen Forschern vermutet, führen transnationale Fusionen längst nicht immer zu Boards, in denen die beiden Nationalitäten der Fusionspartner dauerhaft vertreten sind. Zwei um die Jahrtausendwende vollzogene große Fusionen zeigen das deutlich, die von Vodafone und Mannesmann und die von Pfizer und Pharmacia 2003. Heute sitzt im Board von Vodafone kein einziger Deutscher und im Board von Pfizer kein einziger Schwede mehr. Die Boards sind vielmehr so zusammengesetzt wie in den beiden Ländern üblich, in denen sie ihren Hauptsitz haben. Bei Vodafone stellen Briten nur eine knappe Mehrheit der Board Members, bei Pfizer dominieren US-Amerikaner dagegen mit über 90 Prozent.

Die CEO – große Unterschiede zwischen den Ländern

Bei den CEO der 1000 größten multinationalen Großkonzerne bietet sich insgesamt ein ähnliches Bild. Mit 126 kommt gerade einmal jeder achte von ihnen aus dem Ausland. Die Unterschiede zwischen den einzelnen Ländern sind dabei aber enorm. Der Prozentsatz ausländischer CEO reicht von null Prozent in den großen asiatischen Staaten China, Indien und Südkorea, aber auch in Italien, Russland und Spanien bis hin zu hohen Anteilen von knapp bzw. genau 45 Prozent in Großbritannien und Australien und einem absoluten Spitzenwert von 72 Prozent in der Schweiz. Dazwischen liegen zum einen Länder mit niedrigen Prozentsätzen von ein bis acht Prozent wie Japan, Frankreich und die USA oder mit vergleichsweise hohen von ungefähr 15 bis 30 Prozent wie Schweden, Deutschland, Kanada und die Niederlande.

Diese großen Differenzen relativieren sich allerdings, wenn man jene ausländischen CEO, die aus dem gleichen oder einem sehr ähnlichen Sprach- und Kulturraum kommen, außen vor lässt und nur diejenigen betrachtet, die aus einem fremden Sprach- und Kulturraum stammen. Dann bleibt mit der Schweiz nur ein einziges Land übrig, dessen große Unternehmen mit 44 Prozent immer noch einen hohen Anteil an Ausländern unter ihren CEO aufweisen. In Großbritannien und in den Niederlanden sinkt er dagegen massiv auf nur noch 14 bzw. knapp zwölf Prozent. Dasselbe gilt auch für fast alle anderen Länder mit ausländischen CEO. Ihr Anteil reduziert sich mindestens um die Hälfte wie in den schwedischen Unternehmen, zumeist aber stärker, um zwei Drittel bis über vier Fünftel. Der Durchschnittswert für alle 1 000 Unternehmen beträgt dann gerade noch 4,6 Prozent. Ausländische CEO kommen in ihrer großen Mehrheit nicht aus wirklich fremden Kulturen, sondern stammen in den Konzernen der angelsächsischen Länder überwiegend aus anderen angelsächsischen Staaten, in den deutschen Unternehmen aus den benachbarten Ländern Österreich, Schweiz, den Niederlanden oder Dänemark, in den niederländischen aus Belgien oder Deutschland und in den schwedischen aus den anderen skandinavischen Staaten.

Beim zweiten Kriterium für transnationale Mobilität, dem Ausmaß an Auslandserfahrungen bei den CEO, sieht es erwartungsgemäß besser aus. Mit 22,5 Prozent verfügt mehr als ein Fünftel der CEO über derartige Erfahrungen, hat also zumindest einmal im Leben für wenigstens sechs Monate am Stück im Ausland gelebt. Zwar existieren auch in dieser Beziehung große Unterschiede zwischen den einzelnen Ländern, sie fallen aber doch deutlich geringer aus als beim Prozentsatz der Ausländer. Die deutschen CEO liegen diesmal mit einem Anteil von drei Vierteln vorn, gefolgt von ihren italienischen, niederländischen und schwedischen Kollegen mit um die 50 Prozent. Die meisten anderen Länder kommen auf Werte zwischen knapp 20 und gut 30 Prozent. Abgesehen von kleineren Ländern wie etwa Irland bringen es einzig die beiden größten Wirtschaftsmächte der Erde, China und die USA, nur auf einstellige Prozentsätze. Anders als bei den ausländischen CEO spielt die sprachliche und kulturelle Nähe bei den Auslandsaufenthalten keine wesentliche Rolle. Bemerkenswert ist dafür, dass diese Aufenthalte mehrheitlich im Verlauf einer innerbetrieblichen Karriere stattfinden. Es verändert sich damit zwar die nationale Kultur, innerhalb deren sich die späteren CEO bewegen, aber nicht die Unternehmenskultur. Das spielt vor allem für die ostasiatischen Topmanager eine wichtige Rolle. Angesichts der in den japanischen und südkoreanischen Großkonzernen üblichen sehr starken Identifizierung mit der eigenen Firma relativiert das den mit gut 30 Prozent vergleichsweise hohen Anteil an auslandserfahrenen CEO dort doch deutlich.

Grenzt man den Kreis der Unternehmen auf die jeweils hundert größten der sechs führenden Wirtschaftsmächte der Welt ein, so gibt es zwei bemerkenswerte Änderungen. In Großbritannien sinkt der Ausländeranteil um ein Viertel auf 33 Prozent und in Deutschland und Frankreich passiert dasselbe mit den Auslandserfahrungen, die um ein Drittel bzw. um ein Viertel auf gut 46 bzw. 26 Prozent zurückgehen. In den italienischen Unternehmen halbiert sich der Anteil der auslandeserfahrenen CEO sogar, wenn man den Kreis der Firmen von 14 auf 30 verdoppelt. Der Internationalisierungsgrad nimmt erwartungsgemäß parallel zur Größe der Unternehmen ab. Noch interessanter sind aber die Veränderungen im Zeitverlauf. Zwischen 1995 und 2015 fallen sie je nach Land sehr unterschiedlich aus. In den britischen und deutschen Unternehmen steigt der Ausländeranteil stark an, um das Fünf- bis Siebenfache, und bei den deutschen CEO ist auch fast eine Verdopplung bei den Auslandserfahrungen zu konstatieren. Bei den französischen und den US-Unternehmen gibt es nur eine relativ bescheidene Zunahme der ausländischen CEO und der Auslandserfahrungen. Bei den chinesischen und japanischen CEO kommt es sogar zu einer rückläufigen Entwicklung, weil der Prozentsatz der einheimischen CEO mit Auslandserfahrung zurückgeht und ausländische CEO nach wie vor Mangelware sind.

Die sowieso schon nicht gerade überwältigenden Prozentsätze für die Inter- und auch die Transnationalität der CEO verlieren noch einmal an Gewicht, berücksichtigt man drei weitere Punkte. Erstens steht ein nicht unerheblicher Teil der ausländischen CEO an der Spitze von Konzernen, die binational sind oder nur aus steuerlichen Gründen ihren juristischen Sitz in einem Land haben, ihr tatsächliches Headquarter aber in einem anderen. Lässt man alle CEO außen vor, die in den binationalen Unternehmen die Nationalität eines der beiden Herkunftsländer besitzen oder in den Unternehmen mit getrenntem rechtlichen und faktischen Hauptsitz am tatsächlichen Sitz des Unternehmens tätig sind, dann reduziert sich der Ausländeranteil noch einmal um ein gutes Fünftel auf dann unter zehn Prozent. Zweitens repräsentieren unter den Top 20 die sieben Staaten, deren Großunternehmen auf über zehn Prozent Ausländer unter ihren CEO kommen, nur ein Sechstel der Weltwirtschaftsleistung und sogar nur gut drei Prozent der Weltbevölkerung. Die sieben größten Länder, deren Großkonzerne keine Ausländer unter ihren CEO aufweisen, bringen es demgegenüber auf knapp 30 Prozent der Weltwirtschaftsleistung und auf fast die Hälfte der Weltbevölkerung. Das zeigt, wie begrenzt der Internationalisierungsprozess im weltweiten Maßstab noch ist.

Drittens schließlich gibt die Entwicklung im letzten Jahrzehnt bei den Unternehmen, die in den führenden Aktienindices vertreten sind und sich durch einen relativ hohen Inter- und/oder Transnationalisierungsgrad des Spitzenmanagements auszeichnen, Anlass zu der Vermutung, dass in dieser Hinsicht mittlerweile so etwas wie eine Sättigungsgrenze erreicht ist, die in absehbarer Zeit nur noch schwer spürbar nach oben zu durchbrechen sein dürfte. Dafür sprechen beispielsweise die Neubesetzungen von CEO-Positionen bei den deutschen und britischen Großunternehmen, die zwischen Anfang 2015 und Ende 2016 erfolgt bzw. geplant sind und bei denen Ausländer beteiligt waren bzw. sind.

In Deutschland wurden in zwei Unternehmen Ausländer durch Ausländer ersetzt, bei Henkel der Däne Kasper Rorsted durch den aus dem flämischen Teil von Belgien stammenden Hans van Bylen und bei Bilfinger erst der Österreicher Herbert Bodner durch den Norweger Per T. Utnegaard und dieser dann nach nur elf Monaten Amtszeit durch den Briten Thomas Blades. In vier weiteren aber wurde nur einmal ein Deutscher von einem Ausländer abgelöst, Herbert Hainer bei Adidas von Kasper Rorsted. Dreimal dagegen wurde bzw. wird ein Ausländer durch einen Deutschen ersetzt, die Niederländer Peter Terium bei RWE und Marijn Dekkers bei Bayer durch die Deutschen Rolf Martin Schmitz und Werner Baumann und der Österreicher Helmut Posch bei der Continentale Versicherung durch Christoph Helmich.

In den britischen Konzernen hat die Zahl der ausländischen CEO in diesen beiden Jahren ebenfalls leicht abgenommen. Zwar erfolgten fünf Wechsel nur von einem ausländischen CEO zu einem anderen, neben den (schon in Kapitel zwei) erwähnten bei Intertek und Inchcape noch die bei Prudential vom Ivorer Tidjane Thiam zum US-Amerikaner Mike Wells, bei Bunzl vom US-Amerikaner Michael Roney zum Niederländer Frank van Zanten und bei Rio Tinto vom Australier Sam Walsh zum Franzosen Jean-Sébastien Jacques. In einem Fall wurde aber auch ein Ausländer von einem Briten abgelöst, bei Marks & Spencer der Niederländer Marc Holland von Steve Row.

Die Milliardäre – überwiegend heimatverbunden

Richtet man den Blick auf die tausend reichsten Menschen der Welt, bestätigt sich der bisherige Eindruck. Sie praktizieren, anders als etwa Ulrich Beck vermutete, keine Polygamie des Ortes, sondern leben ganz überwiegend in ihren Heimatländern. Gerade einmal 90 von jenen insgesamt 1 041 Milliardären, die in der Forbes Liste die 1 000 ersten Plätze belegen, wohnen und leben im Ausland. Auch unter ihnen gibt es wieder große Unterschiede je nach Herkunftsland. Während die Milliardäre aus den USA, der Türkei, Chile und vor allem aus den ostasiatischen Staaten China, Japan, Südkorea und den Philippinen fast ausnahmslos in ihren Heimatländern leben, hat von den kanadischen, israelischen, deutschen, französischen und schwedischen Milliardären ein Viertel bis ein Drittel seinen Hauptwohnsitz ins Ausland verlegt. Die drei griechischen Milliardäre wohnen sogar allesamt außerhalb Griechenlands.

Entscheidend für diese Differenz sind in erster Linie drei Faktoren. Erstens, und das ist der wichtigste der drei Faktoren, veranlassen sehr günstige Steuergesetze viele dieser Milliardäre zu einem Wechsel ins Ausland. Das belegt die Tatsache, dass von den 90 Personen, auf die das zutrifft, gleich fast zwei Drittel in drei Staaten residieren, die weltweit für die steuerliche Begünstigung reicher Ausländer bekannt sind: 30 in der Schweiz, weitere 19 in Großbritannien und noch einmal acht in Monaco. Zweitens spielt eine große Rolle, ob Steueroasen existieren, in denen die gleiche oder zumindest eine ähnliche Sprache gesprochen wird wie im Heimatland. Aus diesem Grund bevorzugen die deutschen Milliardäre zu über zwei Dritteln die deutschsprachige Schweiz als Wohnsitz und die Franzosen wie die Italiener zur Hälfte jene Kantone der Schweiz, in denen ihre Muttersprache gesprochen wird. Bei den Milliardären aus Ländern des ehemaligen britischen Empire spricht dasselbe Argument für Großbritannien und vor allem für London, bei den Superreichen unter den Auslandschinesen für China oder Hongkong.

Bei ihnen wie der Mehrzahl der außerhalb Indiens lebenden indischen Milliardäre zeigt sich zudem, und das ist der dritte wichtige Faktor, dass der räumlichen Nähe zum eigenen Unternehmen eine beträchtliche Bedeutung zukommt. Sie wohnen und leben dort, wo ihr Unternehmen seinen Sitz hat, gegebenenfalls eben auch im Ausland. Deshalb lebt insgesamt auch nicht einmal jeder 25. Milliardär im Ausland, der als CEO aktiv ist. Bei denen, die die Position eines Chairman oder eines Vice-Chairman bekleiden, sind es prozentual mit 8,7 Prozent schon mehr als doppelt so viele.

Den mit Abstand höchsten Anteil an im Ausland residierenden Milliardären weist mit 16,9 Prozent aber die Gruppe der Rentiers auf, die nicht mehr an ein eigenes Unternehmen gebunden sind. Das Alter spielt dagegen keine Rolle. Entgegen der allgemeinen Vermutung, dass jüngere Alterskohorten internationaler oder kosmopolitischer seien als ältere, lebt die älteste Kohorte der vor 1955 geborenen mit einem Anteil von 9,5 Prozent am häufigsten im Ausland und die jüngste der ab 1965 geborenen mit einem von nur sieben Prozent am seltensten. Hier schlägt sich wieder ganz unübersehbar die Bindung zum Unternehmen nieder, die bei den jüngeren enger ist als bei den älteren, unter denen sich prozentual die meisten Rentiers befinden. Die Unternehmensbindung wirkt umso stärker in Richtung eines heimatlichen Wohnsitzes, je mehr die geschäftlichen Aktivitäten von engen Kontakten zum jeweiligen Staatsapparat profitieren. Das ist der wesentliche Grund dafür, dass die allermeisten russischen Milliardäre nicht, wie vielfach angenommen, in London oder in der Schweiz, sondern ganz oder, wie in einigen Fällen, zumindest überwiegend in Russland leben. Wirkliche Kosmopoliten wie Lakshmi Mittal, Philip Niarchos, Jorge Paolo Lemann oder Tatiana Casiraghi gibt es demgegenüber nur sehr wenige. Die Milliardäre, die im Ausland leben, haben diese Entscheidung in den meisten Fällen nur einmal in ihrem Leben getroffen.

Die berühmten Business Schools und Elitehochschulen –
keine Brutstätten einer globalen Elite

Auch die Prognose von Autoren wie Marceau, der zufolge die weltweit renommierten Business Schools wie die Harvard oder die Wharton Business School, das INSEAD oder die London School of Economics (LSE) bzw. die berühmten Elitehochschulen wie Harvard, Yale, Stanford, Oxford oder Cambridge Brutstätten einer globalen oder transnationalen Elite oder Klasse seien, erweist sich bei näherem Hinsehen als nicht richtig. All diese Eliteinstitutionen werden ganz überwiegend von den CEO, Chairmen oder Milliardären besucht, die aus dem Land stammen, in dem die jeweilige Business School oder Hochschule liegt.

Das trifft auch auf die beiden Business Schools zu, die bei den Spitzenmanagern mit jeweils 20 Absolventen am weitaus beliebtesten sind, die Harvard Business School und die HEC. Von den 20 CEO, die ihren MBA in Harvard gemacht haben, stammen 16 aus den USA, von den 20, die einen MBA der HEC ihr eigen nennen können, sogar alle ohne Ausnahme aus Frankreich. An den anderen bekannten Business Schools sind zwar mehr Ausländer zu finden. Dort haben zusammen aber auch nur gut 20 CEO studiert. Alles in allem stellen die CEO mit einem MBA-Abschluss aus dem Ausland nicht einmal zwei Prozent der CEO. Nimmt man die Milliardäre hinzu, ändert sich das Bild nicht. Von den 77 Absolventen der renommierten US-Business-Schools in ihren Reihen, 41 davon allein aus Harvard, stammen auch nur 17 aus dem Ausland. Berücksichtigt man zusätzlich noch die sechs, die am INSEAD oder an der LSE waren, kommt man auf einen Anteil von gerade einmal gut zwei Prozent aller Milliardäre, also nicht nennenswert mehr.

Die klassischen Elitehochschulen dieser Welt kommen zwar auf eine insgesamt sehr viel größere Anzahl an Absolventen unter den Topmanagern und Milliardären, aber auch in diesem Fall stammen sie ganz überwiegend aus dem eigenen Land. An den US-Eliteuniversitäten waren inklusive der Business Schools 128 US-amerikanische Milliardäre, aber nur 34 ausländische. An den britischen Eliteuniversitäten Oxford und Cambridge, den drei berühmtesten französischen Grandes Écoles: ENA, Polytechnique und HEC, und den fünf renommiertesten japanischen Eliteuniversitäten mit der Todai an der Spitze sieht es zwar anders aus, weil von den 20 Milliardären unter ihren Absolventen doch eine knappe Mehrheit von elf aus dem Ausland stammt. Angesichts der geringen absoluten Zahl ändert das am Gesamteindruck aber nichts. Auch bei Einbeziehung der anderen genannten Business Schools wie der LSE oder einer der anderen Topuniversitäten wie etwa des Imperial College in London bleibt das Bild dasselbe. Nur gut fünf Prozent der über 1 000 Milliardäre haben eine dieser Eliteeinrichtungen als Ausländer besucht. Weitere viereinhalb Prozent waren an einer anderen ausländischen Hochschule, so dass insgesamt nicht einmal jeder zehnte Milliardär überhaupt den Abschluss einer ausländischen Hochschule aufweisen kann.

Bei den CEO der 1 000 größten Unternehmen ist es nicht anders. Gerade einmal 46 von ihnen haben eine Elitehochschule im Ausland besucht. Demgegenüber waren allein 221 US-Amerikaner, Briten, Franzosen und Japaner auf einer der Elitehochschulen ihres eigenen Landes. In den letzten zwei Jahrzehnten hat sich an der großen Bedeutung der nationalen Elitebildungseinrichtungen für die einheimischen CEO zudem nicht Nennenswertes geändert. Daher kann man die berühmten Business Schools und Elitehochschulen auch beim besten Willen nicht als Keimzellen einer globalen oder transnationalen Elite bzw. Klasse bezeichnen. Ganz im Gegenteil. Dort wo sie wie in Frankreich und Japan eng mit ganz spezifischen nationalen Karrierewegen verknüpft sind, behindern sie die Internationalisierung sogar spürbar.

Keine globale Elite – aber unterschiedliche regionale Entwicklungstendenzen

Alles in allem bleibt zu konstatieren, dass von einer wirklich globalen Wirtschaftselite nichts zu sehen ist. Die grenzüberschreitende räumliche Mobilität der Mitglieder der nationalen Wirtschaftseliten reicht einfach bei weitem nicht aus, um eine gemeinsame Identität und einen gemeinsamen Habitus auszubilden, der sich von dem der auf nationaler Ebene verbleibenden Elitemitglieder deutlich unterscheidet. Weder unter den einfachen Mitgliedern der Boards noch unter den Chairmen und CEO der über 1 000 größten Unternehmen der Welt ist der Anteil der Ausländer oder der Einheimischen mit Auslandserfahrungen dafür hoch genug. Im Durchschnitt stammt nur jeder zehnte CEO der weltweit größten und global aktivsten Unternehmen und ein etwas höherer Prozentsatz der Chairmen und übrigen Board-Mitglieder aus dem Ausland. Sogar nur ungefähr jeder zwanzigste CEO kann einen Studienabschluss einer renommierten ausländischen Business School oder Elitehochschule aufweisen. All das ist umso aussagekräftiger, als diese Prozentsätze sich auf die größten Unternehmen der Welt beziehen. Weil die Inter- wie Transnationalität der Spitzenmanager umso stärker ausfällt, je größer die Konzerne sind, würden die Werte in dem Maß zurückgehen, in dem eine höhere Anzahl von Unternehmen berücksichtigt würde. Außerdem liegen die Prozentsätze in den größten Industrie- und Schwellenländern USA, Japan, China und Indien deutlich unterhalb der Durchschnittswerte und nur in wenigen Staaten Europas, entlang einer räumlichen Achse von der Schweiz bis Großbritannien, sowie in Australien und Kanada deutlich oberhalb.

Auf die gut 1 000 reichsten Menschen der Welt treffen diese Feststellungen ebenfalls zu. Auch von ihnen hat nur jeder zwanzigste als Ausländer an einer der erwähnten Business Schools oder Elitehochschulen studiert und nicht einmal jeder zehnte lebt im Ausland. Es gibt also weder gemeinsame Ausbildungsstätten noch Metropolen, in denen sich die Milliardäre über alle nationalen Grenzen hinweg konzentrieren, wo also die Basis für einen gemeinsamen Habitus gebildet werden könnte. Von den 20 Städten, die die meisten von ihnen in ihren Mauern beherbergen, insgesamt über ein Drittel, trifft das gerade einmal auf eine einzige zu, das – mit Blick auf die Anzahl an Milliardären – auf dem vierten Platz liegende London. Von den 46 dort wohnenden Milliardären stammt tatsächlich knapp die Hälfte nicht aus Großbritannien.[1] In allen anderen 19 Metropolen aber dominieren die einheimischen Superreichen mit einem Anteil von durchschnittlich weit über 90 Prozent. In New York, das mit 78 die meisten Milliardäre aufweist, handelt es sich fast ausschließlich um US-Amerikaner. Der Franzose Alain Wertheimer, einer der beiden Chanel-Eigentümer, bildet in dieser Beziehung eine absolute Ausnahme. Dasselbe gilt für Moskau, das mit 68 Milliardären auf dem zweiten Platz liegt. Es sind nur Russen. Auch die anderen Städte, von Beijing über Mumbai, Seoul und Istanbul bis Delhi, Dallas, Tokio und Djakarta, werden so gut wie ausnahmslos von einheimischen Milliardären bewohnt. Einzig Hongkong mit einer kleinen Anzahl an ausländischen Superreichen fällt etwas aus der Reihe. Da es aber fast nur Auslandschinesen sind, die dort wohnen, spricht selbst das nur sehr begrenzt für wirkliche Transnationalität (Chen 2015).

Im Übrigen sieht es bei den CEO genauso aus. London ist ebenfalls die einzige Stadt, in der eine größere Anzahl an ausländischen CEO arbeitet und lebt, insgesamt zwölf der 22 ausländischen CEO in den Unternehmen, die in der Forbes Liste zu Großbritannien gerechnet werden. Darunter befinden sich unter anderem die CEO von BP, Vodafone, Prudential, Aviva, BAT und Diageo. In den anderen Staaten wie Deutschland, Kanada, den USA und auch der Schweiz verteilen sich die ausländischen CEO dagegen zumeist über das ganze Land oder sie stellen eine winzige Minderheit dar wie in Paris. Eine homogenisierende Funktion für eine mögliche globale oder transnationale Elite kann außer London keine andere Stadt bieten. London allein stellt dafür aber eine viel zu geringe Anzahl der CEO in ihrer Gesamtheit.

Auch die in Analysen immer wieder als Beleg für eine globale oder transnationale Elite angeführten »interlocking directorates« könnten nur dann ein wirkliches Fundament für die Herausbildung einer solchen Elite darstellen, wenn sie über ein entsprechendes Ausmaß und vor allem auch eine entsprechende Dauerhaftigkeit verfügten. Transnationale Verbindungen, die an einzelnen Personen hängen, werden in ihrer Stabilität und Bedeutung oft weit überschätzt. Wie fragil derartige auf Einzelpersonen und nicht auf traditionsreichen Institutionen wie der ENA oder der Todai basierende Kontaktgeflechte sind, demonstriert das Beispiel Gerhard Cromme. Er war durch seine zentrale Position innerhalb der deutschen Wirtschaftselite als Aufsichtsratsvorsitzender von ThyssenKrupp wie Siemens und als Vorsitzender der Corporate Governance Kommission der Bundesregierung sowie seine frühere Position als zweiter Mann beim französischen Konzern Saint Gobain geradezu prädestiniert, eine zentrale Rolle in einer grenzüberschreitenden Elite zu spielen. 2005 stand er auch mit 18 Verbindungen noch an der Spitze, wenn es um den Manager mit den meisten Firmen miteinander verknüpfenden Board-Positionen innerhalb Europas ging. Er saß damals bei führenden deutschen Konzernen – neben Thyssen-Krupp auch noch bei Siemens, VW, Lufthansa, Hochtief, Eon und bei der Allianz – genauso im Aufsichtsrat wie bei großen französischen – neben Saint Gobain auch noch GDF Suez, BNP-Paribas und Thales. Fünf Jahre später war er auf der entsprechenden Liste nicht einmal mehr unter den Top 17 mit wenigstens vier Verbindungen zu finden (Heemskerk 2013: 93). Das dürfte im Wesentlichen mit den gravierenden Problemen bei ThyssenKrupp zu tun haben, die ihn zu einer Konzentration auf Deutschland zwangen. Heute spielt er, der früher eine zentrale Position innerhalb des deutschen wie des europäischen Netzwerks innehatte, keine nennenswerte Rolle mehr.

Für mehr Kontinuität und Stabilität könnten die großen Unternehmensberatungs- und Wirtschaftsprüfungsgesellschaften wie McKinsey, Boston Consulting oder Ernst & Young sorgen. Sie könnten die Grundlage für tatsächlich dauerhafte, weil institutionell basierte Netzwerke bilden. Schaut man sich unter diesem Blickwinkel die CEO der analysierten Unternehmen an, dann wird schnell klar, dass die Zahl von Ehemaligen dieser Firmen unter ihnen dafür aber bei weitem nicht ausreicht. Selbst bei McKinsey, das in dieser Beziehung einsam an der Spitze liegt, waren im Verlauf ihrer beruflichen Laufbahn nicht mehr als 22 der knapp 1 300 CEO. Darunter sind die aktuellen Vorstandschefs der Allianz und der Deutschen Post, Oliver Bäte und Frank Appel, sowie der bis Ende April 2016 amtierende Vorstandsvorsitzende der Commerzbank, Martin Blessing, für Deutschland, die CEO von Boeing (James McNerney), Abbott (Miles White) und Morgan Stanley (James Gormann) für die USA, die CEO von Vodafone (Vittorio Colao), BG (Helge Lund) und Legal & General (Nigel Wilson) für Großbritannien sowie in anderen Ländern die CEO von Credit Suisse (Tidjane Thiam), Generali (Mario Greco) und des brasilianischen Energiekonzerns Ultrapar (Thilo Mannhardt). Zwei Punkte sind dabei auffällig. Die Meckies, wie die Ehemaligen von McKinsey genannt werden, konzentrieren sich zum einen sehr stark auf nur drei Länder, die USA, Deutschland und Großbritannien, in denen über vier Fünftel von ihnen arbeiten. Zum anderen ist der Anteil von ausländischen CEO unter ihnen mit über 40 Prozent sehr hoch.

Die anderen sieben wichtigen Beratungs- und Prüfungsgesellschaften (Arthur Andersen,[2] Bain & Company, Boston Consulting, Deloitte, Ernst & Young, KPMG und PricewaterhouseCoopers) bringen es mit zusammen 21 Personen nicht einmal auf die Zahl von McKinsey. Zu ihnen zählen die drei US-Amerikaner Jeffrey Immelt, CEO von General Electric, der bei Boston Consulting war, Patricia Woertz, CEO von Archer Daniels, die bei Ernst & Young gearbeitet hat, und Meg Whitman, CEO von Hewlett Packard, die bei Bain & Company war, sowie die zwei Briten Alison Cooper, CEO von Imperial Tobacco, die bei PWC, und John Cryan, Vorstandschef der Deutschen Bank, der bei Arthur Andersen aktiv war. Wieder ist eine Konzentration auf Deutschland, Großbritannien und die USA festzustellen, auf die fast vier Fünftel dieser Ex-Berater entfallen. In den anderen Ländern spielen Ehemalige dieser sieben führenden Beratungsfirmen, wie schon die Meckies, kaum eine Rolle. Es gibt sie nur vereinzelt. So war der PDG von Danone, Emmanuel Faber, zwei Jahre bei Bain & Company, der CEO von LafargeHolcim, Eric Olsen, bei Deloitte, der CEO des schwedischen Konzerns SCA, Magnus Groth, bei Boston Consulting und der CEO der Allied Irish Bank, Bernard Byrne, bei PWC. Nimmt man noch alle anderen Beratungsfirmen wie etwa Roland Berger oder Booz Allen Hamilton hinzu, kommt man insgesamt auf gerade einmal 50 CEO, die im Verlauf ihres Berufslebens bei einem solchen Unternehmen tätig waren. Das ist ein Anteil von nicht einmal vier Prozent. Mit Ausnahme der Meckies handelt es sich bei ihnen zudem zu 90 Prozent um einheimische Manager. Selbst wenn man unterstellt, dass all diese Berater aus verschiedenen Unternehmen ein gemeinsames Netzwerk bilden könnten, was unrealistisch ist, wäre schon ihre Anzahl dafür viel zu niedrig. Außerdem könnte sich das Netzwerk im Grunde nur auf drei Länder erstrecken, weil vier Fünftel der früheren Berater in Deutschland, Großbritannien und den USA tätig sind.

Auch wenn man einen größeren Personenkreis einbezieht, ändert sich das Bild nicht nennenswert. Bei den Chairmen liegt die Anzahl früherer Berater noch wesentlich niedriger als bei den CEO. Von den knapp 530 Vorstandsmitgliedern der hundert größten deutschen Unternehmen waren auch weniger als 40 im Rahmen ihrer Karriere bei einer der zehn genannten führenden Beratungsfirmen beschäftigt. Für ein effektives transnationales Netzwerk ist das eindeutig zu wenig, zumal wenn man berücksichtigt, dass die deutschen Großunternehmen im internationalen Vergleich eine Hochburg von Meckies & Co. darstellen. Es bleibt daher beim Fazit, dass weder von einer globalen oder transnationalen Elite oder Business Class noch von einer eindeutigen Entwicklung in diese Richtung gesprochen werden kann.

Bei dieser generellen Aussage gilt es allerdings zwei wichtige Einschränkungen zu beachten. Zum einen gibt es ein Land mit einer tatsächlich internationalisierten Wirtschaftselite. Das ist die Schweiz. Nicht nur kommen die Spitzenmanager ihrer Großkonzerne zu einem im internationalen Vergleich außergewöhnlich hohen Prozentsatz aus dem Ausland, das Land beherbergt gleichzeitig auch die größte Anzahl von im Ausland lebenden Milliardären. Zum anderen lässt sich entlang zweier Achsen zumindest eine Tendenz in Richtung Internationalisierung des Topmanagements beobachten. Zur einen Achse zählen die drei Commonwealth-Staaten Großbritannien, Kanada und Australien, zur anderen die nordwesteuropäischen Länder mit Deutschland, den Niederlanden und Großbritannien an der Spitze. Sprachliche und/oder räumliche Nähe spielen in beiden Fällen eine wichtige Rolle. Die Entwicklung in den hundert größten britischen und deutschen Unternehmen während der letzten zwei Jahrzehnte bestätigt diesen Eindruck. Allerdings zeigt sie auch, dass dieser Prozess sich während des gleichen Zeitraums in Frankreich und den USA nur sehr langsam und sehr begrenzt vollzogen hat und es in den beiden dominierenden ostasiatischen Wirtschaftsmächten China und Japan sogar in die umgekehrte Richtung gegangen ist. Er handelt sich also um keine Entwicklung auf globaler Ebene. Dort findet sogar eher ein Auseinanderdriften statt, was die Internationalität des Spitzenmanagements der verschiedenen Länder angeht.

6.2. Das »Ende der Geschichte« und die globale Elite

Es ist kein Zufall, dass prominente Sozialwissenschaftler wie Beck, Dahrendorf, Kanther oder Sklair ihre Prognosen von der globalen Elite im gleichen Zeitraum veröffentlicht haben, in dem Francis Fukuyamas These vom »Ende der Geschichte« die politische wie auch sozialwissenschaftliche Diskussion über die weitere Entwicklung der Welt dominierte. Beiden theoretischen Ansätzen ist nämlich ein zentraler Punkt gemein. Der Sieg des westlichen Kapitalismus vor allem angelsächsischer Prägung in der »Systemkonkurrenz« und die scheinbar unbestrittene Vorherrschaft dieses Typs weltweit schienen auch die Basis für eine weltweit herrschende globale Elite oder transnationale Kapitalistenklasse geschaffen zu haben. Beide Thesen weisen dementsprechend auch die gleichen Schwachpunkte auf. Sie messen zum einen der Stabilität und den Beharrungskräften der spezifischen nationalen Traditionen und der Rolle nationaler Sprachen und Kulturen ein viel zu geringes Gewicht bei. Zum anderen unterschätzen sie die weiterhin großen und teilweise sogar stark zunehmenden Widersprüche und Gegensätze zwischen den verschiedenen Ländern und Regionen der Welt.

Was den ersten Punkt angeht, so ist die Tatsache, dass Englisch in der Wirtschaft zur allgemeinen Lingua Franca geworden ist und die Kultur Hollywoods weltweit Maßstäbe setzt, nicht gleichbedeutend mit einem weitgehenden Bedeutungsverlust aller anderen Sprachen und Kulturen für die Wirtschaftseliten der verschiedenen Länder. Wie die regionale Verteilung der ausländischen Topmanager und Milliardäre zeigt, spielen sprachliche und kulturelle Nähe selbst bei dieser hoch exklusiven Gruppe immer noch eine große Rolle, wenn es um die Wahl des Arbeits- und Wohnorts geht.[3] Man verzichtet auch in diesen Kreisen nur ungern auf die Sprache und (weiter gefasst) den ebenfalls national geprägten Gesamthabitus, die man seit Kindertagen gewohnt ist.

Bei der Partnerwahl lässt sich die enge nationale Bindung ebenfalls beobachten. Heiraten über sprachliche und kulturelle Grenzen hinweg stellen immer noch eine Ausnahme dar. Wenn die Milliardärin Maria-Elisabeth Schaeffler den langjährigen BDI-Präsidenten Jürgen Thumann ehelicht, der ebenfalls zu den 50 reichsten Deutschen zählende Medienunternehmer Hubert Burda die Schauspielerin Maria Furtwängler oder Alexander Sixt, der Erbe der gleichnamigen Autovermietung, Andrea Lanz, die Tochter eines ehemaligen Vorstands- und jetzigen Aufsichtsratsmitglieds der Axel Springer AG, dann entspricht das dem in diesen Kreisen üblichen Muster (Freisinger/Werle 2015). Auch Alexander Dibelius, früherer Chef von Goldman Sachs und einer der am besten vernetzten Wirtschaftsvertreter der Republik, ist in dieser Hinsicht keine Ausnahme, obwohl er wie viele der Reichen im exklusiven Londoner Stadtteil Belgravia eine Luxusimmobilie besitzt. Er hat 2003 eine österreichische Juristin geheiratet und nach der Trennung von ihr 2015 dann die deutsche Schauspielerin Laila Maria Witt.

Wie auch bei der ersten Ehe von Dibelius wird, wenn man jemand aus dem Ausland heiratet, zumeist eine Person gleicher Sprache und Kultur bevorzugt. So hat beispielsweise die Milliardärin Bettina Würth, Erbin und Beiratsvorsitzende der Würth-Gruppe, einen Schweizer geehelicht. Auch bei drei der großen traditionellen deutschen Familiendynastien, den Quandts, den Oetkers und den Mohns, haben nicht einmal zehn Prozent der über 30 zwischen 1940 und 1980 geborenen Familienmitglieder Personen ausländischer Herkunft geheiratet. Bei den Quandts haben sowohl Susanne Klatten und Stefan Quandt, als Erben von Herbert Quandt zwei der reichsten Deutschen, als auch drei der vier Erben Harald Quandts Deutsche geehelicht. Susanne Klatten hat den Bruder des früheren Sat 1 Geschäftsführers Werner E. Klatten geheiratet, ihr

Bruder Stefan eine Softwareingenieurin und Gabriele Quandt, die bekannteste Tochter von Harald Quandt, den Verlagserben Florian Langenscheidt, von dem sie inzwischen aber wieder geschieden ist. Selbst Colleen-Bettina Rosenblat-Mo, die als schillerndste unter den vier Töchtern gilt und in New York studiert hat, hat zunächst einen Deutschen zum Ehemann genommen, den aus einer Hamburger Familie stammenden Michael Rosenblat, mit dem sie von New York in seine Heimatstadt zog. Nach der Scheidung hat sie dann in Hamburg den dort lebenden norwegischen Journalisten Frode Mo kennengelernt und später geheiratet. Frode Mo ist zwar rechtlich gesehen ein Ausländer, aufgrund seiner langjährigen Tätigkeit in Deutschland und seiner skandinavischen Herkunft sprachlich und kulturell aber nicht wirklich fremd. Heiraten über nationale und sprachliche Grenzen hinweg wie bei Alfred Oetker und der italienischen Adligen Donna Elvira Grimaldi stellen seltene Ausnahmen dar.

Der zweite Punkt ist jedoch noch wichtiger. Die politische Weltlage hat sich seit den 1990er Jahren dramatisch verändert. Ein charakteristisches Beispiel dafür bietet der Ukraine-Konflikt. In der Ära von Boris Jelzin hat sich wohl nur ein kleiner Teil der Beobachter vorstellen können, wie schnell sich der Gegensatz zwischen Russland und den NATO-Staaten wieder zuspitzen wird, wenn auch diesmal innerhalb eines einzigen, des kapitalistischen Systems. Diese Zuspitzung zeitigt für die Wirtschaftselite Russland gravierende Folgen. Sah es damals noch so aus, als wäre es nur eine Frage der Zeit, bis die meisten russischen Milliardäre entweder in London oder in der Schweiz residieren, sieht es heute genau entgegengesetzt aus. Die 45 reichsten Russen leben in ihrer überwältigenden Mehrheit in Russland, zumeist in Moskau. Welche Konsequenzen die politische Entwicklung der letzten Jahre für die einzelnen Mitglieder der russischen Wirtschaftselite beinhaltet, demonstriert eindrücklich das Beispiel von Gennadi Timtschenko, einem der beiden russischen Milliardäre, die in dieser Untersuchung zu den im Ausland wohnenden Personen gerechnet werden. Er musste angesichts des Boykott-Beschlusses der EU und der USA den Kern seines Wirtschaftsimperiums, seinen 45-prozentigen Anteil am Gunvor-Konzern, an seinen schwedischen Geschäftspartner Törnqvist veräußern. Unabhängig davon, ob das ein Scheingeschäft ist, Törnqvist also nur ein Strohmann ist, oder Timtschenko seinen Anteil auch langfristig verloren hat, die Kontrolle über Gunvor ist ihm auf jeden Fall erst einmal entglitten. Zwar gehört er immer noch zu den russischen Milliardären, die einen Wohnsitz im Ausland haben, in seinem Fall vor allem für seine Familie, aus wirtschaftlichen Gründen muss er selbst heute aber den größten Teil seiner Zeit in Moskau verbringen.

Ähnliche Konflikte, wenn auch in ihrer Intensität weit weniger dramatisch, lassen sich auch zwischen China auf der einen und den USA sowie Japan auf der anderen Seite beobachten. Die regelmäßigen Drohgebärden beider Konfliktparteien im südchinesischen Meer belegen das mehr als deutlich. Auch die von den BRICS-Staaten als Gegengewicht zur von den europäischen Ländern, Japan und den USA dominierten Weltbank 2015 gegründete Entwicklungsbank »New Development Bank« mit Hauptsitz in Shanghai zeigt, dass statt der nach dem Ende des Ostblocks von vielen erwarteten unipolaren Weltordnung eine zunehmend multipolare getreten ist.[4] Das kann nicht ohne Folgen für die jeweiligen nationalen Wirtschaftseliten bleiben. Ihre Interessenlagen entwickeln sich eher auseinander als aufeinander zu. Das gilt vor allem für jene Wirtschaftseliten, die wie in Russland eine besonders enge Kooperation mit staatlichen Institutionen pflegen. So treffen die Sanktionen der westlichen Industriestaaten auch die russischen Milliardäre und Topmanager hart und stören die Kontakte zwischen ihnen und ihren westlichen Pendants empfindlich. Gemeinsame Interessen und Einstellungen zu entwickeln oder zu stabilisieren, dürfte unter diesen Bedingungen, vorsichtig formuliert, eher schwierig sein.

Aber selbst dort, wo die Interessen über Ländergrenzen hinweg noch relativ einheitlich sind, haben die Wirtschaftseliten seit einigen Jahren mit einem gravierenden Problem zu kämpfen. Die Globalisierung wird von immer größeren Bevölkerungskreisen skeptisch oder ablehnend betrachtet und das verändert die Ausgangsbedingungen für die politischen Eliten. Sie müssen dieser Stimmung zunehmend Rechnung tragen und auf den scheinbar unaufhaltsamen Aufstieg nationalistisch eingestellter Politiker und Parteien reagieren. Der Vorwahlkampf in den USA demonstriert das unübersehbar. Bei den Republikanern hat Donald Trump mit seinen protektionistischen Parolen alle Rivalen aus dem Feld geschlagen. Bei den Demokraten muss Hillary Clinton der veränderten Stimmungslage ebenfalls Tribut zollen, wie ihre öffentlichen Stellungnahmen eindeutig belegen. Innerhalb der EU als der einzigen übernationalen Institution, die tatsächlich über umfangreiche Machtbefugnisse verfügt, kann man ähnliches beobachten. Nationalistische Parteien gewinnen in vielen Ländern ganz beträchtlich an Bedeutung. Das gilt sowohl für die neuen Mitglieder in Osteuropa wie beispielsweise Ungarn oder Polen, wo sie sogar die Regierungen stellen, als auch für große Teile Westeuropas. Mit Ausnahme der iberischen Halbinsel und Griechenlands sind überall nationalistische Parteien auf dem Vormarsch, sei es der Front National in Frankreich, die UKIP in Großbritannien, die PVV in den Niederlanden oder die AfD in Deutschland. Das führt zu wachsenden Spannungen innerhalb der EU. Sogar ein Austritt Großbritanniens, der sogenannte Brexit, erscheint derzeit möglich.[5]

Die veränderte Stimmungslage begünstigt aber nicht nur das Aufkommen nationalistischer Parteien, es erleichtert auch progressiven globalisierungskritischen Bewegungen die Arbeit, wie die Auseinandersetzung um das transatlantische Freihandelsabkommen TTIP zeigt. Obwohl TTIP für die Wirtschaftseliten der EU und der USA von enormer Bedeutung ist und sie dementsprechend massiv intervenieren, erhöht sich von Monat zu Monat die Wahrscheinlichkeit, dass das Abkommen nicht zustande kommt. Sah es lange so aus, als ob TTIP in gewohnter Manier unter weitgehendem Ausschluss der Öffentlichkeit zwischen der EU-Kommission und der US-Regierung ausgehandelt und dann in Kraft gesetzt würde, hat sich das Bild in den letzten Monaten entscheidend gewandelt. Die politischen Eliten geraten in vielen EU-Ländern unter zunehmenden öffentlichen Druck. Hier zeigt sich, dass sie auch innerhalb der EU immer noch vorwiegend national organisiert sind. Sie können, ob sie wollen oder nicht, die Stimmung in ihren jeweiligen Ländern und in ihrer Wählerschaft nicht einfach ignorieren.

Für die Wirtschaftseliten hat das Konsequenzen. Auch sie müssen wieder stärker nationale Belange und Stimmungen berücksichtigen, wollen sie nicht riskieren, dass die in vielerlei Hinsicht wichtigen engen Kontakte zur Politik spürbar gestört werden. Die andere Alternative ist in der Schweiz zu beobachten. Dort haben sich in den beiden letzten Jahrzehnten die traditionellen Verbindungen zwischen den Eliten aus Wirtschaft und Politik aufgrund der starken Internationalisierung der einen und der wachsenden Nationalisierung der anderen sehr gelockert. Gemeinsamkeiten wie etwa das Studienfach oder die für fast jeden zweiten Spitzenmanager und -politiker früher übliche Zugehörigkeit zum Offizierscorps der Schweizer Armee haben dramatisch an Bedeutung verloren. Noch wichtiger aber dürfte sein, dass nur noch 3,4 Prozent der Verwaltungsratsmitglieder der 110 größten Schweizer Unternehmen im Bundesparlament sitzen gegenüber noch fast elf Prozent im Jahr 1980 (Bühlmann et al. 2015). Die Kooperation zwischen den beiden wichtigsten Eliten des Landes ist dadurch deutlich schwieriger geworden, gerade auch in Fragen, die – wie die Ausländerbeschäftigung – für die Wirtschaft von großer Bedeutung sind. Für große multinationale Konzerne mag das im Fall kleiner Länder wie der Schweiz noch vergleichsweise einfach zu handhaben sein. Im Falle von großen Staaten sieht das anders aus, wie die britische Debatte um den Brexit demonstriert. Für die großen Finanzinstitute der Londoner City stellt der Brexit eine erhebliche Gefahr dar und trotzdem müssen sie zur Kenntnis nehmen, dass ihre Kontakte zur konservativen Regierung und Partei nicht mehr ausreichen, um die Spaltung der Partei und der Regierung in dieser Frage zu verhindern.

Die Beispiele Großbritannien und Schweiz zeigen, dass selbst in Ländern, in denen die Internationalisierung der Wirtschaftseliten weit vorangeschritten ist, die politischen Entwicklungen diese Eliten zwingen können, nationale Gegebenheiten wieder stärker in den Fokus zu nehmen und die Kontakte zu den national rekrutierten Eliten aus Politik, Verwaltung und Justiz zu intensivieren, was für Einheimische in der Regel deutlich einfacher ist als für Ausländer. All diese Beobachtungen unterstreichen die Kernaussage der vorliegenden Analyse, dass der Trend nicht in Richtung einer globalen oder auch nur einer europäischen Wirtschaftselite geht. Castells prägnante Bemerkung »elites are cosmopolitan, people are local« (Castells 1996: 415) hört sich zwar gut an, geht aber nichtsdestotrotz an der Wirklichkeit vorbei.

Wenn es eine globale Wirtschaftselite oder gar eine globale Elite unter Einschluss der einflussreichsten Politiker und Mitglieder der anderen Eliten nicht gibt, dann eröffnet das auch politische Handlungsspielräume. Wer wie Freeland oder Rothkopf von einer einheitlichen weltweiten Superelite ausgeht, der kann angesichts der fehlenden Gegenkräfte auf globaler Ebene eigentlich nur noch auf die Einsicht dieser Superelite hoffen oder aber wie Wolfgang Streeck für die nächsten Jahrzehnte »eine lange und schmerzhafte Periode kumulativen Verfalls« des Kapitalismus bis zu seinem unvermeidlichen Ende vorhersagen (Streeck 2015b: 120). Streeck ist ein gutes Beispiel dafür, wie die Beschwörung globaler oder, wie er sie zumeist nennt, »plutonomischer« Eliten Hand in Hand geht mit der gleichzeitigen Feststellung, dass man dagegen nichts unternehmen könne. Wenn Streeck konstatiert, dass diese Eliten sich »keine Gedanken mehr über nationales Wirtschaftswachstum machen [müssen], weil ihre transnationalen Vermögen so oder so wachsen« und als Beispiel dafür die russischen Superreichen anführt, die sich mit ihrem Geld »absetzen, vorzugsweise in die Schweiz, in die Vereinigten Staaten oder nach Großbritannien« (ebd.: 116), dann verleitet das eher zu Endzeitszenarien als zu politischem Denken und Handeln. Streeck formuliert seine Vision sehr drastisch mit den Worten, diese Personen würden dank globalisierter Kapitelmärkte in »die fast unwiderstehliche Versuchung« geführt, »in den Endspielmodus zu wechseln: abkassieren, alles versilbern, die Brücken hinter sich abfackeln und nichts zurücklassen als verbrannte Erde« (ebd.). Gerade das Beispiel der russischen Milliardäre zeigt aber, dass die Realität dann doch ganz anders aussieht. Bei Streeck ist diese eher fatalistische Sichtweise besonders überraschend, war er doch einer der maßgeblichen intellektuellen Wegbereiter der Agenda 2010 und einer der Sozialwissenschaftler, die über ausgesprochen gute Kontakte zur politischen Elite verfügten (Streeck/Heinze 1999). Auf diese Rolle und ganz generell die Bedeutung politischer Entscheidungen für die Deregulierung der Arbeitsmärkte geht er aber mit keinem Wort ein. Er benennt die Deregulierung mitsamt ihren Begleiterscheinungen wie etwa zunehmend prekären Arbeitsverhältnissen zwar klar als eine zentrale »Krisenzone« des Kapitalismus, spricht von ihr dann aber wie von einer unvermeidbaren Folge kapitalistischer Marktexpansion und globaler Konkurrenz statt auf die ihr zumeist zugrunde liegenden politischen Prozesse einzugehen (Streeck 2015b: 111). Konsequenterweise schreibt er Regierungen und Parteien auch »zunehmende Irrelevanz« zu (Streeck 2015a: 103).

Tatsächlich existieren für die Politik vielfältige Handlungsmöglichkeiten, diesen Entwicklungen etwas entgegen zu setzen, zumindest in den größeren Staaten dieser Erde. Das zeigt sich gerade auch bei einem Problem, das von Streeck als eine Hauptursache der von ihm als dritte zentrale Funktionsstörung des Kapitalismus bezeichneten »Plünderung der öffentlichen Sphäre« angeführt wird, bei den durch die globalen Kapitalmärkte für Unternehmen und Reiche entstandenen Möglichkeiten, Steuerzahlungen zu umgehen oder zumindest stark zu minimieren (Streeck 2015b : 116). Dass es hier Handlungsspielräume gibt, belegt das Beispiel der USA, die ihre Reichen ganz rigoros zur Zahlung nach Maßgabe der einheimischen Steuersätze zwingt, egal wo auch immer in der Welt sie wohnen. Derartige Steuerregelungen für ins Ausland verziehende Reiche, wie sie die USA gegenüber ihren Bürgern durchsetzen, könnten auch anderen Ländern als Vorbild dienen. Der Kampf gegen Steuerflucht ist jedenfalls nicht aussichtslos, wenn ein politischer Wille da ist. Das belegt auch das faktische Ende des vor wenigen Jahren noch als quasi naturgesetzlich betrachteten Schweizer Steuergeheimnisses. In Hinblick auf andere Steueroasen oder die Verschiebung von Unternehmensgewinnen zwischen den Ländern gäbe es ebenfalls Handlungsmöglichkeiten. Obwohl der fortgesetzte Wettlauf um niedrige Körperschaftssteuern, den speziell die britische Regierung in den letzten Jahren forciert hat, nicht gerade für eine Wende spricht, gibt es doch auch in dieser Beziehung erste positive Anzeichen.

So sind auf massiven öffentlichen Druck hin sowohl auf EU-Ebene als auch bei einzelnen Ländern Ansätze zu einer zumindest teilweisen Abkehr von dieser seit drei Jahrzehnten verfolgten Politik des »race to the bottom« zu erkennen. Am 24. Januar 2016 gab die britische Regierung bekannt, dass Google für die Jahre ab 2005 130 Millionen Pfund, zirka 172 Millionen Euro, an Steuern nachzahlt. Das entspricht zwar nicht den tatsächlichen Steuerersparnissen, die bei 265 Millionen Pfund liegen sollen, stellt aber nichtsdestotrotz einen Anfang dar, dem andere Unternehmen und Länder gefolgt sind und weiter folgen werden, wie drei aktuelle Beispiele zeigen. Facebook hat am 4. März 2016 angekündigt, künftig alle Werbeeinnahmen auf dem britischen Markt auch in Großbritannien zu versteuern und nicht in Irland wie bisher. Das dürfte ebenfalls zu einer drastischen Erhöhung der Steuerbelastung führen; denn Facebook hat bislang den wesentlich günstigeren Steuersatz in Irland genutzt und 2014 in Großbritannien gerade einmal 4 327 Pfund Körperschaftssteuer gezahlt. Das Unternehmen reagiert damit wie Google auf eine ab dem 1. April 2015 in Kraft getretene Änderung der britischen Steuergesetzgebung, die für Unternehmen, die derartige Steuervermeidungsstrategien betreiben, einen von 20 auf 25 Prozent erhöhten Steuersatz auf so ins Ausland verschobene Gewinne vorsieht. Google hatte bereits im Januar parallel zur Nachzahlung angekündigt, einen größeren Teil seines Geschäfts zukünftig nicht mehr in Irland, sondern gleich in Großbritannien registrieren zu lassen. Italiens Steuerbehörden haben ebenfalls sofort auf die Nachzahlung von Google in Großbritannien reagiert und das Unternehmen schon wenige Tage später aufgefordert, für die Jahre 2009 bis 2013 insgesamt 227,5 Millionen Euro an Steuern nachzuzahlen. Schließlich haben am 24. Mai ungefähr hundert Ermittler die Pariser Büros von Google durchsucht. Anlass ist eine Klage der französischen Finanzverwaltung, die Google der Steuerhinterziehung im Umfang von 1,6 Milliarden Euro bezichtigt und deren Nachzahlung verlangt.

Auch die USA, deren führende Internet-Unternehmen von diesen Maßnahmen betroffen sind, gehen in letzter Zeit entschiedener gegen Steuervermeidungsstrategien der Großkonzerne vor. So wurden die Steuergesetze im Frühjahr 2016 so verschärft, dass Fusionen nach dem Muster von Allergan und Actavis nun nicht mehr möglich sind. Der Plan von Pfizer, durch einen Zusammenschluss mit dem kleineren Unternehmen Allergan den rechtlichen Firmensitz nach Irland verlegen zu können und statt 35 nur noch 12,5 Prozent Steuern zahlen zu müssen, ist dadurch geplatzt. Pfizer sagte den 160 Milliarden Dollar Deal daraufhin ab und zahlte Allergan lieber eine für diesen Fall vertraglich vereinbarte Strafe von 150 Millionen Dollar. Alle diese Fälle haben eines gemein. Die handelnden Staaten versuchen, Unternehmen daran zu hindern, im eigenen Land erzielte Gewinne aus steuerlichen Gründen in ein anderes zu verschieben. Gleichzeitig gewähren sie ausländischen Unternehmen aber weiterhin steuerliche Anreize, genau das zu tun. Großbritannien ist dafür das beste Beispiel. Die USA mit ihren Steueroasen Delaware oder Nevada machen dasselbe. Trotz dieser Doppelmoral stellt das verschärfte Vorgehen gegen die Steuervermeidungsstrategien der Großkonzerne aber einen Fortschritt dar. Der öffentliche Druck zwingt die Regierungen dazu, das zuvor übliche und für die Unternehmen optimale Laissez-faire zumindest ein Stück weit aufzugeben. Stets neue Enthüllungen wie die Luxemburg Leaks oder die Panama Papers sorgen für eine Stimmung in der Bevölkerung, die ein »einfach so weiter« nicht mehr zulässt.

Das sieht man auch auf übernationaler Ebene. So haben die belgischen Behörden, die selbst nicht aktiv geworden sind, von der EU-Kommission 2015 die Auflage erhalten, von 35 multinationalen Konzernen insgesamt 700 Millionen Euro an Steuervergünstigungen zurückzufordern, weil die Kommission sie als unzulässige Staatsbeihilfen eingestuft hat. Die seitens der EU Anfang 2016 vorgelegten Vorschläge zur Schließung von Steuerschlupflöchern gehen in dieselbe Richtung, auch wenn sie unzureichend und noch nicht endgültig beschlossen sind. Durch die Veröffentlichung der Panama Papers haben sie aber noch einmal Rückenwind bekommen. EU-Wirtschaftskommissar Moskovici hat unmittelbar nach der Veröffentlichung einen neuen, deutlich verschärften Entwurf präsentiert. Ihm zufolge sollen alle in der EU tätigen Unternehmen mit mehr als 750 Millionen Euro Jahresumsatz ihre kompletten Gewinne und die darauf gezahlten Steuern aufgeschlüsselt nach einzelnen Ländern veröffentlichen müssen. Das betrifft ungefähr 6 000 Firmen. Die FAZ warnt denn auch schon davor, dass die »Politik zum Getriebenen der öffentlichen Erregung« wird und die Steuerpolitik »zum Spielball einer Stimmungsmache« zu werden drohe. Das bedeute faktisch das Ende des Steuergeheimnisses, trage aber nicht zu mehr Steuergerechtigkeit bei (Kafsack 2016). Wenn die FAZ so scharfe Töne anschlägt, deutet das darauf hin, dass sich hier tatsächlich etwas zum Positiven verändern könnte.

Obwohl all das erst einmal nur Vorschläge sind, bis zu einer endgültige Verabschiedung sicherlich noch einiges an Zeit vergehen wird und sie mit hoher Wahrscheinlichkeit auch entschärft werden dürften, hat die veränderte politische Stimmungslage doch schon jetzt Konsequenzen. Bundesfinanzminister Schäuble, der in all diesen Fragen bislang stets zu den wesentlichen Bremsern gehört hat, dürfte sich in Zukunft schwerer tun, Pläne für einen umfassenden Informationsaustausch und schärfere Regelungen abzulehnen oder auszubremsen. Außerdem ist die Bereitschaft beispielsweise der Luxemburger Behörden, Auskunfts- und Durchsuchungsersuchen der deutschen Steuerfahndung positiv zu beantworten statt, wie früher üblich, einfach als nicht hinreichend begründet abzulehnen, in letzter Zeit deutlich gestiegen. Zwecks Steuerhinterziehung oder Steuerbetrugs geschaffene Offshore-Konstruktionen via Luxemburg können dadurch erheblich besser verfolgt werden, wie ein von der *Süddeutschen Zeitung* geschilderter Fall deutlich zeigt (Leyendecker/Ott 2016). Auch die Strafverfolgung auf nationaler Ebene ist bei Steuervergehen deutlich schärfer geworden. Das gilt in Deutschland nicht nur für die zahlreichen Fälle von Steuerhinterziehung (mit Prominenten wie Uli Hoeneß oder Alice Schwarzer an der Spitze), sondern auch für die sogenannten Cum-Ex-Geschäfte, die von den Staatsanwaltschaften nun endlich konsequent verfolgt werden. Wenn Nordrhein-Westfalens Finanzminister Walter-Borjans jetzt davon spricht, Banken die Lizenz zu entziehen, wenn sie in solche oder ähnliche Geschäfte verwickelt sind, deutet das an, wie man auch auf nationaler Ebene juristisch wirksamen Druck erzeugen kann.

Bei der Steuerbelastung für Reiche tut sich ebenfalls etwas. Die Regierung des neuen kanadischen Premiers Justin Trudeau hat ein Wahlversprechen eingelöst und den Steuersatz auf Einkommen von mehr als 200 000 kanadischen Dollar ab Januar 2016 von 29 auf 33 Prozent erhöht, während sie gleichzeitig den für Einkommen zwischen 45 000 und 90 000 Dollar von 22 auf 20,5 Prozent gesenkt hat. Zusammen mit den von den Provinzen zusätzlich erhobenen Steuern liegt der Spitzensteuersatz damit je nach Provinz aktuell zwischen gut 47 (Northwest Territories) und genau 54 Prozent (Nova Scotia). Der höchste Satz wird in der Provinz New Brunswick bei Einkommen von über 250 000 Dollar mit knapp 59 Prozent erreicht. All das zeigt, dass es bei hinreichendem öffentlichen Druck, der für solche Entwicklungen absolut unverzichtbar ist, und einem daraus dann resultierenden politischen Willen durchaus Möglichkeiten gibt, an den bisherigen Praktiken etwas zu ändern. Der gerade bei Politikern seit langen Jahren beliebte Hinweis auf die ungeheure Macht der globalen Wirtschaftselite und die eigene Ohnmacht ihr gegenüber verschleiert solche Möglichkeiten. Diesen Schleier ein Stück weit zu lüften ist das Ziel dieses Buches.

ANMERKUNGEN

1. Einleitung

1 Freelands Behauptung, er habe in den USA studiert, stimmt allerdings nicht. Lakshmi hat seinen Abschluss am St. Xavier's College in Kalkutta gemacht.

2 Beide Begriffe werden zumeist synonym verwendet, weil die Wirtschaftselite aufgrund ihrer Macht und ihrer Internationalität als der Kern der globalen Elite gilt.

3 Eine ähnliche Kritik hat Michael Mann (2001) schon 2001 in einem kurzen Beitrag auf einem Symposium formuliert.

4 Diese Aussage prägt auch Carrolls jüngste Studie über die kanadische Wirtschaftselite, wird dort sogar noch etwas vorsichtiger formuliert (Carroll/Klassen 2010). Eine im Vergleich zu anderen Autoren eher zurückhaltende Interpretation der Daten kennzeichnet im Übrigen auch schon Carrolls frühere Veröffentlichungen (Carroll/Fennema 2002).

5 Bühlmann/David/Mach 2012; Bühlmann et al. 2015; Bühlmann/Davoine/Ravasi 2016; Cronin 2012; Davoine/Ravasi 2013; Dudouet/Joly 2010; Dudouet/Gremont/Vion 2012; Ellersgaard/Larsen/Munk 2013; Hartmann 2007, 2009, 2015; Heemskerk 2013; Lenger/Schneickert/Schumacher 2010; MacLean/Harvey 2014; MacLean/Harvey/Chia 2010; MacLean/Harvey/Kling 2014; Pelfini 2009; Pohlmann 2009; Schmidt/Wurster/Dauth 2015; Schneickert 2014; Schneickert/Kroneder/Schwab 2015; van Veen/Marsman 2008; van Veen/Elbertsen 2008; van Veen/Kratzer 2011; Timans 2015: Yoo/Lee 2009.

6 Bühlmann/David/Mach 2012; Bühlmann et al. 2015; Dudouet/Joly 2010; Ellersgaard/Larsen/Munk 2013; MacLean/Harvey 2014; Mac-Lean/Harvey/Kling 2014; Timans 2015.

7 Bühlmann/Davoine/Ravasi 2016; Davoine/Ravasi 2013; Dudouet/ Gremont/Vion 2012; MacLean/Harvey/Chia 2010; Schmidt/Wurster/Dauth 2015; Schneickert 2014; van Veen/Elbertsen 2008; Yoo/ Lee 2009.

8 Heemskerk 2013; van Veen/Marsman 2008; van Veen/Kratzer 2011.

9 Carroll 2009, 2010; Hartmann 2007, 2009, 2015; Staples 2006, 2008.

10 Eine Ausnahme bilden einzig die Arbeiten von van Veen und Marsman (2008) bzw. van Veen und Elbertsen (2008). Sie differenzieren entweder zwischen Executive und Non-executive members der Boards (van Veen/Elbertsen 2008) oder konzentrieren sich ausschließlich auf die Executive Members (van Veen/Marsman 2008). Eine weitere Differenzierung, bei der auch die CEO und Chairmen gesondert betrachtet werden, findet aber auch hier nicht statt.

11 Die FAZ nimmt demgegenüber den Umsatz als entscheidendes Kriterium für die Reihenfolge.

12 Hongkong wird wie bei Forbes als eigenes Land geführt, obwohl es rechtlich mittlerweile Bestandteil der Volksrepublik China ist, dort allerdings einen Sonderstatus genießt.

13 Für Skandinavien ist es das Jahr 2012.

14 Bei den CEO der 100 größten Unternehmen sind die Angaben korrigiert worden, wenn es bis Ende März 2015 zu Veränderungen gekommen ist. Daher gibt es kleinere Abweichungen zu den Werten, die in Hartmann 2015b genannt werden. Nur in wenigen spektakulären Fällen wie beispielsweise dem Wechsel des VW-Vorstandsmitgliedes Hans Dieter Pötsch in die Position des Aufsichtsratsvorsitzenden Anfang Oktober 2015 sind Veränderungen bis Ende 2015 noch für den empirischen Teil des Buchs berücksichtigt worden.

2. Die CEO der weltweit größten Unternehmen – Inter- und Transnationalität

1 Näheres zu den tausend reichsten Menschen der Welt in Kapitel vier.

2 Es sind 1002 CEO, weil sich zum Zeitpunkt der Datenerhebung im Sommer 2015 in drei Unternehmen (wie bei der Deutschen Bank) zwei CEO die Position teilten und zwei weitere (VW und Porsche) von ein und demselben Vorstandschef geführt wurden.

3 Von den übrigen acht weiblichen CEO sind drei in indischen Unternehmen, zwei in britischen und jeweils eine in einem belgischen, schwedischen und südkoreanischen Unternehmen tätig. Der extrem hohe Anteil der US-Managerinnen unter den weiblichen CEO dürfte einen, wenn nicht sogar *den* entscheidenden Grund in der sehr strikten Antidiskriminierungsgesetzgebung der USA haben, die die Rekrutierungsprozesse in den Unternehmen beeinflusst.

4 Hongkong wird von Forbes als eigenes Land geführt, obwohl es seit 1997 mit dem Status einer Sonderverwaltungszone und gewissen Autonomierechten zur Volksrepublik China gehört.

5 Die Bermudas werden bei Forbes als eigenständiges Land geführt, obwohl sie juristisch ein zu Großbritannien zählendes Überseegebiet darstellen.

6 Zu den Gründen für diese Ausnahme s. weiter unten.

7 In den Vereinigten Arabischen Emiraten sind sogar alle drei ausländischen CEO in jenen vier von insgesamt sieben Unternehmen unter den Top 1 000 tätig, die zum Bankensektor gehören.

8 Die Verlagerung wurde rechtlich in der Regel durch die Fusion mit einem irischen Unternehmen, wie etwa von Cooper Industries mit Eaton, in die Wege geleitet.

9 Actavis wurde 2012 de facto durch den US-Konzern Watsons übernommen. Rechtlich aber wurde die Übernahme genau umgekehrt geregelt, damit der juristische Firmensitz in Dublin bleiben konnte. Anfang 2015 passierte dasselbe bei der faktischen Übernahme von Actavis durch das US-Unternehmen Allergan noch einmal und die

Ende 2015 vereinbarte, wenn auch aufgrund neuer US-Steuergesetze letztlich gescheiterte Fusion von Allergan und Pfizer gehorchte ebenfalls denselben Regeln. Stets ist der Firmensitz aus steuerlichen Gründen in Irland, obwohl das Headquarter in den USA bleibt.

10   Ähnliches trifft auch auf den US-Medizinkonzern Medtronics zu, der nach dem Kauf des irischen Unternehmens Covidien seinen Hauptsitz im Januar 2015 nach Irland verlegt hat, sein operatives Headquarter aber in Fridley/Minnesota belassen hat. Es wird von Omar Ishrak geführt, der zwar die US-Bürgerschaft hat, aber in Bangladesh geboren ist und sein Studium am King's College in London absolviert hat.

11   Auf der Homepage des Unternehmens ist Cork in Irland auch als Firmensitz genannt, in der Forbes Liste für 2015 wird das Unternehmen aber immer noch der Schweiz zugerechnet. Für die Verlagerung dürfte neben der »Abzockerinitiative« vor allem der mit 12,5 gegenüber 21 Prozent deutlich niedrigere Steuersatz entscheidend gewesen sein. Ob man das Unternehmen nun der Schweiz oder Irland zurechnet, macht für die hier zu beantwortende Frage nach der Internationalität des Topmanagements aber keinen Unterschied. Ende Januar 2016 wurde bekannt, dass sich Tyco mit dem doppelt so großen US-Konzern Johnson Controls zusammenschließen will. Firmensitz wird weiterhin Cork sein, so dass man davon ausgehen kann, dass der US-Konzern, wie schon Medtronics, auf diesem Weg Steuern sparen will. Ob das gelingen wird, ist angesichts der ebenfalls für 2016 geplanten, dann aber gescheiterten Fusion von Pfizer und Allergan allerdings noch offen.

12   Am 18. Januar 2016 wurde bekannt, dass Rorsted zum 1. Oktober 2016 neuer Vorstandsvorsitzender bei Adidas wird.

13   Der andere Ausländer ist Carlos Brito bei Anheuser-Busch InBev. Als Brasilianer kommt es zwar aus einem völlig anderen Sprach- und Kulturraum, seine Stellung aber verdankt er der Tatsache, dass der Konzern InBev, der seinen US-amerikanischen Konkurrenten Anheuser-Busch 2008 übernommen hat, brasilianisch-belgische Wurzeln besitzt und er den brasilianischen Teil repräsentiert, für

den er vor der Fusion schon fast zwei Jahrzehnte tätig war. Brito lebt auch nicht in Belgien, sondern in New York, wo das Unternehmen einen zweiten Hauptsitz hat.

14 Zu den englischsprachigen Ländern zählt hier auch Indien, weil die Inder, die CEO-Positionen bekleiden, in Indien allesamt eine englischsprachige Ausbildung in Schule und Hochschule durchlaufen haben, ein Erbe des britischen Weltreichs und des Commonwealth.

15 Weilert hat allerdings schon in den USA an der Wake Forrest University in North Carolina studiert, ist dann aber wieder zurück nach Venezuela gegangen, um dort im Banken- und Telekommunikationssektor wie auch im Finanzministerium Führungspositionen zu übernehmen.

16 Für Russland könnte sich das durch die russischen Minderheiten in den zahlreichen Nachfolgestaaten der Sowjetunion zwar theoretisch ändern, faktisch ist es angesichts der wirtschaftlichen Lage dieser Länder in absehbarer Zeit aber sehr unwahrscheinlich.

17 Der Erwerb eines MBA wird daher auch nur dann als Auslandsaufenthalt gewertet, wenn er nicht im Rahmen eines speziellen Executive-Programms erworben worden ist. Diese Programme, die von allen Business Schools mit Ausnahme von Harvard, Stanford und Dartmouth (Tuck) angeboten werden, die aus Imagegründen auf einem zweijährigen regulären Studium vor Ort bestehen, bieten nämlich für sehr hohe Gebühren von 120 000 Dollar am INSEAD bis zu circa 170 000 Dollar in Chicago, Columbia und an der Wharton School ein auf die Zeitprobleme von hohen Führungskräften zugeschnittenes Studium an. Es sieht nur kurze Aufenthalte am jeweiligen Hochschulort vor, zumeist an Wochenenden oder in Form einzelner über das Jahr verteilter Wochen.

18 Fast die Hälfte der CEO mit Auslandsaufenthalten ist zu einer Zeit in Großbritannien geboren und/oder hat dort studiert, als Hongkong noch britische Kronkolonie war.

19 Die drei skandinavischen Staaten Dänemark, Finnland und Norwegen bewegen sich mit Anteilen von circa 20 Prozent auch auf diesem Niveau.

20 Elkann ist in New York geboren, mit vier Jahren nach Europa gezogen, hat dort in London und Paris gelebt, zwischenzeitlich auch in Brasilien, und hat später nur noch zwei Jahre beruflich im Ausland verbracht, vor der Übernahme seiner Position als CEO von EXOR als Vorbereitung auf diese Aufgabe bei General Electric in den USA und Asien.

21 Siehe dazu die Ausführungen in Kapitel 5.

22 Italien gehört nicht in diese Kategorie, weil sich der Anteil der CEO mit Auslandserfahrung bei einer Verdoppelung der Unternehmensanzahl mehr als halbiert, auf nur noch gut 23 Prozent. Alle CEO mit Auslandserfahrung stehen an der Spitze der zehn größten Unternehmen. Danach kommt so gut wie niemand mehr, auf den das zutrifft.

23 Die minimalen Abweichungen zu den Angaben in Hartmann 2015b resultieren aus Neubesetzungen bis Ende März 2015.

24 An der regionalen Verteilung der Auslandsaufenthalte auf Europa und Asien ändert sich dadurch aber ebenso wenig wie an der überwiegenden Einbindung dieser Aufenthalte in die innerbetriebliche Karriere.

25 Dass es sich um eine eher zufällige Konstellation handelt, zeigt die Tatsache, dass von den folgenden 67 US-Konzernen kein einziger mehr von einem Ausländer geleitet wird, obwohl sie sich von der Größe her kaum von diesen 35 unterscheiden.

26 Eine der drei Ausnahmen stellt Klaus Kleinfeld dar, der CEO von Alcoa.

27 Das Kuriose an dem Wechsel von Lacroix zu Intertek ist dabei, dass er dort mit Wolfhart Hauser einen Deutschen als CEO abgelöst hat, sein Nachfolger bei Inchcape mit Stefan Bomhard gleichzeitig aber auch ein Deutscher ist, so dass sich insgesamt weder an der Anzahl der Ausländer, noch an ihrer Nationalität etwas ändert.

28 Die Tatsache, dass schon bei den nur etwas früher, zwischen 1960 und 1964, geborenen CEO zehn von 28 aus dem Ausland kommen, legt nahe, dass es sich hier nicht um eine in die Zukunft zu verlängernde Grundtendenz handelt, die wesentliche Ursache vielmehr in

einer größeren Karrieregeschwindigkeit bei den jüngeren zu suchen ist.

29 Rosenfeld kam von der Dresdner Bank, hat also eine branchenübergreifende Karriere aufzuweisen, während Heer eine reine Hauskarriere bei Südzucker gemacht hat und Grundke eine reine Industriekarriere, die er Anfang der 1980er Jahre bei Mannesmann-Rexroth begann, wo er bis 2008 auch blieb.

30 Gut vier Fünftel der Vorstandschefs sind vor 1965 geboren, knapp ein Fünftel 1965 und später.

31 Dafür fallen ihre Auslandsaufenthalte tendenziell kürzer aus, dauern häufiger nur bis zu zwei Jahre.

32 Bei den britischen CEO ist allerdings zu berücksichtigen, dass für die Erhebung 1995 noch ausschließlich die Chairmen ausgewählt worden sind, weil sie damals die entscheidenden Personen in den Unternehmensleitungen darstellten. Ab Mitte der 1990er Jahre setzte dann eine tiefgreifende Veränderung der britischen Managementstruktur durch einschneidende Corporate-Governance-Reformen ein, die von verschiedenen kritischen Kommissionsberichten (Cadbury Report, Greenbury Report, Hampel Report, Turnbull Report, Higgs Report) ausgelöst und begleitet wurden (Owen/Kirchmaier 2008). Dadurch hat sich die Rolle der Chairman ganz grundsätzlich in Richtung der deutschen Aufsichtsratsvorsitzenden gewandelt. Daher sind für die Untersuchung 2005 schon mehrheitlich die CEO und nur noch eine Minderheit von ungefähr einem Viertel Executive Chairman und für die aktuelle von 2015 nur noch die CEO ausgewählt worden. Hätte man 1995 und 2005 ebenfalls nur die CEO ausgewählt, wäre der Anteil der Ausländer damals bereits höher ausgefallen, 2005 zum Beispiel um sieben Personen bzw. 7 Prozent. An der grundsätzlichen Tendenz und Aussage ändert das aber nichts.

33 Für Japan und China gibt es für das Jahr 1995 keine entsprechenden Angaben, weil diese beiden Länder in die erste Untersuchung (Hartmann 1997, 1999) nur sehr eingeschränkt einbezogen worden sind.

3. Die Vorsitzenden und Mitglieder der Aufsichtsräte und Boards

1 Für die Tabelle sind die Angaben für 2015 mit denen für 2014 kombiniert worden, je nachdem für welches Jahr Länderberichte vorliegen.

2 Bei der Anzahl der Aufsichtsratsmitglieder werden nur die von Seiten der Anteilseigner gestellten berücksichtigt und die Vorstandsmitglieder dann hinzu gerechnet.

3 So stark wie in den deutschen Unternehmen sind die Beschäftigten sonst nur noch in den Aufsichtsgremien der slowakischen Großunternehmen repräsentiert. In den übrigen osteuropäischen und in den skandinavischen Staaten liegt ihr Anteil ebenso wie in Österreich und Luxemburg zwischen einem Fünftel und einem Drittel. Dasselbe gilt für die staatlichen und die privatisierten ehemaligen staatlichen Großunternehmen in Frankreich. Alle anderen Länder kennen solche Regelungen nicht, so dass in den Boards nur die Vorstandsmitglieder bzw. Executive Members und die Vertreter der Anteilseigner sitzen.

4 Ein Ausländer (Wolfgang Mayrhofer) ist Aufsichtsratsvorsitzender in zwei Konzernen, Lufthansa und Infineon.

5 S. vorherige Fußnote

6 S. vorherige Fußnote

7 Ein CEO ist zugleich auch Chairman und sechs Chairmen haben diese Position in jeweils zwei Großkonzernen, ein Südafrikaner, ein US-Amerikaner und vier Briten.

8 Sechs Chairmen haben diese Position in jeweils zwei Großkonzernen, ein Südafrikaner, ein US-Amerikaner und vier Briten.

9 S. vorherige Fußnote.

10 Zwei Chairmen haben diese Position in jeweils zwei Großkonzernen, ein Australier und ein Brite.

11 Diese vier Unternehmen, ACE, TE Connectivity, Tyco und Wolseley, haben allesamt aus steuerlichen Gründen ihren rechtlichen Sitz in die Schweiz verlegt, haben bis auf ACE ihr tatsächliches Headquar-

ter aber weiterhin in den USA oder Großbritannien und sind deshalb bei der dort lange oder noch immer geltenden Regelung geblieben, die Positionen von CEO und Chairman einer einzigen Person zu übertragen, statt das übliche Schweizer Modell der personellen Trennung beiden Funktionen zu übernehmen.

12 Außerdem hat bei VW ein Österreicher, Hans Dieter Pötsch, einen anderen, Ferdinand Piech, an der Spitze des Aufsichtsrats abgelöst.

13 Einer der beiden, der Schotte Gordon McKellar Cairns, ist Chairman bei Woolworths und bei Origin Energy.

14 Bei den Personen sind es aufgrund der Doppelposition von du Plessis bei Rio Tinto und SAB Miller 12 von 23.

15 Bei ihnen ist noch darauf hinzuweisen, dass die Mehrzahl der ausländischen Board Members aus einem der jeweils anderen skandinavischen Länder kommt (Spencer Stuart 2013).

16 Die Prozentsätze sind abgerundet, weil Spencer Stuart häufig keine genaueren Angaben macht und daher nur bei den Ländern, für die Spencer Stuart genauere Daten angibt oder deren Zahlen anhand der Einzelangaben für die Unternehmen vom Verfasser nachgerechnet worden sind, die Stellen nach dem Komma genannt werden könnten. Aus Gründen der Einheitlichkeit ist darauf aber verzichtet worden.

17 Bei den Aufsichtsratsmitgliedern werden nur die Vertreter der Anteilseigner berücksichtigt. Bei den Executive Members sind die Mitglieder der Vorstände inklusive Vorsitzendem als Äquivalent genommen worden.

18 Für 2015 sind als Executives fast nur die PDG angegeben. 2014 wurden noch gut doppelt so viele Personen angeführt. Der Anteil der Ausländer unter ihnen lag nur bei gut sechs Prozent.

19 Nur die 200 größten Unternehmen. Der CEO ist zumeist einziger Executive.

20 Diese Aussage gilt auch in anderen Fällen, so etwa, wenn man die Zahl der japanischen und der deutschen Unternehmen vergleicht oder die der belgischen und der Schweizer. Das führt zu gewissen

Verzerrungen, die in diesen Fällen aber von geringerer Bedeutung sind.

21 S. dazu weiter unten in Kapitel 3.2.1.

22 Südafrika bleibt hier unberücksichtigt, weil es bei der Analyse der CEO nicht vertreten war.

23 Unter den in AEX und AMX gelisteten Firmen sind acht von 50 binational, also knapp ein Sechstel, unter den im FTSE 150 gelisteten sind es 30, das heißt ein Fünftel.

24 Die Angaben für die britischen Unternehmen beziehen sich auf 2014, weil der neue Board Index von 2015 erst Ende 2015 erschienen ist, als die Berechnungen schon gemacht waren. Außerdem weichen die Gesamtwerte für die Mitglieder der Boards, die Executives und die Non-executives, nur minimal ab und es gibt für die Niederlande noch keinen neuen Bericht, sondern nur den für 2014.

25 Die eigentlich ausländischen Unternehmen werden hier wie im Folgenden unter binational geführt.

26 Dieser Prozentsatz bezieht sich auf den Board Index für 2015 (Spencer Stuart 2015f: 26).

27 Der Wert für die Positionen liegt mit 24,3 Prozent leicht höher, weil der US-Amerikaner Rice Powell nicht nur Vorstandschef bei Fresenius Medical Care ist, sondern auch im Vorstand von Fresenius sitzt.

28 Im UK Board Index steht zwar 28. Die beiden Doppelmandate sind dabei von Spencer Stuart allerdings nicht berücksichtigt worden (Spencer Stuart 2014d: 18).

29 Unter den vier Vorstandsmitgliedern von Lanxess ist ein Niederländer, unter den fünf von Vonovia kein einziger Ausländer. Bei den ausländischen Vorstandsmitgliedern ist außerdem zu berücksichtigen, dass mit Rice Powell ein US-Amerikaner in zwei Vorständen vertreten ist, als Vorsitzender bei Fresenius Medical Care und als einfaches Mitglied bei Fresenius. Der am 21. März 2016 erfolgte Ersetzung von K+S durch ProSiebenSat.1 hat den Anteil der ausländischen Vorstandsmitglieder noch einmal reduziert, weil zwar in beiden Unternehmen ein US-Amerikaner im Vorstand sitzt, bei K+S

jedoch zusammen mit drei Deutschen, bei ProSieben dagegen zusammen mit fünf Deutschen.

30 Dass die Zahl der Executives deutlich weniger zugenommen hat als die der Unternehmen, ist in erster Linie auf die Reduzierung ihrer Zahl pro Unternehmen um über 30 Prozent seit 2006 zurückzuführen (Spencer Stuart 2014i: 8).

31 Dasselbe trifft in noch viel stärkerem Maße auf die skandinavischen Unternehmen zu. Dort unterscheiden sich die Anteile für die ausländischen Executives ganz enorm. Während Spencer Stuart nur Prozentsätze von maximal einem Prozent angibt, nennen van Veen und Marsman mehr als zehnmal so hohe. Diese großen Differenzen lassen sich daher nicht aufklären.

4. Die tausend reichsten Menschen der Welt

1 Hier wie im Folgenden wird immer auf die Liste von 2015 Bezug genommen. Änderungen danach (Todesfälle, Vermögensumfang etc.) werden nicht berücksichtigt.

2 Bei Wikipedia wird in der internationalen Ausgabe Herzogenaurach als Wohnsitz genannt, in der deutschen dagegen die USA und bei Yahoo gleichermaßen Herzogenaurach und Dallas. Alle drei stützen sich dabei auf andere Medienberichte in Zeitungen wie der *Süddeutschen Zeitung*, in Zeitschriften wie Forbes oder in Internetquellen wie n-tv.de.

3 Im Zusammenhang mit der Einbürgerung kam es Anfang des Jahrtausends zu einem politischen Skandal, in dessen Verlauf ein Minister der Blair-Regierung zurücktreten musste. Er soll damals zusammen mit anderen Labour-Politikern, unter ihnen auch der Blair-Vertraute Peter Mandelson, Druck auf die Behörden ausgeübt haben, um die Einbürgerung zu ermöglichen. Dabei sollen auch Gelder geflossen sein.

4   Ihre beiden Onkel Alejandro und Andres Santo Domingo, die ebenfalls zu den tausend reichsten Menschen der Welt zählen, sind dagegen nicht zu den Milliardären mit Auslandswohnsitz gerechnet worden. Sie haben zwar kolumbianische Wurzeln und leben in New York, sind dort aber bereits geboren und aufgewachsen. Sie besitzen deshalb auch die US-Staatsbürgerschaft und haben ihr ganzes bisheriges Leben in New York verbracht.

5   Daran ändert sich auch nichts, wenn man die 33 Milliardäre aus Hongkong dazu rechnet.

6   Ein Volksbegehren, das diese enorme steuerliche Begünstigung abschaffen wollte, ist Ende November 2014 mit einer Ablehnungsquote von fast 60 Prozent gescheitert.

7   Da von den vier in der Forbes-Liste mit jeweils vier Milliarden Dollar auf Platz 418 gelisteten Mitgliedern der Familie Reimann nur bekannt ist, dass sie in der Schweiz oder Österreich leben, sind jeweils zwei einem der beiden Länder zugeordnet worden.

8   Von den 300 aufgelisteten Reichen stammt knapp ein Fünftel aus Deutschland. Der reichste ist Michael Kühne auf Platz neun mit einem geschätzten Vermögen von acht bis neun Milliarden Franken, der letzte Formel 1 Fahrer Sebastian Vettel auf Platz 300 mit »nur« 125 Millionen.

9   Trotz intensiver Recherche ließ sich nicht ermitteln, welche Angabe zutreffend ist. Die Geschwister Liebherr wohnen schon seit Jahrzehnten in der Schweiz, wo auch die Holding ihres Konzerns angesiedelt ist. Welche Staatsbürgerschaft sie besitzen, ist aber nirgends angegeben. Während deutsche und schweizerische Medien Willi Liebherr als deutschen Staatsbürger nennen, wird er in angelsächsischen Medien zumeist als Schweizer aufgeführt und in Wikipedia zum Beispiel wird er als deutsch-schweizerischer Unternehmer geführt.

10   So heißt Engelhorn auf Französisch.

11   Dieser Wohnortwechsel fiel ihm erheblich einfacher als den meisten deutschen Unternehmern, weil seine Mutter aus den USA stammt

und er außerdem auch noch in Austin studiert hat. Sprachlich und kulturell waren die Hürden für ihn dementsprechend viel niedriger.

12 Törnqvist besitzt inzwischen 87 Prozent der Aktien, weil Timtschenko ihm seinen 45-prozentigen Anteil einen Tag vor Inkrafttreten der gegen Russland gerichteten Sanktionen Anfang 2014 verkauft hat.

13 Bei Ravi Pillai ist nicht ganz klar, wo sein Wohnsitz tatsächlich ist. Forbes gibt Dubai an, Wikipedia dagegen Kollam im indischen Bundesstaat Kerala, seiner Heimat. Medienberichte sind ebenfalls nicht eindeutig. Die Ehefrau wohnt wohl überwiegend in Kollam und die Tochter hat dort einen Inder geheiratet. Ravi Pillai selbst ist aber bereits 1979 mit 24 Jahren nach Saudia-Arabien gegangen, um dort sein Geschäft aufzubauen. Er lebt heute wohl überwiegend in Dubai, wo auch der Kern seines Unternehmens angesiedelt ist. Deshalb wird er hier zu den im Ausland wohnenden Milliardären gezählt.

14 Außer bei von Bechtolsheim spielt dieses Argument nur bei Georg Schaeffler und bei Georg von Opel, der schon als Fünfjähriger in die Schweiz gezogen ist, keine Rolle.

15 Für 37 Milliardäre ließ sich das Alter nicht ermitteln, oft bei Ehepaaren und Geschwistern, wo nur für eine der Personen Angaben recherchiert werden konnten.

16 Wie im nächsten Kapitel zu sehen ist, trifft dasselbe auch auf die zweite Möglichkeit zu, kosmopolitisch oder zumindest spürbar internationaler zu werden, längere Studienaufenthalte an ausländischen Hochschulen.

5. Berühmte Business Schools und Elitehochschulen – Brutstätten einer globalen Elite?

1 Selbst der These von der internationalen Business Class skeptisch gegenüber stehende Forscher wie Davoine und Ravasi sehen im MBA eine klares Zeichen für Internationalität (2012: 160).

2   Keswick ist ein Sonderfall, da er zwar kein chinesischer Staatsbürger ist, seine Familie das Unternehmen aber bereits in der fünften Generation seit nun mehr als eineinhalb Jahrhunderten von Hongkong aus leitet. Dennoch haben bis zur vierten Generation fast alle männlichen Mitglieder der Familie in Cambridge studiert, nachdem sie zuvor in Eton waren. Das Unternehmen selbst, dessen Headquarter sich nach wie vor in Hongkong befindet, ist heute im Übrigen juristisch auf den Bermudas angemeldet.

3   Sechs von ihnen haben nach der HEC noch die ENA besucht, werden im Folgenden daher zu den ENA-Absolventen gezählt.

4   Dort waren vor ihren endgültigen Abschlüssen in Cambridge bzw. Harvard auch die beiden Kwok-Brüder Raymond und Thomas.

5   Für die einzelnen Länder sind die international üblichen Kürzel verwendet worden.

6   Der von der offiziellen Regierungskommission »Commission on Social Mobility and Child Poverty« 2014 veröffentlichte Bericht »Elitist Britain?« kommt zu einem ähnlichen Resultat. Von den 163 auf der »Sunday Times Rich List« aufgeführten Reichen waren nur 12 in Oxford oder Cambridge (Commission on Social Mobility and Child Poverty 2014: Appendix B).

7   Das sind für Frankreich die drei berühmtesten Grandes Écoles, die ENA, die Ecole Polytechnique und die HEC, für Großbritannien Oxford und Cambridge, für die USA die acht Hochschulen der Ivy League und für Japan die »großen Fünf«, die zwei ältesten staatlichen, die Todai und die Kyodai, die beiden privaten Waseda und Keio sowie die öffentliche Hitotsubashi.

8   Das sind für Frankreich die anderen bekannten Elitehochschulen wie die Sciences Po (ohne anschließenden Besuch der ENA) oder die École Centrale, für Großbritannien die drei führenden Londoner Universitäten (Imperial College, King's College und LSE) und die zwei schottischen Traditionsuniversitäten Edinburgh und St. Andrews, für die USA die neben den Ivy League Hochschulen traditionell führenden 12 privaten und staatlichen Eliteuniversitäten wie

Stanford oder Berkeley und für Japan die restlichen sich unter den Top 10 befindlichen Universitäten wie Osaka oder Kyushu.

9   Für die politischen Eliten sieht es teilweise noch anders aus. So haben sechs der 20 Kabinettsmitglieder (inkl. des Premierministers) der Regierung von Singapur in Cambridge studiert und weitere zwei an der LSE (Angaben, die dem Verfasser von Erik Nylander zur Verfügung gestellt worden sind).

10   Es gibt hier nur einen ausländischen CEO statt zwei wie in Tabelle 5.2, weil die Daten sich auf Anfang 2015 beziehen und der neue französische CEO von Takeda, Christophe Weber, sein Amt erst im April 2015 angetreten hat.

11   Mit dem Wort Oxbridge werden in Großbritannien die beiden Universitäten Oxford und Cambridge in der Regel zusammengefasst, wenn es um ihre spezifische Stellung in der Elitenreproduktion geht.

12   Die Oxbridge-Alumni sind unter ihnen allerdings wie schon unter den CEO deutlich schwächer repräsentiert als früher.

13   Die kurzen speziellen Executive-Programme bleiben hier unberücksichtigt.

14   Dafür spricht auch, dass von den über 100 britischen und französischen CEO jener unter den 100 größten Unternehmen, die nicht auf der Forbes Liste unter den Top 1 000 stehen, gerade einmal zwei im Ausland studiert haben, beide zudem nur zusätzlich zu einem Eliteabschluss im eigenen Land.

15   Dasselbe trifft auch auf fünf Absolventen der Sciences Po zu.

16   Das sind deutlich mehr als in China, wo auf die zehn führenden Universitäten (unter anderem die jeweils beiden Spitzenuniversitäten von Peking und Shanghai) nur jeder siebte Topmanager gegangen ist. Die seit circa zwei Jahrzehnten zu beobachtende strikte Hierarchisierung der chinesischen Universitäten macht sich bei den heutigen Topmanagern noch nicht bemerkbar.

17   Die ausländischen Studierenden kommen ganz überwiegend aus China, der weitaus größte Prozentsatz, und Südkorea. Andere Nationalitäten sind nur in minimalem Umfang vertreten. All diese An-

gaben (wie auch die zu den deutschen Universitäten) stammen von den Homepages der Hochschulen

18 Das ist in Südkorea fast genauso (Pohlmann 2009: 520 ff.).

19 Hauskarriere bedeutet, dass die jeweilige Person innerhalb der ersten fünf Jahre nach dem Beginn der Berufslaufbahn in dem Unternehmen angefangen hat, das sie zum Zeitpunkt der Untersuchung leitete.

20 Branchenkarriere bedeutet, dass die jeweilige Person immer in derselben Branche tätig war.

21 Interbranchenkarriere bedeutet, dass die jeweilige Person in verschiedenen Branchen, aber nicht außerhalb der Wirtschaft tätig war.

22 Karriere mit Karriereabschnitten außerhalb der Wirtschaft bedeutet, dass die jeweilige Person mehrere Jahre hauptberuflich außerhalb der Wirtschaft tätig war, vor allem in der höheren Verwaltung und in der Politik.

23 Vgl. dazu auch Darchy-Koechlin/Draelants/Tenret 2015. Für die französischen Bewerber gibt es traditionell ebenfalls drei verschiedene Concours, die höchst unterschiedliche Karriereperspektiven eröffnen. Der prestigereichste und karriereträchtigste Concours ist der externe, den die Kandidaten durchlaufen müssen, die keine Berufserfahrung haben, sondern zuvor in der Regel schon eine andere Grande École erfolgreich absolviert haben, oft die Polytechnique oder die HEC. Die beiden anderen, weit weniger angesehenen und weit weniger karriereträchtigen Concours sind für interne Bewerber aus der staatlichen Verwaltung und externe Bewerber mit mindestens achtjähriger beruflicher Erfahrung in der Politik oder der Wirtschaft gedacht. In Spitzenpositionen kommen ihre Absolventen so gut wie nie.

24 Die ungebrochene Bedeutung der Grands Corps für die ENA-Absolventen zeigt ein Vergleich der Abschlussjahrgänge der ENA von 1969/70, 1989/90 und 1999/2000. Vier von zehn Absolventen sind um die Jahrtausendwende ebenso wie schon 30 Jahre zuvor nach ihrem Examen in eines der Grands Corps (inkl. Corps prefectoral und Corps diplomatique) gegangen, um dann zehn Jahre später mit

einem Drittel allerdings zu einem fast doppelt so hohen Prozentsatz in der Wirtschaft tätig zu sein (Rouban 2015: 722, 729). Der Wechsel aus einem Grand Corps in die Wirtschaft ist fast die Regel geworden (vgl. dazu auch Hartmann 2007b: 99f.).

25 Letzteres trifft im Übrigen auch auf 10 der 24 Mitglieder der Grands Corps zu, die im Verlauf ihrer Karriere auch noch hohe Positionen in den Ministerien, oft als Direktor eines Cabinet Ministériel, bekleidet haben.

26 Auch in den anderen Ländern stammen die allerdings wenigen Topmanager, die während ihrer beruflichen Laufbahn außerhalb der Wirtschaft tätig waren, fast ausschließlich aus dem jeweiligen Land. Das gilt für alle acht CEO in den USA ebenso wie für die drei Vorstandsvorsitzenden in Deutschland. Einzig in Großbritannien kommen zwei der sechs Personen mit einer solchen Karriere aus dem Ausland. Berufsstationen außerhalb der Wirtschaft sorgen offensichtlich bei Ausländern ganz generell für eine hohe Zugangshürde.

27 Schmidt kommt in ihrer Analyse der japanischen Eliten zu demselben Resultat. Von den Presidents der 50 größten Unternehmen des Jahres 2003 kam auch nur ein einziger aus der Ministerialbürokratie. 94 Prozent wiesen dagegen eine rein konzerninterne Karriere auf (Schmidt 2005: 196).

28 Entsprechende Angaben für die Gesamtzahl der Studierenden in Cambridge waren leider nicht zu finden. Der Prozentsatz dürfte aber in einem vergleichbaren Maße niedriger als in Oxford liegen.

29 So haben z. B. drei von fünf 2014 amtierenden Staatsekretären in Oxford oder Cambridge studiert (Commission on Social Mobility and Child Poverty 2014: Appendix B). Vgl. dazu auch Barberis (1996: 99 ff.), Dargie/Locke (1999: 192) und Theakston (2005: 31).

30 In China ist die große Bedeutung von Karrierestationen im Staatsdienst – jeder dritte CEO war zu Beginn seiner Laufbahn in einer derartigen Position, allerdings in der Regel in nicht so hohen Positionen wie in Frankreich – ebenfalls ein entscheidender Grund für das geringe Maß an Internationalität.

31 Alle Vergleichszahlen für frühere Jahrzehnte hier wie im Folgenden aus Hartmann 2007b: 83 ff. Die aktuellen Werte beruhen auf eigenen Recherchen.

32 Alle Angaben zu früheren Jahrzehnten hier wie im Folgenden aus Hartmann 2007b: 109 ff. Die aktuellen Werte beruhen auf eigenen Recherchen. Vgl. dazu dazu auch Commission on Social Mobility and Child Poverty 2014.

33 Die Public Schools waren immer eine Ausbildungseinrichtung für die britische Upper Middle und Upper Class, die renommierteren unter ihnen sogar fast ausschließlich eine für die Upper Class. Dafür sorgten und sorgen allein schon die sehr hohen jährlichen Gebühren, die bei den bekannten Public Schools aktuell bei über 30 000 Pfund liegen.

34 Die hohen Generäle und Admiräle besuchen während ihrer Schulzeit traditionell eine Public School, gehen danach aber in der Regel auf die Militärakademie Sandhurst und nicht nach Oxbridge (Hartmann 2007b: 115). Das traf immer auch auf einige Mitglieder der Wirtschaftselite, zumeist Privatbankiers, und Spitzenpolitiker zu. Heute gilt es noch für zwei der Chairmen, Charles Mayfield von John Lewis Partnership, und John Peace von Standard Chartered, sowie zwei der Milliardäre, Gerald Grosvenor, 6. Duke of Westminster, und Charles Cadogan, achter Earl Cadogan.

35 Anfangs sah es noch so aus, als ob die verschwundenen Privatbanken durch andere ersetzt würden und im Bankenbereich deshalb letztlich alles beim Alten bliebe (Hartmann 2007b: 118). Die neuen, so zeigte die Entwicklung dann, hatten aber nicht das Gewicht, das ihre Vorgänger besaßen, und waren daher nicht so prägend für die Rekrutierungsmechanismen.

36 Talbot kommt für die 200 höchsten Beamten des Civil Service des Jahres 2007 auf einen Anteil von einem guten Viertel an Privatschülern (Talbot 2015: 755), auch das ein deutlicher Rückgang verglichen mit den 42 Prozent in den 1990er Jahren.

6. Die globale Wirtschaftselite – auch am Horizont nicht zu sehen

1 Die Zahlen für die in den einzelnen Städten wohnenden Milliardäre beziehen sich auf alle 1 826 Milliardäre der Forbes Liste.

2 Arthur Andersen gehörte bis zum Enron-Skandal zu den Big Four. Danach wurde das Unternehmen aufgelöst und ihre einzelnen Teile wurden von anderen Firmen übernommen.

3 Vgl. dazu auch die interessanten Ausführungen in Schmid/Wurster/Dauth über die Bedeutung der eigenen Sprache in deutschen Konzernen, auch wenn Englisch die offizielle Firmensprache ist (Schmid/Wurster/Dauth 2015: 515).

4 Vgl. dazu z. B. Schmalz 2015

5 Zur Krise in der Eurozone s. Heine/Sablowski 2015

LITERATUR

Barberis, Peter (1996): *The Elite of the Elite*. Ipswich: Ipswich Book

Beaverstock, Jonathan V./Hubbard, Phil J./Short, John R. (2004): Getting Away with it? Exposing the Geographies of the Super-Rich, in: *Geoforum*, 35, 401–407

Beck, Ulrich (2008): Jenseits von Klasse und Nation: Individualisierung und Transnationalisierung sozialer Ungleichheiten, in: *Soziale Welt*, 59, 301–325

Bourdieu, Pierre (1982): *Die feinen Unterschiede. Kritik der gesellschaftlichen Urteilskraft*. Frankfurt/M.: Suhrkamp

Bourdieu, Pierre (1993): *Soziologische Fragen*. Frankfurt/M.: Suhrkamp

Bühlmann, Felix/David, Thomas/Mach, André (2012): The Swiss business elite (1980–2000): How the changing composition of the elite explains the decline of the Swiss company network, in: *Economy and Society*, 41, 199–226

Bühlmann, Felix/Beetschen, Marion/David, Thomas/Ginalski, Stéphanie/Mach, André (2015): Der Wandel der Eliten in der Schweiz, in: *Social Change in Switzerland*, No. 1. Retrieved from http://socialchange switzerland.ch

Bühlmann, Felix/Davoine, Eric/Ravasi, Claudio (2016): European Top Management Careers: a Field Analytical Approach, in: *European Societies*, 18 (im Erscheinen)

Bundesministerium der Finanzen (BMF) (2015): *Die wichtigsten Steuern im internationalen Vergleich 2014*. Berlin

Carlyle, Erin (2013): Meet Chemicals Billionaire Julio Ponce Lerou, Former Son-In-Law of Chilean Dictator Augusto Pinochet, in: http://www.forbes.com/sites/erincarlyle/2013/06/19/meet-chemicals-billionaire-julio-ponce-lerou-former-son-in-law-of-chilean-dictator-augusto-pinochet/ abgerufen am 21.12.2015

Carroll, William K. (2009): Transnationalists and national networkers in the global corporate elite, in: *Global Networks*, 9, S. 289–314

Carroll, William K. (with Carson, Colin/Fennema, Meindert, Heemskerk, Eelke und Sapinski, J.P.) (2010): *The Making of a Transnational Capitalist Class. Corporate Power in the twenty-first Century*. London/New York: Zed Books

Carroll, William K./Fennema, Meindert (2002): Is there an transnational business community?, in: *International Sociology*, 17, 393–419

Carroll, William K./Klassen, Jerome (2010): Hollowing our corporate Canada? Changes in the corporate network since the 1990s, in: *Canadian Journal of Sociology*, 35, 1–30

Castells, Manuel (1996): *The Rise of the Network Society. The Information Age: Economy, Society, and Culture*. Oxford: Blackwell

Chen, Liyan (2015): New York to Hongkong: Cities with the most billionaires in 2015. http://www.forbes.com/sites/liyanchen/2015/03/04/billionaire-havens-where-the-worlds-richest-live-in-2015/abgerufen am 31.12.2015

Colignon, Richard A./Usui, Chikako (2003): *Amakudari. The Hidden Fabric of Japan's Economy*. Ithaca: Cornell University Press

Commission on Social Mobility and Child Poverty (2014): *Elitist Britain?* London

Cronin, Bruce (2012): National and transnational structuring of the British corporate elite, in: Murray, Georgina/Scott, John (eds.): *Financial Elites and Transnational Business: Who Rules the World?* Cheltenham: Edward Elgar, 177–192

Dalton, Joe (2012): The real reason Aon is moving its headquarters to the UK, in: *International Tax Review* vom 17. Januar 2012, abgerufen am 11.12.2015

Dahrendorf, Ralf (2000): Die globale Klasse und die neue Ungleichheit, in: *Merkur. Deutsche Zeitschrift für europäisches Denken*, 54, 1057–1068

Darchy-Koechlin, Brigitte/Draelants, Hugues/Tenret, Elise (2015): National and International Students' Definition of Merit in French *Grandes Éco-*

les, in: van Zanten, Agnès/Ball, Stephen with Darchy-Koechlin, Brigitte (eds.): *Elites, Privilege and Excellence. The National and Global Redefinition of Educational Advantage. World Yearbook of Education 2015.* London: Routledge, 140–152

Dargie, Charlotte/Locke, Rachel (1999): The British Senior Civil Service, in: Page, Edward C./Wright, Vincent (eds.): *Bureaucratic Élites in Western European States.* Oxford: Oxford University Press, 178–204

Davoine, Eric/Ravasi, Claudio (2013): The relative stability of national career patterns in European top management careers in the age of globalization. A comparative study in France/Germany/Great Britain and Switzerland, in: *European Management Journal,* 31, 152–163

Domhoff, G.William (2009): *Who Rules America? Power and Politics.* sixth ed., Boston: McGraw-Hill

Dudouet, François-Xavier/Joly, Hervé (2010): Les dirigeants français du CAC 40: entre élitisme scolaire et passage par l'État, in: *Sociologies Pratiques,* 12, No 21, 35–47

Dudouet, François-Xavier/Gremont, Eric/Vion, Antoine (2012): Transnational Business Networks in the Euro-Zone: A Focus on Four Major Stock Exchange Indices, in: Murray, Georgina/Scott, John (eds.), *Financial Elites and Transnational Business. Who Rules the World?* Cheltenham: Edward Elgar, 124–145

Ellersgard, Christoph Houman/Larsen, Anton Grau/Munk, Martin D. (2013): A Very Economic Elite: The Case of the Danish Top CEOs, in: *Sociology,* 47, 1051–1071

Ernst, Angelika (1998): *Aufstieg – Anreiz – Auslese. Karrieremuster und Karriereverläufe von Akademikern in Japan.* Opladen: Leske & Budrich

Freeland, Chrystia (2013): *Die Superreichen. Aufstieg und Herrschaft einer neuen globalen Geldelite.* Frankfurt/M.: Westend

Freisinger, Gisela Maria/Werle, Klaus (2015): Wie die Reichen und Berühmten ihre Partner finden, in: *ManagerMagazin* 11/2015.

Harris, Jerry (2014): Transnational Capitalism and Class Formation, in: *Science & Society,* 78, 312–333

Hartmann, Michael (1997): Die Rekrutierung von Topmanagern in Europa, in: *Archives Européennes de Sociology,* 38, S. 3–37

Hartmann, Michael (1999): Auf dem Weg zu einer transnationalen Bourgeoisie?, in: *Leviathan*, 27, S. 113–141

Hartmann, Michael (2000), Class-specific habitus and the social reproduction of the business elite in Germany and France, in *The Sociological Review*, 48, 241–261

Hartmann, Michael (2004): *Elitesoziologie*. Frankfurt/New York: Campus

Hartmann, Michael (2007a): *The sociology of Elites*. London: Routledge

Hartmann, Michael (2007b): *Eliten und Macht in Europa*. Frankfurt/New York: Campus

Hartmann, Michael (2009a): Die transnationale Klasse – Mythos oder Realität?, in: *Soziale Welt*, 60, S. 285–303

Hartmann, Michael (2009b): Politische Elite und Einkommensverteilung in den USA seit 1945, in: *Leviathan*, 37, 281–304

Hartmann, Michael (2013): *Soziale Ungleichheit – Kein Thema für die Eliten?* Frankfurt/New York: Campus

Hartmann, Michael (2015a): Elites: Sociological Aspects, in: Wright, J. D. (ed.), *International Encyclopedia of Social and Behavioral Sciences*, 2nd Ed., Vol. 7. Oxford: Elsevier: 396–401

Hartmann, Michael (2015b): Topmanager 2015. Die transnationale Klasse – Mythos oder Realität revisited, in: *Soziale Welt*, 66, 37–53

Heemskerk, Eelke M. (2013): The rise of the European corporate elite: evidence from the network of interlocking directorates in 2005 and 2010, in: *Economy and Society*, 42, 74–101

Heine, Frederic/Sablowski, Thomas (2015): Zerfällt die Europäische Währungsunion? Handels- und Kapitalverflechtungen, Krisenursachen und Entwicklungsperspektiven der Eurozone, in: *Prokla*, 45, 563–591

Internationaler Währungsfonds (2015): *World Economic Outlook Database*, April 2015

Kafsack, Hendrick (2016): Skandalgetrieben, in: *Frankfurter Allgemeine Zeitung* vom 09.04.2016

Kanther, Rosabeth Moss (1995): *World Class. Thriving Locally in the Global Economy*. New York: Simon & Schuster

Kentor, Jeffrey/Yang, Jong Suk (2002). Yes, there is a (Growing) Transnational Business Community, in: *International Sociology*, 19, 355–368

Lenger, Alexander/Schneickert, Christian/Schumacher, Florian (2010): Globalized National Elites, in: *Transcience. A Journal for Global Studies*, 1, S. 85–100

Leyendecker, Hans/Ott, Klaus (2016): Luxemburg gibt das Mauern auf, in: *Süddeutsche Zeitung* vom 29.02.2016

MacLean, Mairi/Harvey, Charles (2014): Elite Connectivity and Concerted Action in French Organization, in: *International Journal of Organisational Analysis*, 22, 449–469

MacLean, Mairi/Harvey, Charles/Chia, Robert (2010): Dominant Corporate Agents and the Power Elite in France and Britain, in: *Organization Studies*, 31, 327–348

MacLean, Mairi/Harvey, Charles/Kling, Gerhard (2014): Pathways to Power: Hyper-Agency and the French Corporate Elite, in: *Organization Studies*, 35, 825–855

Mann, Michael (2001): Globalization is (among other things) transnational, inter-national and American, in: *Science & Society*, 65, 464–469

Marceau, Jane (1989): *A Family Business? The Making of an International Business Elite*. Cambridge: Cambridge University Press

Marshall, Andrew Gavin (2015): When the IMF meets: Here's what happened at the global Plutocracy's pow wow in Peru. http://www.occupy.com/article/when-imf-meets-heres-what-happened-global-plutocracy's-pow-wow-peru. 22.10.2015

Marx, Karl (1972): *Der achtzehnte Brumaire des Louis Bonaparte. MEW, Bd. 8.* Berlin (Ost): Dietz, 111–207

Marx, Karl/Engels, Friedrich (1969): *Die deutsche Ideologie. MEW, Bd. 3.* Berlin (Ost): Dietz

Neumann, Conny/Richter, Peter (2016): Der 145-Millionen-EuroDeal – wie Milliardärstöchter mögliche Freiheitsstrafen vermieden, in: *Der Spiegel* 4/2016, 34–37

Okazaki-Ward, Lola (1993): *Management Education and Training in Japan*. London: Graham & Trotman

Owen, Geoffrey/Kirchmaier, Tom (2008): The Changing Role of the Chairman: Impact of Corporate Governance Reform in the United Kingdom 1995–2005, in: *European Business Law Review*, 9, 187–213

Pelfini, Alejandro (2009): Der Mythos der globalen Eliten. Beschränkte Transnationalisierungsprozesse am Beispiel aufstrebender aktiver Minderheiten in Südamerika, in: Jain, Anil K./Schneider, Dietram (Hg.), *Weltklasse. Für Unternehmen, Staat und Gesellschaft: Fiktionen und Realitäten.* München: edition fatal, 107–130

Pijl, Kees van der (1994): *The Making of an Atlantic Ruling Class.* London: Verso

Pijl, Kees van der (1998): *Transnational Classes and International Relations.* London: Routledge

Pohlmann, Markus (2009): Globale ökonomische Eliten – Eine Globalisierungsthese auf dem Prüfstand der Empirie, in: *Kölner Zeitschrift für Soziologie und Sozialpsychologie,* 61, S. 513–534

Power, Sally/Brown, Philip/Allouch, Annabelle/Tholen, Gerbrand (2013): Self, Career and Nationhood: The contrasting aspirations of British and French elite graduates, in: *The British Journal of Sociology,* 64, 578–596

Robinson, William I. (2004): *A Theory of Global Capitalism. Production, Class, and State in a Transnational World.* Baltimore: Johns Hopkins University Press

Robinson, William I. (2011): Global capitalism theory and the emergence of transnational elites, in: *Critical Sociology,* 38, 349–363

Robinson, William I./Harris, Jerry (2000):Towards a Global Ruling Class? Globalization and the Transnational Capitalist Class, in: *Science & Society,* 64, S. 11–54

Rothkopf, David J. (2008): *Superclass. The Global Power Elite And The World They Are Making.* New York: Farrar, Straus and Giroux

Rouban, Paul (2014): La Norme et L'Institution: Les Mutations Professionelles des Énarques de 1970 à 2010, in: *Revue francaise d'administration publique,* No. 151–152, 719–740

Russell Reynolds (2015). European Board Composition: A Time of Change. http://www.russellreynolds.com/insights/thought-leadership/european-board-composition-a-time-of-change

Schmalz, Stefan (2015): An den Grenzen des American Empire. Geopolitische Folgen des chinesischen Aufstiegs, in: *Prokla,* 45, 545–562

Schmid, Stefan/Wurster, Dennis J. und Dauth, Tobias (2015): Internationalisation of upper echelons in different institutional contexts: top managers in Germany and the UK, in: *European J. International Management*, 9, 510–535

Schmidt, Carmen (2005). *Japans Zirkel der Macht*. Marburg: Tectum

Schneickert, Christian (2015): *Nationale Machtfelder und globalisierte Eliten*. Konstanz: UVK

Schneickert, Christian/Kroneder, Andreas/Schwab, Regine (2015): Globalizing Elites from the ›Global South‹: Elites in Brazil and India, in: Lenger, Alexander/Schumacher, Florian (eds.), *Understanding the Dynamics of Global Inequality*. Heidelberg: Springer, 229–243

Sklair, Leslie (2001): *The Transnational Capitalist Class*. Oxford: Wiley-Blackwell

Spencer Stuart (2013): *Nordic Countries Board Index*. New York

Spencer Stuart (2014a): *España Board Index*. New York

Spencer Stuart (2014b): *Russia Board Index*. New York

Spencer Stuart (2014c): *France Board Index*. New York

Spencer Stuart (2014d): *UK Board Index*. New York

Spencer Stuart (2014e): *U.S. Countries Board Index*. New York

Spencer Stuart (2014f). *Der Spencer Stuart Board Index Deutschland*. New York

Spencer Stuart (2014 g): *Canadian Spencer Stuart Board Index*. New York

Spencer Stuart (2014h): *Italia Board Index*. New York

Spencer Stuart (2014i): *Netherlands Board Index*. New York

Spencer Stuart (2015a): *Switzerland Board Index*. New York

Spencer Stuart (2015b): *Japan Board Index*. New York

Spencer Stuart (2015c): *India Board Index*. New York

Spencer Stuart (2015d): *España Board Index*. New York

Spencer Stuart (2015e): *France Board Index*. New York

Spencer Stuart (2015f): *UK Board Index*. New York

Spencer Stuart (2015 g): *U.S. Countries Board Index*. New York

Spencer Stuart (2015h): *Canadian Spencer Stuart Board Index*. New York

Spencer Stuart (2015i): *Italia Board Index*. New York

Spencer Stuart (2015j): *Switzerland Board Index*. New York

Spencer Stuart (2015k): *Belgium Board Index*. New York

Staples, Clifford L. (2006): Board Interlocks and the Study of the Transnational Capitalist Class, in: *Journal of World-Systems Research*, 12, 309–319

Staples, Clifford L. (2008): Cross Boarder Acquisitions and Board Globalization in the World's Largest TNCS, 1995–2005, in: *The Sociological Quarterly*, 49, 31–51

Staples, Clifford L. (2012): The Business Round Table and the transnational capitalist class, in: Murray, Georgina/Scott, John (eds.): *Financial Elites and Transnational Business: Who Rules the World?* Cheltenham: Edward Elgar, 100–123

Streeck, Wolfgang (2015a): Wie wird der Kapitalismus enden? Teil I, in: *Blätter für deutsche und internationale Politik*, 60, Heft 3, 99–111

Streeck, Wolfgang (2015b): Wie wird der Kapitalismus enden? Teil II, in: *Blätter für deutsche und internationale Politik*, 60, Heft 4, 109–120

Streeck, Wolfgang/Heinze, Rolf (1999): An Arbeit fehlt es nicht, in: *Der Spiegel* 19/1999, 38–45

Talbot, Colin (2014): The British Administrative Elite. The Art of Change without Changing?, in: *Revue francaise d'administration publique*, No. 151–152, 741–761

Teichler, Ulrich (1975): *Geschichte und Struktur des japanischen Hochschulwesens*. Stuttgart: Ernst Klett

Teichler, Kerstin/Teichler, Ulrich (1997): Der Übergang vom Bildungs- in das Beschäftigungssystem in Japan, in: *Bildung und Erziehung*, 50, 409–430

Theakston, Kevin (2005): The British Civil Service: Permanent Secretaries since 1945, in: Mehlis, Guido (Hrsg.): *Verwaltungseliten in Westeuropa (19./20. Jhd.). Jahrbuch für europäische Verwaltungsgeschichte, Bd. 17*. Baden-Baden: Nomos, 27–49

Timans, Rob (2015): *Studying the Dutch Business Elite*. Diss. Erasmus Universiteit Rotterdam

Treisman, Daniel (2010): »Loans for Shares« Revisited, in: *Post Soviet Affairs*, 26, 207–227

Van Veen, Kees/Marsman, Ilse (2008): How international are executive boards of European MNCs? Nationality diversity in 15 European countries., in: *European Management Journal*, 26, 188–198

Van Veen, Kees/Elbertsen, Janine (2008): Governance Regimes and nationality diversity in corporate boards. A comparative study of Germany, the Nederlands und the United Kingdom, in: *Corporate Governance: an International Review*, 16, 386–399

Van Veen, Kees/Kratzer, Jan (2011): National and international interlocking directorates within Europe: corporate networks within and among fifteen European countries, in: *Economy and Society*, 40, 1–25

Van Zanten, Agnes van/Maxwell, Claire (2015): Elite education and the State in France: durable ties and new challenges, in: *British Journal of Sociology of Education*, 36 (1), 71–94

Voigt, Benedikt (2015): Warum Reiche in China gefährlich leben, in: Tagesspiegel.de vom 11.12.2015, http://www.tagesspiegel.de/weltspiegel/verschwundener-milliardaer-warum-reiche-in-china-gefaehrlich-leben/12713874.html, abgerufen am 21.12.2015

Vontobel, Niklaus (2014): So trickst ein Milliardär das Steueramt aus, in: SonntagsBlick vom 19.10.2014, http://www.blick.ch/news/wirtschaft/bauhaus-gruender-heinz-georg-baus-weiss-wie-man-geld-spart-so-trickst-ein-milliardaer-das-steueramt-aus-id3208450.html, abgerufen am 18.12.2015

Wagner, Anne-Catherine (2011): Les classes dominantes à l'épreuve de la mondialisation, in: *Actes de la Recherché en Sciences Sociales*, 37, No. 190, S. 4–9

Watanabe, Masao/Schmidt, Carmen (2004): Die wirtschaftliche Elite Japans – Rekrutierungsmuster und Netzwerkbeziehungen, in: *JAPAN aktuell*, 1, 56–66

Weber, Max (1972): *Wirtschaft und Gesellschaft*. Tübingen: C.H. Mohr

Yoo, Taeyoung/Lee, Soo Hee (2009): In Search of Social Capital in State-Activist Capitalism: Elite Networks in France and Korea, in: *Organization Studies*, 30, S. 5 29–54